Job Satisfaction and Measures

직무만족의 의미와 측정

이영면 저

본 연구는 한국연구재단 2008년도
기초연구지원인문사회과제 327-2008-2-B00206으로 지원되었음

들어가기

들어가기를 두 가지로 구성해 보았다. 하나는 이 책을 어떻게 활용할 수 있는가 하는 내용이고, 다른 하나는 이 책이 나오기까지의 과정에 대한 설명이다. 책의 제목을 보고 서문을 읽는 독자는 <책의 활용>에 대해서 읽어보면 충분할 것이고, 그와 더불어 이 책이 어떤 과정을 거쳐 발간되게 되었는지가 궁금하다면 <발간배경>도 읽어볼 만할 것이다.

〈책의 활용〉

필자는 본 책이 다음과 같은 경우에 효과적이라고 생각된다.

첫째, 연구논문이든 기업에서 실무적인 목적이든 직무만족을 측정해야 하는데 그 측정방법이나 측정도구에 대해 알고 싶다면 이 책은 그에 필요한 내용을 구체적으로 제시하고 있다는 점에서 유용하다. 이 책은 직무만족에 대한 철학적인 논의를 제시하는 것이 아니라 직무만족을 측정하는 데 어떤 방법들이 있는지, 그리고 어떤 사항들에 유의해야 하는지를 구체적으로 제시하고 있다. 따라서 직무만족의 의미에 대해 철학적으로 그리고 이론적으로 그 구성요소들, 그리고 직무만족을 결정하는 선행요인과 결과요인들에 궁금하다면 충분하게 답을 제공하기에는 한계가 있다.

둘째, 한 걸음 더 나아가서 직무만족을 측정해야 하는 데 어떤 측정도구들이 개발되고 활용되어 왔으며, 그런 각각의 측정도구들은 통계적으로 얼마나 인정받고 있는지를 알고 싶다면 그러한 정보도 제시하고 있다. 직무만족을 측정하는 최초의 도구는 1930년에 제시되었고, 그 이후 최근까지 매우 다양한 측정도구들이 제시되어 왔다. 연구자는 연구의 목적이나 연구에서 직무만족이 차지하는 비중 등 다양한 필요에 따라서 단순한 문항으로부터 100문항이 넘게 구성된 측정도구 중에 선택을 해야 하는데, 각각의 측정도구에 대한 신뢰도와 타당도 분석결과를 가능한 한 제시하려고 하였다. 따라서 기존의 여타 연구에서 인용된 측정도구를 그대로 활용하려고 한다면 굳이 본 책에서 추가적인 정보를 구할 필요가 없을 것이다.

셋째, 실제 직무만족을 측정하는 과정에서 표본은 어느 정도로 구성해야 하는지, 예비조사와 본 조사를 해야 하는지, 설문문항은 번역과 재번역을 거쳐야 하는지, 신뢰도와 타당도 검정은 어떤 방법들이 있으며 어느 정도면 충분한 통계치를 보이는 것인지 등에 대해 궁금하다면 이러한 질문에 대해서는 국내에서 진행된 기존의 연구결과를 충분하게 제시하고 있다. 따라서 자신이 직무만족 측정에 대해 전문성을 가지고 있다면 굳이 이 책을 살펴볼 필요가 없을 것이다.

그러나 본 책이 독자들이 원하는 모든 요구사항을 충족시킬 수는 없을 것으로 생각된다. 본 책의 한계를 먼저 여기서 제시하고자 한다.

첫째, 기존에 사용된 다수의 직무만족 측정도구를 제시했지만 모든 측정도구를 망라한 것은 물론 아니다. 또한 일부 측정도구는 저작권을 가지고 있어서 모든 설문문항을 여기에 제시할 수 없었다. 특히 많이 사용되는 미네소타만족설문지(Minnesota Satisfaction Questionnaire, MSQ)가 그에 해당된다고 하겠다. 다만 미네소타만족설문지(MSQ)에 대해서는 20문항으로 구성된 설문지에 대해서는 서면허가를 받았다. 따라서 설문문항이 제시된 경우에 각주에 서면허가내용을 제시하였다. 또한 직무서술지수(Job Description Index, JDI)에 대해서도 다섯 가지 항목 중에 두 가지 항목(직무와 급여)에 대한 설문문항을 The Job Descriptive Index and Job in General Quick Reference Guide(2009 Revision)에서 인용할 수 있다고 하였다. 그러나 다른 측정도구에 대해서는 대체로 자유롭게 사용할 수 있는 측정도구이기 때문에 별도의 서면허가 없이 제시하였다.

저작권이 있는 설문지를 무단으로 사용하면 이는 저작권이 있는 컴퓨터 프로그램을 무단으로 다운받아 사용하는 것이나 또는 무단으로 신작영화를 다운받아 보는 것이나 다름이 없다.

관련하여 직무만족설문지가 특화되어 있는 병원의사나 간호사, 또는 교사들의 경우에는 본 책에서 구체적으로 제시하고 있지 못하다. 이는 추후 본 책이 개정되는 경우에 포함시키고자 한다.

둘째, 다수의 측정도구가 외국에서 개발된 이유로 우리나라에서 사용하려면 엄격한 번역과 재번역과정을 거쳐 신뢰도와 타당도를 재검정하고 이용해야 한다. 하지만 아쉽게도 본 책에서는 원문을 제시하고, 추가적으로 [ ] 안에 한글번역을 제시하였다. 전문가의 검토를 받기는 했지만 모든 번역문을 엄격하게 검증하여 제시하지 못하였기 때문에 이 부분은 사용자에게 달려 있음을 밝혀둔다.

셋째, 국내에서 진행된 직무만족 측정논문 약 500여 편을 분석하여 그 결과를 통계적으로 제시하였고, 그 결과로부터 직무만족을 측정하는 경우에 유의해야 할 사항을 구체적으로 제시하였다. 그러나 그에 대해 객관적이고 논리적인 근거를 제시하지는 못했다. 따라서 이는 참고해야 할 사항임을 밝힌다.

모쪼록 이런 한계점에도 불구하고 본 책이 직무만족을 측정하여 활용하려는 학생, 연구자, 실무자에게 다양한 도움을 줄 수 있기를 기대해 본다.

〈발간배경〉

벌써 10년 가까이 된 일이다. 한 경영컨설팅회사에서 조직의 건강도를 진단하고, 그 결과를 가지고 컨설팅을 하려고 하는데 건강도를 측정하는 도구를 개발해달라고 요청을 해왔다. 이 요청은 그동안 기업을 포함하는 조직의 건강한 발전에 노사관계가 중요하다는 생각만을 가지고 온 필자에게 새로운 세계였지만 나름 해볼만하다는 생각에 1년여 고생 끝에 조직건강도 측정도구를 개발하였다. 이후에는 어찌 사용되고 있는지 궁금하다.

이 과정에서 내가 가진 질문은 조직이 건강하려면 구성원이 건강해야 하고, 이를 위해서는 하는 일에 대해 만족해야 한다는 단순한 가정에서 그동안 학계와 실무에서 사용되는 직무만족 측정도구를 살펴보았다. 문제는 직무만족에 대한 측정도구는 무척 다양했다는 점이다. 역사도 오래된 만큼 측정도구를 개발한 전문가들도 많았고, 개발된 측정도구도 많았다. 언젠가 시간이 되면 이 측정도구를 정리해 보고자 하는 욕심이 생겼다.

지금은 내가 봉직하고 있는 학교에 경영대학원이 경영전문대학원으로 전환되면서 특수대학원 졸업을 위한 졸업논문이 없어졌지만 당시에는 상당수의 석사과정 학생들이 직무만족에 대한 논문을 작성했다. 그래서 기존의 직무만족 측정도구를 이용해서 기업구성원들의 직무만족도를 측정하고, 이를 바탕으로 대안을 제시하는 경우가 많았다. 하지만 문제는 특수대학원에서 인용하는 논문들에서 사용하는 측정도구들이 학문적으로는 의구심을 가지게 하는 경우가 많았다. 아무개가 개발한 또는 수정한 측정도구를 이용하였다고 논문에 제시했지만 그 인용문헌을 추적해 가다보면 출처를 알 수 없는 경우가 많았다. 심지어는 교수의 논문에서 제시한 인용문헌이 결국은 특수대학원의 석사논문인 경우도 있었다.

일반대학원의 석사논문이나 박사논문도 직무만족을 이용하여 논문을 작성하는 경우가 많았다. 그뿐만이 아니라 직무만족은 교수나 전문연구자들의 단골 주제이다. 여기에도 문제는 있었다. 이후 연구를 진행하면서 자세히 알게 되었지만 연구의 시작이라고 할 수 있는 직무만족에 대한 측정과정이 매우 빈약하다는 점이다. 대학원 학생만이 아니라 전문연구자들도 직무만족 측정도구에 대한 검토 없이 마음대로 수정하거나 보완하여 직무만족도를 측정하고 그 결과를 바탕으로 대안을 제시하고 있었다.

필자 또한 주로 노사관계와 인사관리에 대한 연구가 개인적인 연구분야이고 그와 관련된 직무만족을 여러 번 논문주제로 활용해왔지만, 엄격하게 직무만족에 대한 측정도구를 검토하고 논문을 작성한 적이 없었다.

이런 이유로 인해 지난 10여 년 동안 틈틈이 직무만족의 측정도구에 대한 정리를 하게 되었다. 본문에서도 여러 번 밝힌 바 있듯이, 본 연구는 새로운 주제를 탐색하는 차원에서 기존의 실증연구결과를 정리하여 대안을 제시한 책이 아니라, 기존의 수많은 직무만족 측정도구와 이를 활용한 연구결과를 정리하고 이를 바탕으로 직무만족 측정에 대해 방법론적인 개선안을 제시하는 것이 주요 목적이다. 따라서 이러한 목적에서 기존의 연구결과를 정리하였고, 필요한 경우에는 앞에서 제시된 직무만족 측정도구를 다시 제시하는 경우도 많이 있다.

필자는 직무만족 측정도구에 대해 세 번 논문을 발표한 바 있다. 2005년에 발표된 논문은 2002년까지 진행된 국내 직무만족 관련 연구에서 이용된 직무만족 측정도구를 통계적으로 분석한 내용이었다. 누가 개발한 직무만족 측정도구를 이용하였는가, 직무만족을 측정한 대상은 누구였으며 어떤 절차를 거쳤는가 등에 초점을 두고 진행된 내용을 정리해서 제시하였다.

이후 2007년과 2008년에 발표된 논문은 직무만족 측정도구를 측정도구별로 구분해서 제시한 논문이었다. 일견 두 논문은 유사성이 발견되지만 필자는 나름 구분해서 제시하려고 하였다. 이후 필자는 기존의 연구결과를 정리하고 추가적인 분석을 통해 한 권의 책으로 발간하고자 한국학술진흥재단(현, 한국연구재단)에 이를 연구과제로 신청하였다. 다행히 2008~2009년에 연구를 진행하여 본 책을 완성하게 되었다. 특히, 복잡다단한 논문통계분석을 충실하게 진행해 준 이동진 박사의 도움이 없었다면 본 책은 그저 하나의 파일로만 남아 있었을 것이다.

본 책은 방법론 중심으로 서술되어 있다. 그래서 새로운 내용을 제시하였다기보다는 기존에 우리 연구자들이 해왔던 연구방법에 이의를 제기하고 개선안을 제시함에 목적이 있다. 이를 위해 필자는 2000년대 초반에 진행했던 1차 조사와 2009년 진행된 2차 조사의 결과를 종합해서 제시하고 있다.

연구진행 중에 직무만족에 대한 이론적 접근을 시도하였지만 기존의 연구결과가 너무 많아서 엄두를 내지 못하고 직무만족을 측정하기 위한 이론적 접근수준에 제한하였다. 따라서 21세기 들어서 더욱 중요해진 직무만족 구성요인의 새로운 측면을 제대로 분석하지 못한 한계점이 있다. 최근 해외문헌을 추가적으로 제시하지 못한 점도 마찬가지이다.

그럼에도 불구하고 본 연구는 지난 10여 년 진행된 결과를 정리한 내용이다. 연구의 게으름을 항상 질책하여 주고 관심을 보여준 선후배동료 연구자들에게 감사를 표한다. 구체적으로 알 수는 없지만 필자가 발표한 논문들에 대해 조언을 해주신 익명의 심사자들, 본 연구가 학술진흥재단의 연구과제로 선정되도록 결정해 주신 분들, 특히나 본 책자의 초고에 대해 심도 있는 비판과 번역문 검토와 조언에 수고를 아끼지 않은 나인강 교수님, 김영조·박상언 교수에게 감사의 뜻을 전한다. 또한 자료정리과정과 원고작성과정에서 무리한 부탁을 아무 불만 없이 들어준 이동진 박사와 김용휘 조교에도 깊은 감사를 전한다. 마지막으로 부족한 남편과 아버지의 역할을 묵묵히 받아준 진언선, 승훈과 은혜에게 깊은 사랑의 마음을 전한다.

비록 직무만족 측정에 대한 연구는 이미 연구의 중요 주제가 아니라는 의견들이 있고, 필자도 직무만족을 깊이 연구한 바가 없지만 본 책자가 직무만족을 측정해서 활용하려는 이들에게 많은 도움이 되기를 바란다.

2011년 4월

이영면

차 례

Contents

CHAPTER 5 직무만족 측정현황과 문제점

CHAPTER 6 직무만족 측정 및 향후 연구방향

【표·그림 차례】

Abbreviation 약어, 번역 및 (원개발자, 연도)

※ 굵은 글씨는 측정도구임

Attitude Toward the Job 직무태도조사 (Vroom, 1960)

Index of Organizational Reactions (IOR) 조직반응지수 (Smith, 1976 ; Dunham & Smith, 1979)

Index for Organization Health and Personnel Management (IOHPM) 조직건강인사관리지수

Indiana Job Satisfaction Scale (IJSS) 인디애나직무만족척도 (Resnick & Bond, 2001)

Job Description Index (JDI) 직무서술지수 (Smith, Kendall & Hulin, 1969)

Job Diagnostic Survey (JDS) 직무진단조사 (Hackamn & Oldham, 1975)

Job in General (JIG) 직무전반조사 (Ironson et al., 1989)

Job Perception Scale (JPS) 직무인식척도 (Hatfield, Robinson, and Hausman, 1985)

Job Satisfaction Index (JSI) 직무만족지수 (Brayfield & Rothe, 1951)

Job Satisfaction Scale (JSSC) 직무만족척도 (Warr, Cook & Wall, 1979)

Job Satisfaction Survey (JSS) 직무만족조사 (Spector, 1985)

Michigan Organizational Assessment Questionnaire (MOAQ) 미시간조직진단설문지 (Cammann, Fichman, Jenkins, and Klesh, 1979)

Minnesota Satisfaction Questionnaire (MSQ) 미네소타만족설문지 (Weiss, Dawis, England & Lofquist, 1967)

Opinion Scale for Managers (OSM) 관리자의견척도 (Warr & Routledge, 1969)

Organiztional Climate Survey (OCS) 조직분위기조사 (Litwin & Stringer, 1968)

Pay Satisfaction Questionnaire (PSQ) 급여만족설문지 (Heneman & Schwab, 1985)

Pay Satisfaction Survey (PSS) 급여만족조사 (Porter, 1961)

Personal Need Non-Fullfilment Scale (PNNFS) 구성원욕구만족척도 (Cook & Wall, 1980)

Quality of Employment Survey (QES) 고용의 질 조사 (Quinn & Staines, 1979)

Survey of Organizations Questionnaire (SOQ) 조직설문조사 (Taylor & Bowers, 1972)

Work Attitude Questionnaire (WAQ) 직무태도설문지 / **Global Job Satisfaction (GJS)** 글로벌직무만족조사 (Warr, Cook & Wall, 1979)

Worker Opinion Survey (WOS) 근로자의견조사 (Cross, 1973)

alternate-form reliability 동형검사 신뢰도
appreciation 존중
area 요인
aspects 요소
autonomy 자율성
back translation 역번역
coefficient of equivalence 동등(신뢰도)계수
coefficient of internal consistency 내적 일관성계수
cognitive process 인지적 과정
comparison theory 비교이론
concurrent validity 동시타당도
consistency 일관성
construct 구성, 구성개념
construct validity 구성타당도
contamination 측정상 오차
content-related validity 내용타당도
convergent validity 수렴타당도
criterion-related validity 준거관련 타당도
discriminant validity 판별타당도
employment guarantee 고용보장
equity theory 공정성이론
equivalent form reliability 동형검사 신뢰도
error score 오차점수
extrinsic 외재적
facet 요인
facet-free job satisfaction 전반적 직무만족
facet-specific job satisfaction 요인별 직무 만족
face validity 형식타당도, 안면타당도, 액면타당도
general 전반적
hygiene factor 위생요인
identity 정체성
instrumentality theory 수단이론
inter-item consistency 문항 간 일관성
internal consistency 내적 일관성
interrater reliability 평가자 간 신뢰도
intrinsic 내재적
job attitude 직무태도
job burnout 직무소진
Job Characteristics Model 직무특성모형 (Hackman & Lawler, 1971)
job commitment 직무몰입
(job) independence and control (직무) 독립성
job interest 직무관심
job involvement 직무몰입
job security 직무안정성, 고용안정
measurement 측정
measures 측정도구
motivation factor 동기부여 요인
multi-facet 여러 요인
multi-item 여러 요인(항목, 문항)
Muti-trait Multi-method (MTMM) 다속성 다측정
nomological validity 법칙타당도
observed score 측정점수, 관찰점수
organizational climate 조직분위기
organizational commitment 조직몰입
parallel-form reliability 동형검사 신뢰도
predictive validity 예측타당도
projective technique 투사적 기법
psychometric properties 측정속성적 등가성
recognition 인정
reliability 신뢰도
validity 타당도
variety 다양성
social influence theory 사회적 영향이론
Society for Human Resource Managment (SHRM) (미국)인사관리전문가협회
specialization 전문성
split-half reliability 반분신뢰도
summated scale 종합척도
test-retest reliability 검사-재검사 신뢰도
two factor theory 이요인이론
work commitment 직무몰입

1 직무만족 측정에 대한 연구

본 연구는 경영학, 심리학 등에서 중요한 개념으로 활용되고 있는 직무만족에 대해 그 의미를 이해하고 실제로 측정하는 도구들을 정리하며, 실제 국내에서 직무만족을 측정하고 활용하는 데 있어서의 문제점과 개선방향을 종합적으로 정리하는 데 그 목적이 있다.[1)]

1.1 연구의 의미와 필요성

기업이나 조직에서 구성원들에게 어떻게 동기를 부여할 것인가에 대해서는 경영학을 중심으로 조직행위와 인적자원관리 분야에서 핵심적인 과제로 연구되어 왔으며 향후에도 지속될 것으로 보인다. 따라서 동기부여의 결과를 살피는 직무만족이라는 개념의 중요성은 모든 개인이 다양한 형태의 조직에서 일을 한다는 점에서 더 이상 설명이 필요없다. 그러나 일에 대한 심리적 만족이 외부에서 객관적이고 통일된 방법으로 측정되지 못하기 때문에, 이론적 · 실무적으로 다양한 논쟁이 있어 왔다. 하지만 구성원의 높은 직무만족은 기업과 조직의 성과향상에 기여할 것이라는 전제하에 많이 연구되어 왔다(Brief, 1998 ; Cranny, Smith & Stone, 1992 ; Crisp Publications Inc., 1994 ; Fields, 2002 ; Ostroff, 1992 ; Spector, 1997). 또한 직무만족에 대한 측정도 다양한 도구가 개발되고 활용되고 있지만 아직 일반화되고 통일된 측정도구는 없다고 하겠다.

1) 본 연구는 필자가 기존에 발표한 세 개의 논문을 바탕으로 추가적인 조사분석 및 내용보완을 거쳐 진행된 것이며 기존의 논문은 다음과 같다. ① 이영면, 2004, 국내실증연구문헌에서 나타난 측정도구 사용방법 및 절차적 문제에 대한 분석 : 직무만족도를 중심으로, 「인사 · 조직연구」(한국인사 · 조직학회), 12(3) : 33-85 ; ② 이영면, 2007, 국내실증연구문헌에서 나타난 측정도구 사용방법 및 절차적 문제에 대한 분석 : 직무만족도를 중심으로. 「인사 · 조직연구」(한국인사 · 조직학회), 12(3) : 33-85 ; ③ 이영면, 2008, 요인별 직무만족 측정도구의 개요와 활용방안, 「인적자원관리연구」(한국인적자원관리학회), 15(4) : 147-185. 따라서 본 연구의 일부 내용은 기존의 논문에서 인용한 경우가 있음을 미리 밝혀 둔다.

1.1.1 연구의 의미

일부에서는 직무만족의 측정에 대한 논란은 이미 한 단계가 지나 지금은 중요한 주제가 아니라는 의견도 있지만 현재 국내에서 진행되고 있는 직무만족에 대한 측정문제를 검토하는 것은 다음과 같은 점에서 의미가 있다고 생각된다.

먼저, 지금도 대학교수를 비롯한 전문가들은 직무만족에 대해 연구결과를 발표하고 있으며 국내 경영대학원을 비롯한 대학원 석·박사 학위논문에서 직무만족은 중요한 연구변수로 활용되고 있다(이영면, 2004). 하지만 이런 직무만족관련 연구에서는 외국에서 만들어진 직무만족 측정도구를 신뢰도나 타당도에 대한 충분한 연구없이 그대로 활용하고 있으며, 번역에 대해서도 논의를 생략한 채 활용하고 있다(예외적으로는 방하남, 2000 ; 방하남·이상호, 2004 ; 송계충, 1999, 2002 ; 안희남, 1991 ; 유병주, 1983, 이영면, 2004 참조).

좀 더 거시적으로 본다면 외국에서 개발된 직무만족에 대한 측정도구에 있어서 직무만족에 대한 조작적 정의와 측정문항에 대한 비판적 검토를 시도해 보고자 한다(김인수, 2000). 직무만족에 대한 연구가 향후에도 계속될 것이라고 전제한다면 지금까지의 문제점을 검토하고 향후의 방향을 가늠해 보는 것은 학계의 중요한 과제라고 할 수 있기 때문이다.

미국을 비롯한 서구의 문헌을 중심으로 분석한 Locke(1976)는 직무만족을 주제로 1976년까지 약 3,350개의 학술지 논문과 학위논문이 발표되었다고 보고하고 있다. Cranny et al.(1992)은 5천 편 이상의 연구가 발표되었으며, 그 이후에도 지속적으로 직무만족에 관련된 연구결과가 발표되는 것으로 알려져 있다(Oshagbemi, 1999 : 389). 외국 문헌 중에서 전반적 직무만족에 대한 측정현황을 살피기 위해 2003년과 2004년에 발표된 문헌 중에서 필자가 인터넷 문헌서비스인 EbscoHost를 통해 확인이 가능한 문헌을 검토하였다.[2] 직무만족을 언급한 문헌은 2년 동안 257건에 달했다.

국내에서도 매년 다수의 학술지 게재 논문과 석박사 학위논문, 그리고

2) EbscoHost의 Academic Search Premier에는 사회과학을 포함하는 전 학문분야에 약 4,000여 종의 주요 학술지를 포함하며, 특히 Business Source Premier의 경우는 경영·경제분야의 주요 학술지 약 3,600여 종에 대한 정보를 제공하는 데이터베이스이다 (http://ebsco.co.kr).

기업과 조직 실무에서 직무만족이 측정되고, 이 결과를 바탕으로 다양한 후속작업들이 이루어지고 있다. 국내 문헌에서 전반적 직무만족도에 대한 실증적 연구결과를 살펴보기 위해 연구자가 국내에서 학술지 원문을 제공하는 한국학술정보(주)(www.kstudy.com)를 이용하여 조사를 하였다.[3] 1차적으로 2004년 2월 20일에 '직무만족'을 논문제목에 포함하고 있는 문헌을 검색한 결과 366편이 검색되었다. 이 중에서 교사대상 연구논문과 일부체육학 관련 논문을 제외하고, 경영학분야의 주요 인사조직관련 학술지는 개별적으로 포함한 결과 최종적으로 296편이 직무만족을 측정하고 그 결과를 활용해 학술논문을 작성하고 있었다.[4] 한국교육학술정보원의 검색사이트(www.riss4u.net)에서는 2004년 2월 20일을 기준으로 학술지 논문이 534편에 달했으며, 학위논문의 경우에는 1982년 이후 2,476편이 직무만족을 논문제목에 포함하고 있었다.

또한 2차로 2009년 12월 28일을 기준으로 한국학술정보 데이터베이스를 이용해 추가하여 분석한 결과 국내 학회지를 기준으로 853건의 논문이 '직무만족'을 제목에 포함하고 있었다. 한국교육학술정보원의 데이터베이스를 분석해 보면 2009년 12월 28일을 기준으로 학위논문에는 8,798편, 국내 학술지 논문으로는 3,105편, 단행본으로는 1,773편이 직무만족으로 검색되었다. 이 중에서 국내 학술지의 경우 2004년부터 2009년까지에 총 1,058편의 논문이 발표되었다. 이를 보면 지난 6년여의 기간 동안에도 지속적으로 직무만족 관련 논문이 발표되고 있음을 알 수 있다.

이렇게 많은 논문에서 직무만족을 측정하고 그 결과를 활용하고 있었지만, 국내에서 정작 직무만족에 대해 종합적으로 정리한 문헌이나 논문은 찾아보기 어렵다. 미국을 중심으로 한 서구에서도 직무만족의 측정에 대한 연

3) 한국학술정보(주)에서는 2004년 2월을 기준으로 전국의 1,150여 개 학회의 학술지 외에 대학간행물과 연구논문집 약 80만 편의 정보를 데이터베이스로 가지고 있었으며, 2009년 12월을 기준으로 1,250여 개 학회 및 기관, 120만 편의 정보를 가지고 있다. 한국교육학술정보원의 데이터베이스에는 2009년 12월 28일을 기준으로 학위논문 1,360,202편, 학술지 147,261종, 국내학술지논문 2,565,247편 등의 자료를 보유하고 있다.

4) 교사대상 논문을 제외한 이유는 그 수가 상당수에 이르러 전체 표본에 대해 지나치게 과대 반영될 가능성이 있기 때문이고, 교사대상 직무만족 측정도구는 별도로 개발되어 활용되고 있기 때문이다. 체육학 관련 논문의 경우에도 다른 분야에 비해 논문수가 상대적으로 많았기 때문에 선택적으로 포함하였다.

구는 미흡한 형편이다(Oshagbemi, 1999). 국내에서도 그동안 직무만족에 대한 이론적 그리고 방법론적 연구가 없었던 것은 아니나 그 중요성에 비한다면 매우 부족하다고 하겠다(유병주, 1985 ; 송계충, 2002). 요약한다면 제대로 된 조작적 정의와 측정문항의 개발 및 검토가 미흡한 상태로 실제적 활용에만 많은 관심을 기울여왔다고 하겠다.

따라서 향후에도 지속적으로 직무만족에 대한 연구가 진행될 것이라는 점을 가정할 때, 직무만족에 대한 의미와 측정도구에 대해 종합적으로 정리하고 이를 국내에서 활용하는 데 필요한 유의사항 그리고 개선방향을 제시한다는 것은 의미있는 연구라고 생각된다.

1.1.2 연구의 필요성

직무만족에 대해서는 그동안 양적으로 볼 때, 국내외에서 매우 활발하게 연구되어 왔다는 점에서 직무만족에 대한 연구가 독창적이라고 하기 어려울 수 있다. 그러나 그 의미와 측정도구 및 활용과 같은 실질적인 측면에서 볼 때, 기존의 연구가 미흡하였다는 점에서는 본 연구가 직무만족을 연구하고, 측정하여 활용하는 연구자들에게 나름대로 기여할 것으로 생각된다. 현재의 문제점을 살펴보기 위해 기존에 발표된 논문을 예로 살펴보고 과학적 연구방법론의 입장에서 정리하였다.

국내에서 직무만족 측정도구의 활용에 대한 문제점은 다음과 같다.

첫째, 다수의 연구에서 기존의 측정도구를 그대로 사용하기보다는 수정보완해서 사용하는 경우가 많았다. 예를 들어, 경영학 관련 학술지에 발표된 논문을 보면 박우성 · 노용진(2002)의 "비정규직 직무만족에 관한 연구"에서는 한국노동연구원에서 조사한 노동패널 조사결과를 활용하고 있는데 이 설문지에서는 미네소타만족설문지(Minnesota Satisfaction Questionnaire, MSQ)를 참조하여 임금, 고용안정성, 직무내용, 근무환경, 개인의 발전가능성, 의사소통 및 인간관계 등 6개 요인을 6개 설문문항으로 측정하고 있다. 하지만 원래 미네소타만족설문지는 20개 요인을 20문항으로 측정하거나 100문항으로 측정하는 설문지이다. 이지만(2001)은 Brayfield & Rothe(1951)가 개발한 직무만족지수(Job Satisfaction Index, JSI)를 수정한 Price & Muller (1981)의 측정도구를 이용하여 직무만족도를 4개 요인 5개 문항으로 측정하

surement of Satisfaction in Work and Retirement'에서도 기존의 직무만족에 대한 측정도구를 검토하고 자체적으로 측정도구를 개발해 제시하고 있다.

그 이후 Cranny, Smith & Stone(1991)의 '*Job Satisfaction : How People Feel About Their Jobs and How It Affects Their Performance*'와 Spector(1997)의 '*Job Satisfaction : Application, Assessment, Cause, and Consequences*' 등이 비교적 최근 문헌이라고 할 수 있다.

그 외에 전반적 직무만족에 대한 측정도구들을 정리해 놓고 있는 문헌으로는 Cook, Hepworth, Wall & Warr(1981)의 '*The Experience of Work : A Compendium and Review of 249 Measures and Their Use,*' British Telecom (1984)의 '*Survey Item Bank : Volume I Measures of Satisfaction,*' 그리고 Price (1997)의 '23. Satisfaction in Handbook of Organizational Measurement'을 들 수 있을 것이다.

이렇게 외국에서는 직무만족의 측정을 위한 도구에 대한 검토와 측정도구의 개발이 비교적 활발하게 이루어졌으나, 상대적으로 국내에서 직무만족의 측정이나 측정도구에 대한 연구는 매우 미흡하다.

다만 예외적으로 직무만족의 한 요인이라고 할 수 있는 임금에 대한 만족도 측정도구는 국내에서도 개발되고 있음을 고려할 필요가 있다(이용운, 2000 ; 이용운 · 황규대, 1995 ; Heneman & Schwab, 1985). 또한 학교 교사에 대한 설문지나 병원조직의 의료인력에 대한 별도의 설문지(박성애 · 윤순녕, 1992)가 이미 개발되어 활용되고 있다는 점도 고려할 필요가 있다.

또한 최근에 국내에서도 엄격한 기준을 가지고 직무만족에 대한 표준화된 설문지를 개발할 필요가 있다고 강조한 문헌(송계충, 2002)이 있으며, 직무만족 측정현황과 직무만족 측정도구에 대해 전반적 측정과 요인별 측정으로 구분하여 측정도구에 대한 설명을 제시한 문헌이 있다(이영면, 2004, 2007, 2008).

따라서 본 연구는 기존의 해외 연구에서 살펴볼 수 있는 직무만족의 의미와 측정도구 등에 대해 종합적으로 분석하고, 실제 측정도구를 정리해서 제시한다는 점에서 의미있는 연구결과라고 할 수 있다. 또한 추가적으로 측정도구의 활용에서 유의할 사항, 국내에서 직무만족을 측정하는 데 필요한 사항들을 종합적으로 정리하여 제시한다는 점에서 본 연구는 향후 계속될 직무만족의 측정과 활용에 기여할 수 있을 것으로 생각한다.

1.3 연구방법 및 내용

본 연구에서는 전체적으로 통일된 기준하에서 국내 문헌을 중심으로 기존의 직무만족관련 연구에 대해 논문을 수집하고, 그 내용을 분석하여 문제점을 파악하며 개선방안을 제시하고자 하였다.

본 연구에서 사용한 연구방법은 다음과 같다. 첫 번째 연구방법은 기존의 국내 직무만족 측정 및 활용 논문을 다양한 DB를 활용하여 수집하여 그 내용을 구체적으로 분석하는 방법이 사용된다. 이 방법은 필자가 2004년도에 발표한 논문에서 이미 활용한 방법이며, 본 연구를 위해 추가적으로 국내에서 발표된 직무만족 관련 연구문헌을 DB를 활용해 다시 정리하고 분석하였다. 1차 조사에서는 2004년 기준으로 한국학술정보(주)의 한국학술정보 데이터베이스에 포함된 1,150여 개 학회의 학술지와 대학간행물 및 연구논문집 80만 편을 검색하고, 296편에 대해 분석을 하였다. 2009년에 시행한 2차 조사에서는 보강된 데이터베이스에 대해 2004년 2월부터 2008년 말까지 발표된 논문을 검색하고, 228편에 대해 분석을 하였다.

분석내용으로는 먼저 (1) 직무만족도를 측정하기 위해 사용된 측정도구를 조사하였다. 측정도구는 기존의 측정도구를 사용하였는지, 사용하였다면 그대로 사용하였는지 아니면 수정해서 사용하였는지를 조사하였다. 또한 기존의 측정도구를 사용하였다면 누가 개발한 측정도구를 사용하였는지도 조사하였다. 그리고 추가적으로 측정도구를 활용함에 있어서 어떤 척도를 사용하였는지도 조사하였다. (2) 직무만족을 측정하는 데 전반적 만족도를 측정하였는지 아니면 요인별 만족도를 측정하였는지를 구분하여 조사하였다. 요인별로 측정하였다면 어떠한 요인들을 측정하였는지를 조사하였다. (3) 세 번째로는 예비조사 시행 여부를 조사하였다. 예비조사가 필요한 이유는 기존의 측정도구에 대한 사전 검토과정으로 이해할 수 있기 때문이다. (4) 조사대상자인 표본을 선정하는 과정에서 표본선정과정은 어떠했는지 표본의 크기는 어느 정도인지를 조사하였다. (5) 측정도구의 신뢰도와 타당도 검정을 어떠한 방법으로 시행하였는지를 조사하였다. 이러한 내용에 대해 기존의 자료를 정리하여 제시하였다.

두 번째 연구방법은 방법상으로는 유사하지만 직무만족에 대한 측정도구를 측정방법과 측정내용에 따라 구분하여 제시하되, 측정도구의 신뢰도와 타당도에 대한 내용을 포함하여 제시함으로써 국내에서 이 측정도구를 활용하는 데 필요한 정보를 제공하였다. 측정도구는 이미 외국에서 다양하게 정리한 도구가 있으므로 이와 관련된 문헌을 수집하여 이를 재정리하여 제시하는 방법을 사용하였다(Hoppock, 1935 ; British Telecom, 1984 ; Cook, Hepworth, Wall & Warr, 1981 ; Cranny, Smith & Stone, 1991 ; Price, 1997 ; Smith, Kendall & Hulin, 1969 ; Spector, 1997). 이에 대해 본 연구자는 2004년과 2007년 그리고 2008년에 관련된 논문을 발표한 바 있다. 그러나 논문의 성격상 분량의 제한으로 충분한 정보를 제공하지 못하고 축약된 형태로 발표하였으나, 본 연구에서는 이에 대해 다시 정리하고 좀 더 풍부한 정보제공이 가능하였다.

세 번째 사용한 연구방법은 특별한 방법이라기보다는 앞에서의 내용을 정리하여 향후 국내에서 직무만족을 측정하는 데 필요한 정보와 활용방법 및 유의사항 등을 정리하여 제시하였다.

chapter 2

직무만족의 의미와 구성요인

2.1 직무만족의 중요성

2.2 직무만족에 대한 정의와 이론 개요

2.3 직무만족 구성요인에 대한 기존 연구

2.4 직무만족의 내재적 구성요인 : 직무자체

2.5 직무만족의 외재적 구성요인

2.6 조직 차원의 요인들

2.7 직업별 직무만족 측정

본 연구는 앞에서 언급한 대로 직무만족의 의미와 측정에 대해 기존의 연구결과를 정리하고 분석하여 향후 연구수행 시 도움이 되는 내용을 제시하는 것이 목적이므로, 직무만족자체에 대해서는 간단히 언급하고자 한다.

먼저, 직무를 수행하는 직무활동과 이를 포함하는 개인의 모든 일상활동과의 관계를 파악하려고 한다. 모든 개인은 일을 하면서 살아가고 따라서 일에 대한 만족도는 삶에 대한 만족도를 구성하는 가장 중요한 요인이라고 할 수 있다. 다시 말해 직무활동은 살아가는 활동에서 가장 중요한 부분이며, 이에 대한 만족도는 직무를 수행하는 개인만이 아니라 그 개인을 고용하는 조직에서도 매우 중요한 정보이다. 우리는 직무만족이 직무몰입이나 조직몰입 수준을 높이고 궁극적으로는 조직의 성과를 향상시킨다고 가정하기 때문이다.

둘째, 직무만족의 내용을 살펴보기 위해 이론적인 분석을 간단하게 정리한다. 직무만족에 관한 이론은 매우 다양하지만 전통적으로 비교이론(comparison theory, Locke, 1976 ; Smith, Kendal & Hullin, 1969), 수단이론(instrumentality theory), 사회적 영향이론(social influence theory, Salanick & Pfeffer, 1977 ; Weiss & Shaw, 1979), 공정성이론(equity theory, Adams, 1965), 그리고 이요인이론(two factor theory, Herzberg, 1968 ; Herzberg, Maunser & Snyderman, 1959 ; Tietjen & Myers, 1998) 등으로 구분하고 있다(McCormick & Ilgen, 1985).

셋째, 직무만족은 유사한 개념과 구분이 필요하다. 직무만족과 유사한 개념으로는 직무태도(job attitude), 직무몰입(job commitment/involvement, work commitment), 조직몰입(organizational commitment), 직무소진(job burnout), 스트레스 등을 들 수 있다. 국내에서 직무몰입에 대해서는 이지우(1997), 조직몰입에 대해서는 송경수 · 최만기 · 박봉규(1999), 김정원(2001), 이용운(1997), 이지우 · 김종우(2002), 정연앙(1998) 등의 연구가 있다. 직무소진(job burnout), 스트레스(stress) 등에 대해서는 박혜남(1998), 정승언(2002), 한광현(1998) 등의 연구가 있다. 물론 이 내용은 본 연구의 중요한 부분은 아니기 때문에 간략하게 언급한다.

넷째, 직무만족의 구성요인에 대한 검토이다. 직무만족을 구성하는 요인에 대한 논의는 오랜 역사를 가지지만 연구자마다 그 구성요인에 대한 주장은 서로 일치하지 않는다. 예를 들어 Weiss et al.(1967)의 미네소타만족설문지(Minnesota Satisfaction Questionnaire, MSQ)를 보면 먼저 4가지의 넓은 범주로 구분하고, 다시 이를 세분화하여 20개 요인으로 구분하고 있다. Reynolds & Shister(1949)는 직무만족의 구성요인(factor)을 일곱 가지로 구분했으며, Ash(1954)는 여섯 가지 요인으로 구분한 바 있다. Herzberg, Mausner, Peterson & Capwell(1957)은 여섯 가지의 상호 독립적인 요인들을 제시하였고, Smith, Kendall & Hulin(1969)은 직무서술지수(Job Description Index, JDI)를 개발하는 과정에서 직무만족의 구성요인(area)에 대해 검토하고 직무자체, 임금, 승진, 감독 그리고 동료관계 등의 다섯 가지 요인으로 구분하였다(Smith, Kendall & Hulin, 1969 : 30).

이상의 연구에서는 직무만족을 결정하는 내재적 요인과 외재적 요인을 명시적으로 구분하지 않았지만, Gruneberg(1979)는 직무만족의 결정요인을 내재적 요인과 외재적 요인으로 구분하였고, 내재적 요인은 직무자체로부터 오는 요인으로 세 가지로 구분하였다. 이후 Cranny, Smith & Stone(1992)은 직무서술지수(JDI)를 기준으로 직무만족의 다섯 요인(facet)을 설명하는데, 여기에는 내재적 요인으로 직무자체, 외재적 요인으로 급여, 승진, 동료, 감독 등을 구분하고 있다. 이후 Spector(1997 : 2-3)는 14개 요인으로 구분하고 있다. 직무만족 구성요인은 크게 직무자체를 중심으로 하는 내재적(intrinsic) 요인과 외재적 요인(extrinsic) 요인으로 구분할 수 있을 것이다.

2.1 직무만족의 중요성

직무만족이란 일반적으로 재화와 서비스의 생산활동에 참여하는 모든 근로자들의 일에 대한 심리적 상태를 말한다. 일에 대한 능력과 역량을 가지고 있다고 하더라도, 일을 수행하고자 하는 의지와 의욕을 가지고 있지 않다면 일에 대한 성과를 기대할 수 없다. 기업을 포함하는 조직을 운영하는 입장에서는 능력 있는 구성원들이 의욕을 가지고 일을 하도록 격려하고 지원한다. 일반적으로 직무에 대한 만족은 직무수행자체에서 오는 성취감과 만족감, 업무를 함께 수행하는 동료와 부하와의 인간적인 관계, 상사의 리더십, 업무를 수행하는 장소의 조명, 온도, 소음, 환기 등과 같은 물리적 환경, 업무수행과 그 결과에 따른 보상과 후생복지 등에 따라 결정된다고 한다.

또한 좀 더 포괄적으로는 최근에 중요성이 대두되고 있는 고용의 안정성, 향후에 대한 전망과 비전 등을 포함한다. 이러한 요소들에 의해 결정되는 직무만족은 다시 업무의 성과나 조직에서의 이직에도 많은 영향을 미친다. 이렇게 직무만족은 그 결과가 근로자가 소속된 기업이나 조직의 성과에 매우 중요한 영향을 미치므로 기업과 조직을 경영하는 입장에서는 직무만족도를 제고하기 위해 많은 노력을 기울이고 있다.

직무만족의 중요성은 신유근(1982 : 342-343), 이학종(1997 : 61) 등에 따르면 직무만족이 직무와 관련해 간접적으로 그리고 직접적으로 매우 중요한 의미를 지닌다고 정리하고 있다. 간접적인 측면에서 중요성을 살펴보면 첫째, 가치판단에서 중요성을 가진다. 둘째, 정신건강의 측면이다. 직무에서의 불만족은 다른 부문의 생활에서도 불만을 야기하기 쉽다. 셋째, 육체적 건강에서도 중요하다. 직무불만의 결과 발생하는 스트레스나 무료함 등이 건강을 해치는 것은 자명하다. 직무만족과 건강에 대한 연구는 의학계를 중심으로 연구가 진행되고 있다.

직무자체와 직무만족이 중요하다는 점에는 이견이 없다. 첫째, 직무만족이 직무성과에 영향을 준다는 것은 실증적인 분석에 대한 논란에도 불구하고 대부분의 경영자들이 인정하고 있다(Chen & Spector, 1992 ; Gottfredson & Holland, 1990). 둘째, 개인이 직무에 만족할 때 여타 생활에 대해서도 긍정적이게 된다. 셋째, 직무만족도가 높을 때 이직률과 결근율이 낮아지고 그 결과 생산성에 긍정적 효과가 있다는 연구가 많다. 이와 관련된 대표적 연구로는 안관영(1992), 우석봉(1995), 천명섭 · 이정용 · 김경규(1990) 등의 연구가 있으며, 경제학적 접근을 시도하는 연구로 김수곤(1982), 배무기(1991), 조우현(1994) 등이 있다. 외국의 연구로는 Arnold & Feldman(1982), Breaugh(1981), Carsten & Spector(1987), Chiu & Kosinski(1999), George & Jones(1997), Johnson & Johnson(2000), Judge(1993a), Keller(1983), Lambert, Hogan & Barton(2001), Mobley et al.(1978), Nicholson et al.(1976), Shaw et al.(2000), Spector(1997), Tan & Akhtar(1995), Tharenou(1993), Zeffane & Gul(1995) 등의 연구가 있다. 넷째, 직무에 대해 만족할 때 대인관계도 원만해질 수 있다(서재현, 1997).

또한 조직시민행동에 대해 긍정적이라는 연구들도 있다(송경수 · 채만기 · 박봉규, 1999 ; Organ, 1988). 그 외에도 노동조합과 직무만족과의 관계를 살핀 연구도 많이 진행되고 있다(이영면 · 나인강, 2001). Renaud(2002)는 전통적으로 여겨졌던 노조와 직무만족 간의 음의 관계가 작업조건을 고려함으로써 없어짐을 보고하고 있다.

그 외에도 Moshavi & Terborg(2002)는 정규직과 비정규직 간의 직무만족의 차이를 연구했는데, 고객상담자의 경우 비정규직이 오히려 직무만족도가 높음을 보이고 있다. 국내에서는 김용석 · 이영면(1999), 박우성 · 노용진(2002), 장은미(1995), 정이환(2002) 등이 있다. 비정규직의 직무만족에 대한 외국의 주요 연구로는 Davis-Blake & Uzzi(1993), Eberhardt & Shani(1984), Ellingson et al.(1998), Hipple(2001), Hulin & Glomb(1999), Miller & Terborg (1979), Pearch(1993), Sergeant & Frenkel(2000) 등이 있다.

이렇게 직무만족의 중요성에 대해서는 공감하고, 직무만족도를 제고하기 위한 연구가 많이 이루어지고 있지만, 상대적으로 직무만족의 측정도구에 대해서는 체계적인 연구가 부족하여 아직도 일관된 측정도구가 활용되지 못하고 있다.

2.2 직무만족에 대한 정의와 이론 개요

직무만족에 대한 정의는 연구만큼이나 다양하다. 초기에는 직무만족에 대해 근로자의 욕구가 직무를 통해 충족되는가에 초점을 맞추어서 진행되어 왔으나(Porter, 1962 ; Wolf, 1970), 그 이후에는 욕구의 충족보다는 인지적 과정(cognitive process)으로 이해하는 경향이 강조되고 있다. Porter & Lawler(1968 : 31)는 직무만족이 '구성원이 실제적으로 얻은 보상이 공정하다고 생각되는 보상수준을 초과한 정도'라고 말하고 있다. 직무만족에 대한 가장 대표적인 정의는 Locke(1976 : 1300)가 정의한 '개인의 직무와 직무경험에 대한 평가의 결과로 인해, 즐겁거나 긍정적인 정서적 상태'를 들 수 있다. Reitz(1981 : 201)는 직무만족이란 '행동, 정보, 그리고 정서의 3요소로 구성되어 있으며, 직무에 대한 개인의 느낌이나 감정'이라고 정의하고 있다. 그 이후에도 수많은 학자들이 직무만족에 대한 정의를 시도한 바 있지만 본 연구에서는 직무만족에 대한 정의를 정리하기보다는 직무만족에 대한 기존의 이론을 간략하게 정리하고 그동안 국내의 학술적 연구에서 직무만족이 어떻게 측정되어 왔는지를 중심으로 살펴보기로 한다.

직무만족에 관한 이론은 매우 다양하지만 McCormick & Ilgen(1980)은 비교이론(comparison theory), 수단이론(instrumentality theory), 사회적 영향이론(social influence theory), 공정성이론(equity theory), 그리고 이요인이론(two factor theory) 등으로 구분하고 있다. 비교이론에서는 직무만족이 '개인의 주관적인 기준'과 '현실이 그 기준에 어느 정도 부응하느냐에 대한 개인의 지각' 사이의 비교에서 경험된 결과의 정도라는 가정을 한다. 따라서 직무만족은 개인의 표준과 직무에서 얻을 수 있다고 확신하는 개인의 지각과의 일치 정도라고 할 수 있다. 개인의 주관적인 기준에 대해서는 개인의 욕구라는 견해, 개인의 가치라는 견해(Locke, 1976), 개인의 준거틀이라는 견해(Smith, Kendal & Hullin, 1969) 등이 있다.

수단이론에서는 한 개인이 수행하는 직무로 인해 자신이 중시하는 특정요인(임금, 승진, 작업 조건)들에 어떠한 결과를 가져오는가를 평가하고 그로부터 느끼는 만족도를 직무만족도로 보고 있다. 수단이론에서는 직무가 만족을 산출하는 수단이라는 점이 강조되고 있다.

사회적 영향이론은 비교이론에 대한 대안으로 제시되었는데, 직무만족은 개인이 수행하는 직무보다는 유사한 직무에 종사하는 다른 사람을 관찰해서 만족도를 측정해야 한다는 점을 강조하고 있다(Salanick & Pfeffer, 1977 : 427-456 ; Weiss & Shaw, 1979).

공정성이론은 개인의 투입과 산출을 다른 사람의 투입과 산출에 비교하는 사회적 비교과정을 강조한다(Adams, 1965 : 267) 개인의 보상은 타인의 보상과 비교해서 공정한가를 살피고 이로부터 직무만족이 결정된다는 주장이다.

이요인이론은 직무요인들이 직무만족에 미치는 영향에 따라서 양분될 수 있다고 본다. 즉, 직무만족과 직무불만족은 연속선상에서 파악할 수 없고, 만족과 불만족이 별개의 독립된 차원이며 각 차원에 작용하는 요인 역시 별개라고 주장한다(Hertzberg, 1968 ; Herzberg, Maunser & Snyderman,

1959 ; Tietjen & Myers, 1998). 불만은 환경요인으로부터 야기되며 이러한 위생요인(hygiene factor)에는 임금, 작업조건, 감독자, 부하 및 동료와의 대인관계, 회사의 정책 및 방침, 사적인 개인적인 생활, 고용안정 등이 포함된다. 만족은 직무의 내용에서 야기되며 이러한 동기요인(motivation factor)에는 인정, 성취감, 승진가능성, 책임 및 직무 그 자체 등이 포함된다고 보고 있다.

이러한 전통적 이론에 추가하여 최근에는 직무만족이 개인의 인성(traits)에 의해 좌우된다는 연구추세가 있다. 즉, 외적인 요인들보다는 개인적인 성격에 의해 좌우된다는 주장이다(Arvey et al, 1989, 1993 ; Bouchard et al., 1990, 1992 ; Cropanzano and James, 1990 ; Davis-Blake and Pfeffer, 1989 ; Gerhart, 1987 ; Gutek and Winter, 1992 ; Judge And Hulin, 1993 ; Keller et al., 1992 ; Levin and Stokes, 1989 ; Staw et al., 1986 ; Staw & Ross, 1985 ; Watson & Slack, 1993). 그 외에도 직무만족의 영향요인과 직무만족과의 관계가 비선형이라는 연구결과도 있다(Baltes et al., 2002).

직무만족은 심리적 상태에 대한 측정이므로 이러한 심리상태는 시각에 따라 다양하게 정의될 수 있다. 또한 직무만족에 대한 측정결과를 어디에 활용하느냐에 따라서 그 개념을 상이하게 정의하여 활용할 수도 있다. 유사개념으로는 직무태도(job attitude), 직무몰입(job commitment), 조직몰입(organizational commitment), 직무소진(job burnout), 스트레스 등을 들 수 있다.

직무몰입은 '자신이 담당하고 있는 직무를 동일시하고 그것에 몰두하는 상태'를 말하며 이에 대한 연구로는 이지우(1997), Kanungo(1982) 등이 있다. 직무만족과 직무몰입의 개념적 차이에 대한 대표적인 연구로는 Mathieu & Farr(1991)를 들 수 있다. 하지만 직무만족과 직무몰입 간에는 밀접한 관계가 있음이 실증분석 결과 제시되고 있다(Kanungo, 1982 ; Mathieu & Farr, 1991 ; Morrow, 1993).

조직몰입은 '조직의 목표와 가치에 대한 강한 신뢰와 수용, 조직을 위해 열심히 일하고자 하는 의지, 조직의 구성원으로 남고자 하는 의지'로 정의할 수 있다. 이와 관련된 국내 연구로는 김남현 · 박봉규 · 송경수(1999), 김정원(2001), 이지우 · 김종우(2002), 정연앙(1998) 등이 있다. 특히, 이용운(1997)은 조직몰입의 측정에 대한 연구를 하고 있다. 직무소진(job burnout), 스트레스(stress) 등과 관련된 연구도 있다. 직무스트레스는 구성원들이 느끼는 충동과 불안이라고 할 수 있는데 생리적, 심리적, 행동적 증세로 구분할 수 있다(박혜남, 1998 ; 정승언, 2002 ; 한광현, 1998).

2.3 직무만족 구성요인에 대한 기존 연구

직무만족을 구성하는 요인에 대한 논의는 오랜 역사만큼이나 그 구성요인에 대한 주장도 연구자마다 서로 다르다. 예를 들어, Weiss et al.(1967)의 미네소타만족설문지(Minnesota Satisfaction Questionnaire, MSQ)를 보면, 4가지의 넓은 범주로 구분하고 다시 이를 세분화하여 20개 요인으로 구분하고 있다. 그러나 여기에는 Smith, Kendall & Hulin(1969)의 직무서술지수(Job Description Index, JDI)에서는 언급되고 있지 않은 조직에 대한 만족도가 포함되어 있다. 기존의 연구결과에 대해 먼저 시기적으로 구분해보고, 이를 다시 요인별로 묶어서 설명해보기로 한다.

Reynolds & Shister(1949)는 직무만족의 구성요인(factor)을 일곱 가지로 구분했다. 직무독립성(independence and control), 동료와의 관계(relationship with fellow workers), 공정한 대우(fairness of treatment), 직무관심(job interest), 직무의 물리적 특성(physical characteristics of the job), 임금(wages), 그리고 고용안정(job security) 등이다. 연구결과가 발표된 시점이 1949년이라는 점을 고려할 필요가 있다. 연구가 진행된 당시인 1940년대를 고려하면 대규모 공장이라고 하더라도 주로 수작업을 수행하는 직무가 많았다. 또한 요즘처럼 고차원의 경영관리방식은 아직 아니었다는 점도 고려할 필요가 있다. 일곱 가지 요인 중에서 직무 그 자체에 관련된 내용은 독립성, 직무관심을 들 수 있으며, 직무의 물리적 특성은 근로조건과 유사하다고 하겠다.

Ash(1954)는 여섯 가지 요인으로 구분했는데, 통합적 인성(personality integration), 보상(satisfaction with job rewards), 효율적인 관리(management effectiveness), 직속상사(adequacy of immediate supervisor), 전반적 직무만족(general job satisfaction) 그리고 동료와의 관계(regard for fellow employees) 등이다.

Herzberg, Mausner, Peterson & Capwell(1957)은 여섯 가지의 상호 독립적

인 요인들을 제시하였다. 전반적 만족과 사기(general satisfaction and morale), 회사와 회사정책에 대한 태도(attitudes towards the company and its policies), 직무에 대한 내재적 만족(satisfaction with intrinsic aspects of the job), 직속상사에 대한 태도(attitudes towards the immediate supervisor), 희망(포부)에 대한 만족(attitudes towards satisfaction of aspirations) 그리고 현재 직무조건에 대한 만족(satisfactions with conditions of present job) 등이다.

Smith, Kendall & Hulin(1969)은 직무서술지수(Job Description Index, JDI)를 개발하는 과정에서 직무만족의 구성요인(area)에 대해 검토하였다. 이전의 연구결과를 정리하는데, 먼저 고민했던 사항은 어떤 요소(aspects)를 측정할 것인가와 그 상대적인 가중치를 결정하는 것이었다. 즉, 구성요소들이 서로 독립적이어야 하고, 따라서 서로 차별화되어야 한다는 점이다. 검토결과 직무자체, 임금, 승진, 감독 그리고 동료관계 등의 다섯 가지 요인으로 구분하였다. 그러나 회사정책, 전반적인 사기 및 일터로서의 회사에 대한 만족도 등에 대해 검토하였지만 최종적인 측정요인에서는 제외하였음을 명시하고 있다(Smith, Kendall & Hulin, 1969 : 30).

Fraser(1983)는 Ling(1954)을 인용하면서 직무만족을 측정하기 위해서는 급여(money), 위세와 지위(prestige and status), 고용안정(security), 인정(approval), 소속감(belonging) 그리고 창의성(creativeness) 등 6가지 요인이 전제되어야 한다고 설명하고 있다. 급여에 대한 만족도는 급여수준이 실제 근로자가 필요한 욕구를 충족시킬 수 있는가 하는 여부에 달려 있으며, 위세와 지위의 차이는 조직에 기여하는 정도와 직무상 기능으로 구분된다고 하였다. 고용안정과 인정은 승진기회와 연계되며, 창의성은 예술가로서의 창의성과는 달리 자신의 직무가 얼마나 중요한 지를 의미한다고 하였다. Hertzberg는 다수의 연구결과 직무만족에서는 고용의 안정성이 가장 중요하며, 승진기회, 회사에 대한 태도, 급여, 직무자체, 감독, 직무의 사회적 측면, 의사소통, 물리적 근로조건과 근로시간, 복리후생 순으로 직무만족 구성요인을 결론지었다(Gilmer, 1961).

이상의 연구에서는 직무만족을 결정하는 내재적 요인과 외재적 요인을 명시적으로 구분하지 않았지만 Gruneberg(1979)는 직무만족의 결정요인을 내재적 요인과 외재적 요인으로 구분했다. 먼저 내재적 요인은 직무자체로부터 오는 요인으로 성공적인 직무수행과 인정(attainment of success and recognition), 기술의 적용(application of skills)에 따라 가치 있는 일을 한다는 느낌(feeling of doing something worthwhile) 및 직무에 대한 몰입(involvement in one's job) 등의 세 가지로 구분하였다.

이후 Cranny, Smith & Stone(1992)는 직무서술지수(JDI)를 기준으로 직무만족의 다섯 요인(facet)을 설명하는데 여기에는 내재적 요인으로 직무자체가 제시되었고, 외재적 요인으로 급여, 승진, 동료, 감독 등을 제시하고 있다.

Spector(1997 : 2-3)는 직무만족이란 사람들이 직무와 직무의 다양한 측면에 대해서 느끼는 감정으로, 좋아하면 만족하는 것이고 싫어하면 불만족한다는 것이며, 과거에는 욕구충족의 관점에서 설명되었지만 이후에는 인지과정으로 보고 있다고 강조한다. 그리고 직무만족의 구성요인(facets)에 대해서는 존중(appreciation), 의사소통(communication), 동료(co-workers), 복리후생(fringe benefits), 근로조건(job condition), 직무자체(nature of job itself), 조직(organization itself), 조직의 정책과 절차(organization's policies and procedures), 급여(pay), 개인적인 성장(personal growth), 승진기회(promotion opportunities), 인정(recognition), 안전(security) 그리고 감독(supervision) 등으로 구분하였다. 이를 묶어보면 급여와 복리후생, 동료관계와 감독, 직무자체, 그리고 조직 등이다. Spector(1997 : 4)는 각 요인의 상관관계를 제시하면서 서로 간의 상관관계가 그다지 높지는 않다고 설명한다. 9개의 요인에 대한 상관관계 분석에서 최고는 0.59였고 최저는 0.10이었다. 그리고 이렇게 요인을 구분해서 직무만족도를 측정하는 경우 조직의 입장에서는 불만의 원인을 파악할 수 있고 개선방향을 도출할 수 있기 때문에 유용한 방법이라고 하였다.

이상의 연구결과를 보면 직무만족 구성요인은 크게 직무자체를 중심으로 하는 내재적(intrinsic) 요인과 외재적 요인(extrinsic) 요인으로 구분할 수 있다.

직무만족 구성요인에 대한 연구의 개요 **표 2-1**

번호	저 자	구성 요인수	요 인
1	Reynolds & Shister(1949)	7	직무독립성(independence and control), 동료와의 관계(relationship with fellow workers), 공정한 대우(fairness of treatment), 직무관심(job interest), 직무의 물리적 특성(physical characteristics of the job), 임금(wages), 고용안정(job security)
2	Ash(1954)	6	인성요인(personality integration), 보상(satisfaction with job rewards), 효율적인 관리(management effectiveness), 직속상사(adequacy of immediate supervisor), 전반적 직무만족(general job satisfaction), 동료와의 관계(regard for fellow employees)
3	Herzberg, Mausner, Peterson & Capwell(1957)	6	전반적 만족과 사기(general satisfaction and morale), 회사와 회사정책에 대한 태도(attitudes towards the company and its policies), 직무에 대한 내재적 만족(satisfaction with intrinsic aspects of the job), 직속상사에 대한 태도(attitudes towards the immediate supervisor), 희망(포부)에 대한 만족(attitudes towards satisfaction of aspirations), 현재 직무조건에 대한 만족(satisfactions with conditions of present job)
4	Smith, Kendall & Hulin(1969)	5	직무자체, 임금, 승진, 감독, 동료관계
5	Ling(1954), Fraser(1983)	6	급여(money), 위세와 지위(prestige and status), 고용안정(security), 인정(approval), 소속감(belonging), 창의성(creativeness)
6	Gruneberg(1979)	3	내재적 요인 [성공적인 직무수행과 인정(attainment of success and recognition), 기술의 적용(application of skills)에 따라 가치 있는 일을 한다는 느낌(feeling of doing something worthwhile), 및 직무에 대한 몰입(involvement in one's job)]
7	Cranny, Smith & Stone(1992)	5	내재적 요인[직무자체], 외재적 요인[급여, 승진, 동료, 감독]
8	Spector(1997)	14	존중(appreciation), 의사소통(communication), 동료(co-workers), 복리후생(fringe benefits), 근로조건(job condition), 직무자체(nature of job itself), 조직(organization itself), 조직의 정책과 절차(organization's policies and procedures), 급여(pay), 개인적인 성장(personal growth), 승진기회(promotion opportunities), 인정(recognition), 안전(security), 감독(supervision)

자료 : 필자가 구성함, 원자료는 이영면(2008), 요인별 직무만족 측정도구의 개요와 활용방안, 「인적자원관리연구」(한국인적자원관리학회), 15(4)의 p. 149, <표 1> 직무만족 구성요인에 대한 내용을 정리함.

2.4 직무만족의 내재적 구성요인 : 직무자체

직무만족을 구성하는 내재적 요인, 즉 직무자체에 대한 논의도 오랜 역사를 가지고 있다. Reynolds & Shister(1949)는 직무만족 요인을 일곱 가지로 구분하였는데 이 중에서 직무독립성(independence and control)과 직무에 대한 관심(job interest)은 내재적 요인으로 볼 수 있다. 먼저 직무독립성은 지나치게 직접적으로 감시 · 감독하는 것으로부터의 자유로움을 의미한다. 또한 직무수행과 관련된 문제에 대한 의견제시(voice)도 여기에 포함된다고 보았다. 직무독립성은 스스로 의사결정에 참여하는 것이며, 이를 바탕으로 만족도가 제고된다고 보았다. 가장 기초적인 성과급인 개수급(제작한 물건의 개수를 기준으로 정해지는 임금)을 받는 경우 자기가 원하는 속도대로 일을 할 수 있어서 자율적인 조정이 가능하지만, 시간급을 받는 경우에는 항상 열심히 일해야 하는 부담 때문에 싫어한다는 면담결과도 제시하였다. 감독으로부터의 자유로움이 소극적 요구라고 한다면, 의견제시의 경우는 적극적인 요구라는 점에 차이가 있다. 특히, 불만이 꼭 해결되기를 원한다기보다는 불만을 토로할 수 있는 기회를 더 원한다는 점이다.

다음으로 직무에 대한 관심은 직무내용의 다양성, 구성원과의 접촉 정도, 자신의 숙련기술을 활용할 수 있는 여건 등이 포함된다. 직무에 대한 관심은 또한 동기부여 요인으로도 작용한다. 이는 이후 Hackam & Lawler (1971)의 직무특성모형(Job Characteristics Model)과도 유사한 내용이라고 볼 수 있다. Hackman & Lawler(1971)는 직무다양성, 자율성 및 정체성과 직무만족도 간의 관계를 분석하였다. 직무다양성의 경우 일반적으로 다양성이 증가하면 직무만족도가 높아지지만 개인적으로 직무에 대한 욕구수준이 낮은 경우는 반복적인 업무에 대해서도 그다지 불만스럽지 않다는 점을 밝혀낸다. 자율성이란 작업스케줄의 결정, 사용할 장비의 선택, 과업수행절차에 대한 결정권을 의미하는데 다양성과 마찬가지로 직무만족과 연계된다. Hackman & Lawler(1971)는 다양성과 자율성 간에 매우 높은 상관관계가 존재함도 밝혀낸다. 마지막으로 성공적으로 직무를 수행하더라도 정체성이 부족한 경우에는 만족을 주지 못한다고 설명하였다.

Gruneberg(1979)는 내재적 요인에 대해 다음과 같이 설명한다.

첫 번째 요인은 성공적인 직무수행(attainment of success)이 만족을 가져온다는 증거는 여러 학자들에 의해 제시되었다고 설명한다(Gebhard, 1948 ; Locke, 1976). 그러나 여기서 성공적이라는 것은 직무가 최소한 어느 정도의 중요성을 가질 때를 전제로 한다. 또한 반드시 성공적인 경우에만 직무에서 만족을 얻는 것은 아니다. 실패하는 경우에도 만족감을 느끼지 못하는 것은 아니다. 다음으로 인정받는 것(recognition)이다. 외부로부터 인정받는 것은 자존심을 가지게 하는데 일반적으로 기업에서는 성공적인 직무수행에 대해 승진을 통해 인정하게 된다. 승진은 인정의 의미를 가질 뿐만 아니라 급여 수준도 올라가고 지위도 올라가게 된다. 이요인이론에서는 급여를 위생요인으로 간주하지만 그럼에도 불구하고 급여가 직무만족에 영향요인임을 부인할 수는 없을 것이다. 인정받는 것은 승진이나 급여 외에 말을 통한 칭찬도 포함된다(Hertzberg, 1966 ; Locke, 1976).

두 번째 요인은 '기술의 적용(application of skills)'으로 직무에서의 성취감(achievement)이란 과업들이 얼마나 중요한가에 대한 인식에 달려 있으며 여기에는 기술의 적용이 포함된다. 또한 기술의 적용과 관련해 전문성(specialization), 다양성(variety), 자율성(autonomy) 및 정체성(identity) 등의 네 가지 요소로 정리했는데 기술적용은 Hoppock(1935)도 직무만족의 중요한 요인으로 제시한 바 있다.

세 번째 요인은 직무에 대한 몰입(involvement in one's job)이다. 직무에 대한 몰입은 개인이 직무에 따라 자신의 정체성을 파악하는 것이라 할 수 있다. 직무만족과 직무몰입은 분명하게 다른 개념이지만 높은 직무몰입도가 직무자체에 대한 만족과 관계가 있다는 연구결과들은 많다(Gruneberg, 1979 : 48).

이후 Cranny, Smith & Stone(1992)도 직무자체를 직무만족을 결정짓는 가장 중요한 요인으로 들고 있다. 그들은 직무자체에 대한 측정을 직무특성모형으로 설명하면서 직무자율성, 기술다양성, 피드백, 직무정체성, 그리고 과업중요성을 하부 구성요인으로 보고 있다(Hackman & Lawler, 1971 ; Hackman & Oldham, 1975). 이 중에서 피드백이 직무만족과 가장 높은 관계를 보였다고 설명하고 있다.

결국 직무자체에 대한 구성요인으로는 직무특성모형을 중심으로 직무자율성이나 독립성, 기술다양성, 피드백, 직무정체성 및 과업중요성 등이 중요한 요인으로 제시되고 있다고 정리할 수 있다. 다만, 이러한 논의는 오랜 역사를 바탕으로 제시된 것이어서 최근에 급격한 환경변화를 제대로 반영한 연구결과로 보기에는 한계가 있다는 점을 인식할 필요가 있을 것이다.

표 2-2 직무만족의 내재적 구성요인(직무자체)에 대한 연구 요약

번호	저 자	구성 요인수	요 인
1	Reynolds & Shister(1949)	2	직무독립성(independence and control), 직무관심(job interest)
2	Gruneberg(1979)	3	성공적 직무수행, 기술의 적용[전문성(specialization), 다양성(variety), 자율성(autonomy) 및 정체성(identity)], 직무몰입
3	Hackam & Lawler(1971), Hackman & Oldham(1975), Cranny, Smith & Stone(1992)	5	직무자율성, 기술다양성, 피드백, 직무정체성, 그리고 과업중요성

자료: 필자가 구성함, 원자료는 이영면(2008), 요인별 직무만족 측정도구의 개요와 활용방안, 「인적자원관리연구」(한국인적자원관리학회), 15(4)의 p. 150, <표 2> 직무만족의 내재적 구성요인(직무자체)에 대한 내용을 요약정리함.

2.5 직무만족의 외재적 구성요인

직무만족은 직무자체만이 아니라 직무를 둘러싼 구성요인들에 의해서도 많은 영향을 받는다. 예를 들어, 미국의 인적자원관리전문가들의 모임인 Society for Human Resource Management(SHRM)(2006)의 직무만족도 조사를 보면 직무자체에 대한 설문보다는 경력개발, 인간관계, 보상 등이 주요한 설문으로 구성되어 있다. 직무자체는 오히려 전체 21개 설문 중에서 직무의 의미, 기여도, 직무자체, 그리고 직무의 다양성 등 4개 정도로만 구성되어 있다. 일반적으로 직무만족을 구성하는 외재적 요인에 대한 논의도 오랫동안 다양하게 진행되어 왔는데 여기서는 주로 언급되는 대표적인 요인들에 대해 살펴보고자 한다.

직무만족의 외재적 구성요인에 대한 연구 요약 **표 2-3**

외재적 요인		저 자	내 용
1	보상 공정성	Reynolds & Shister(1949)	공정성(보상제도, 보상수준, 단체교섭유무, 상대적 비교, 근속연수, 회사의 지불능력, 임금인상방법)
		Lawler(1971)	급여만족영향요인(교육, 숙련도, 직무수행성과, 연령, 선임권, 성, 조직규모, 급여수준 및 급여지급방식 및 급여체계)
		Gruneberg(1979)	급여의 상대적 수준, 조직 내 직위, 급여정보 비밀유지
		Cranny, Smith & Stone(1992)	자존심의 원천, 기회, 평생기대급여수준
2	고용안정	Reynolds & Shister(1949)	경기에 영향받지 않는 직장
		Gruneberg(1979)	직무재설계나 구조조정에 대한 불안
3	안전한 근무여건	Reynolds & Shister(1949)	직무자체의 특성(깨끗함, 안전함), 공장의 환경여건, 기계설비의 수준
4	감독 및 상사와의 관계	Lewin, Lippette & White(1939)	민주적인 리더십
		Gruneberg(1979)	상사의 변경
		House, Filley & Kerr(1971) ; Warr & Wall(1975)	부하중심적인 리더십
		Cranny, Smith & Stone(1992)	상사의 피드백 제공, 자신의 업무성과에 대한 평가, 수행할 과업의 지시
5	동료관계	Reynolds & Shister(1949)	공장 내 사회적 지위, 타동료와의 관계, 다른 동료들에 대한 평가, 팀워크 등
		Hertzberg, Mausner, Peterson & Capwell(1957)	직무의 사회적 측면
		Cranny, Smith & Stone(1992)	바람직한 동료와의 관계
6	승진	Smith, Kendall & Hulin(1969) ; Cranny, Smith & Stone(1992) ; Kanter(1977) ; Kipnis(1964) ; Larson(1982)	수행직무에 대한 향후 평가
		Cranny, Smith & Stone(1992)	승진 외에 직무와 관련된 기회에 대한 평가
7	기타	Gruneberg(1979) ; Warr & Wall (1975)	의사결정 참여
		Gruneberg(1979)	역할갈등

자료 : 필자가 구성함, 원자료는 이영면(2008), 요인별 직무만족 측정도구의 개요와 활용방안, 「인적자원관리연구」(한국인적자원관리학회), 15(4)의 p. 154, <표 3> 직무만족의 외재적 구성요인에 대한 연구를 요약정리함.

Gruneberg(1979)는 이상의 직무자체 요인(내재적 요인, 내용요인) 외에 상황적(외재적 또는 맥락적) 요인을 구분해서 제시하는데, 이는 Hertzberg의 동기요인 및 위생요인과 맥을 같이한다고 할 수 있다. 이러한 외재적 요인으로 급여, 고용안정, 작업집단, 감독, 참여, 역할갈등과 모호성, 조직구조, 그리고 조직분위기 등이다. 이하의 설명에서는 이론적인 근거는 조금 미흡하지만 실무적으로 직무만족도 조사에서 많이 활용되는 SHRM(2006)의 조사결과에 따라 근로자들이 가장 중요하다고 생각하는 외재적 요인을 순서대로 설명하기로 한다.

2.5.1 보상관련 요인

보상과 관련해서는 절대적 수준뿐만 아니라 상대적 수준, 즉 공정성에 대한 태도가 만족도를 결정하는 중요한 요인이라고 할 수 있다. 먼저, 공정한 대우는 '보상제도가 공평한가'이다(Reynolds & Shister, 1949). 또한 여기에는 보상제도에서 구체적인 기준이 제시될 때, 미래에 대한 불확실성이 줄어들고 그 결과 만족을 느끼게 된다는 점도 포함된다. 즉, 당시에는 근속연수나 성과 등이 기준으로 적용되어야 하며 친소관계, 국적, 인종 등이 고려되어서는 안 된다고 본다. 감독직으로의 승진은 직무독립성이나 자부심으로 연결되며 추가적인 보상이라고 생각하지는 않는다고 본다. 또한 공정한 대우는 회사에 대한 충성심으로도 연결된다고 보고 있다.

구체적으로 직무만족에 대한 초기 연구의 면접결과를 보면 임금은 가족의 생계수단인 동시에 공정성 판단의 기준이 된다(Reynolds & Shister, 1949).

따라서 임금은 근로자의 사기와 이직결정에 영향을 미친다. 임금이 공정한가에 대한 평가는 여러 요인으로 구성되는데 먼저 일의 특성에 대해서는 절대적인 기준으로 평가한다. 다른 동료와 비교하기보다는 자신이 수행하는 일의 가치가 어느 정도인가가 중요한 기준이라는 점이다. 여기에는 일하는 동안에 신체적으로 힘든 정도, 일의 결과와 관련된 일의 양, 위험을 감수해야 하는 정도, 그리고 책임의 정도 등이 기준으로 작용한다.

두 번째 공정성 기준은 공장 내부나 외부의 다른 공장에서 유사한 일을 하는 경우와 비교했을 때의 상대적인 보상수준이다. 일반적으로 근로자들은 공식화된 정보보다는 친구들이나 우연히 들은 이야기를 기준으로 비교

평가하고 공정성에 대한 판단기준으로 사용한다.

세 번째, 노동조합이 사측과 교섭한 후 결정된 임금수준에 대해서는 비교적 공정하다고 평가한다. 네 번째 공장 내 다른 일에 대해서는 서로 비교하여 판단한다. 다섯째 기준은 근속연수를 기준으로 공정하다고 평가한다. 여섯째, 회사의 지불능력인데, 이익이 많으면 임금도 높아야 공정하다고 생각한다. 일곱째, 임금인상방법이다. 이에 대해서는 의견이 나뉘는데 일부는 모두에게 같은 절대금액의 인상이 공정하다고 하였고, 다른 일부는 절대비율의 인상을 공정하다고 하였다.

그러나 여기서 유의할 점은 일반적으로 외재적 요인으로는 보상이 가장 중요한 요인임에도 불구하고 근로자들이 급여를 제일 중요하다고 언급하기를 꺼려서 그 중요성에 대한 조사결과에서는 순위가 뒤로 밀린다는 주장도 있다는 점이다.

급여만족도에 영향을 미치는 요인에 대해서는 Lawler(1971)에 따르면 교육, 숙련도, 직무수행성과, 연령, 선임권, 성, 조직규모, 급여수준 및 급여지급방식 등이다. Lawler(1971)는 급여체계, 즉 고정급과 성과급의 결정방식 및 상대적인 비중도 영향을 미친다고 설명하고 있다. 성과급의 경우 개인단위, 집단단위, 그리고 조직단위로 측정되는 방법에 따라 급여만족도에 차이가 있다고 주장한다. Gruneberg(1979)는 그 외에도 급여의 상대적 수준, 조직 내 직위, 급여정보의 비밀유지 등도 급여만족도에 영향을 미치는 요인으로 들고 있다.

그렇다면 급여만족도를 결정짓는 요인에는 어떤 것들이 있는가? 급여에 대한 만족도는 결국 공평한가에 대한 평가이고 구체적으로는 투입과 산출의 비율인데, 투입요소에는 숙련도, 노력도, 책임수준, 그리고 과거의 경력 등이 포함된다고 볼 수 있다.

Cranny, Smith & Stone(1992)은 급여란 자존심의 원천이 될 뿐만 아니라 돈으로 살 수 있는 것들에 대한 기회도 포함한다고 설명한다(Brockner, 1988 ; Lawler, 1971). 또한 급여수준에 있어서는 근로자가 평생 일하는 기간 동안 기대할 수 있는 급여수준에 대한 내용도 만족도에 영향을 미칠 수 있다. 예를 들어, 대졸사원의 급여는 비슷하게 출발한다고 해도 간호사와 회계사의 최대 가능 급여는 상당한 차이를 보일 것이고, 그에 따라 만족하는 정도에도 차이를 보일 수 있다.

2.5.2 고용안정

고용안정은 최근 국내외 기업들이 상시적인 구조조정 등을 통해 혁신을 추구하는 과정에서 고용에 대한 불안을 야기하기 때문에 보상 다음으로 가장 중요한 요인으로 설명하고자 한다. SHRM(2006)에서도 급여와 복리후생 다음으로 고용안정(job security)을 중요한 요인으로 설명하고 있다.

직무만족에 대한 초기 연구에서도 Reynolds & Shister(1949)는 고용안정(job security)을 직무만족을 구성하는 중요한 요인으로 설명하고 있다. 계절적이거나 불경기에 영향을 많이 받지 않는 공장, 충분한 선임권으로 일시해고에서 피해갈 수 있을 때 만족감을 보이고 있었다. 당시 연구결과를 보면 다수의 근로자들은 임금인상보다는 고용보장(employment guarantee)을 선호하였으며, 일부는 임금인상이 25% 또는 50% 정도 인상된다면 고용보장보다는 임금인상을 선호하겠다고 응답했다. 당시에는 과거 오랜 기간 실업을 경험한 경우가 많았고, 상당한 임금인상에 대해서 충분히 신뢰하지 못하는 경우도 많기 때문이었다. 일부는 고용보장보다 임금인상을 선호한다고 했는데, 그 이유는 고용보장에 대해 믿지 못하기 때문이었다.

또한 고용안정은 실업에 따르는 부담이나 스트레스를 통해 간접적으로 설명될 수 있다. Gruneberg(1979)에 따르면 직무재설계나 구조조정은 직무자체에 대한 만족도는 제고시킬지 모르지만, 고용안정성을 떨어뜨리기 때문에 전체적인 직무만족도에는 부정적으로 영향을 미칠 수 있다. 일반적으로 고용안정은 전형적인 위생요인으로 여겨지지만 직무안정감은 직무만족을 높이는 요인으로 여길 수 있다.

2.5.3 안전한 근무여건

초기 연구인 Reynolds & Shister(1949)에 의하면 직무의 물리적 특성이 세 가지로 구성되는데, 깨끗함, 안전함 등을 의미하는 직무자체의 특성(nature), 공장의 깨끗한 정도, 조명, 환기, 화장실 시설 등을 포함하는 공장의 환경조건, 그리고 기계가 현대화되었는지, 상태가 좋은지를 의미하는 기계설비의 수준 등으로 구분하고 있다. SHRM(2006)에서는 안전한 근무여건이 21개 요인 중에서 다섯 번째로 중요한 요인으로 언급되고 있었다.

2.5.4 감독 및 상사와의 관계

상사의 감독도 직무만족을 결정하는 중요한 요인이다. 그러나 상사가 바뀌는 경우 새로운 상사에 적응해야 하기 때문에 직무만족도가 떨어지는 경우도 있지만, 과거의 상사에 대한 불만수준이 높았다면 오히려 새로운 상사에 대한 만족도가 상승할 수도 있다(Gruneberg, 1979). 과거 인간관계학파에서는 인간중심적인 리더와 높은 생산성 간에 상관관계가 있기 때문에 인간중심적 리더십이 만족요인이 된다고 보지만, 인과관계에서 있어서는 불명확하다. 성과가 좋기 때문에 인간적인 상사가 된다고 보는 것이 더 설득력이 있을 수 있다.

권위적, 민주적, 자유방임적인 리더십에 대한 연구에서는 부하들이 명료하게 민주적인 리더를 선호한다는 결과를 보였다(Lewin, Lippette & White, 1939). 이후 부하중심 아니면 일중심 리더십에 대해서는 전반적으로 부하중심적인 리더십이 직무만족도와 상관관계를 보인다고 밝힌다(House, Filley & Kerr, 1971 ; Warr & Wall, 1975). 물론 이에는 예외적인 결과도 있다.

감독의 개념은 리더십과 연결되는 개념으로 좀 더 구체적으로 살펴보면 상사의 피드백 제공, 자신의 업무성과에 대한 평가, 수행할 과업의 지시 등이 포함된다(Cranny, Smith & Stone, 1992 : 57). 결국 리더십스타일은 리더와 부하의 특성에 따라 다르게 영향을 미치지만 그 중요성은 인정해야 할 것으로 생각된다.

2.5.5 동료관계

동료관계는 대부분의 연구결과에서 직무만족의 구성요인으로 포함되고 있다. Reynolds & Shister(1949)에 의하면 동료와의 관계는 여러 가지로 구성되는데 공장 내에서의 자신의 사회적 지위, 다른 동료들과의 관계, 다른 동료들에 대한 평가, 팀워크 등으로 구분된다고 설명하고 있다. Hertzberg, Mausner, Peterson & Capwell(1957)도 직무만족의 가장 중요한 요인으로 직무의 사회적 측면(social aspects)을 들면서 현실적으로 직장에서의 동료는 가족이나 친구보다 더 자주 접촉하는 사회적 관계를 형성하기 때문에 직무만족에 미치는 영향도 클 수밖에 없다고 설명한다. 작업장에서의 외톨이는 사기저하의 주요 요인으로 작용하며, 일반적으로 혼자 일하는 경우 전반적인 직무만족도는 낮아진다. 물리적으로 가까운 거리에서 사이좋은 동료들과 함께 일하게 되는 경우 직무만족도는 증가하게 된다. 또한 동료들에게 받아들여지고 동료들로부터 인정받을 때 직무만족도는 증가하게 된다. 어렵고 힘들 때 동료들로부터 도움을 받는 경우 어려움을 상대적으로 쉽게 극복할 수 있게 되며, 개인적으로 어려운 일들이 동료들과 함께 할 때 완수할 수 있다.

Cranny, Smith & Stone(1992)은 동료와의 바람직한 관계는 업무수행에 따르는 직접적인 관계만이 아니라, 필요시에 도움을 받을 수 있는 가능성도 중요한 요인이 된다고 설명한다. 예를 들어, 평상시 동료와의 네트워크가 경우에 따라 업무수행에 큰 영향을 미치는 요인이 될 수 있기 때문이다.

좀 더 폭을 넓히면 직무와 상관없는 조직 외의 사회적 관계가 직무만족에 영향을 미친다는 연구도 있다(Gruneberg, Startup & Tapsfield, 1974). 대학교수들의 경우에 어린 시절을 보낸 지역의 대학에서 일할 때 직무만족도가 상대적으로 높고, 다른 지역에서 자란 경우 상대적으로 외로움을 느끼며 직무만족도가 낮음을 밝힌 바 있다.

2.5.6 승진

Smith, Kendall & Hulin(1969)의 직무서술지수(JDI)에 기초하여 직무만족 구성요인을 분석한 Cranny, Smith & Stone(1992)는 수행하는 직무와 관련하여 미래에 대한 평가가 직무만족에 영향을 미치며, 기존의 연구결과들은 승진기회가 적은 경우에 직무에 대한 태도나 조직에 대한 태도가 부정적이 된다고 정리하고 있다(Kanter, 1977 ; Kipnis, 1964 ; Larson, 1982). 더불어 승진은 바로 다음 직급만이 아니라 조직 내에서 궁극적으로 가능한 승진경로 전체에 대한 관심이 직무만족에 영향을 미친다고 설명한다. 또한 Cranny, Smith & Stone(1992 : 59)은 직무서술지수(JDI)나 미네소타만족설문지(MSQ) 등에서 설문내용이 일반적이기 때문에 실제로 측정하는 내용은 꼭 승진에 대한 내용만이 아니라, 직무와 관련된 다양한 기회(opportunities)에 대한 평가라고 주장한다.

2.5.7 기타 요인

먼저 의사결정 참여는 상사의 리더십 스타일과 연결된다. 상사가 민주적이라면 부하를 의사결정에 참여시킬 것이기 때문이다(Gruneberg, 1969). Warr & Wall(1975)은 의사결정에 대한 참여를 팀과 같은 집단에서의 직접적인 참여와 조직 차원에서의 참여로 구분하였다. 팀 수준에서의 직접적인 참여는 일반적으로 개인의 직무만족과 상관관계를 보이지만, 그렇지 않다는 연구결과도 있기 때문에 단정적으로 말하기는 어렵다.

조직 차원의 정책결정과 같은 간접적인 참여에 있어서는 직무만족과의 상관관계를 보이기 쉽지 않다. 노동조합 간부나 정치적인 선호도가 있는 근로자의 경우에는 관계를 보이지만, 일반근로자의 경우에는 그다지 많은 관심을 가지지 않는 경우가 일반적이기 때문이다. 그러나 의사결정에 대한 참여는 커뮤니케이션이나 피드백을 준다는 점에서 의미를 가진다고 하겠다.

다음으로 역할갈등 요인이다. 상사가 자신의 역할을 제대로 수행하는가는 부하의 직무만족에 영향을 미친다(Gruneberg, 1979). 상사가 부하에게 목표를 설정하고 달성하는 방법을 제대로 제시해주지 못하면, 부하는 불안감과 혼란에 빠지게 되고 결국 직무만족은 하락하게 된다. 직무를 수행하는데 있어서 다른 동료와 상충되는 경우에는, 역할갈등을 느끼게 되고 어려움에 처하게 된다. 그래서 연구결과들은 일반적으로 역할갈등이 직무만족도를 낮춘다고 보고하고 있다.

2.6 조직 차원의 요인들

직무만족에 대한 대부분의 연구는 내재적 요인인 직무자체와 외재적 요인은 직무관련 요인을 직무만족 구성요인으로 언급하지만 일부 연구에서는 조직구조와 조직분위기와 같은 좀 더 거시적인 요인을 구성요인으로 설명하고 있다.

다음은 Gruneberg(1969)의 설명이다. 집단의 리더십을 권위적인가 민주적인가로 구분할 수 있듯이, 조직수준에서도 관료적인가 아닌가로 구분할 수 있다(Argyris, 1973). 관료적인 조직이란 피라미드 형태의 구조에서 상층의 소수만이 권력을 가지고 있고, 하층에는 다수의 비숙련 근로자들이 있는 경우를 의미한다. 이런 권위적인 조직구조하에서는 상하 간에 의사소통이 어렵고 문제가 쉽게 해결되지 못하기 때문에 결과적으로 직무만족도가 상대적으로 낮다. 비숙련 근로자들은 일자리를 쉽게 옮기기 때문에 동료 간에 인간적인 관계를 형성하기 어렵고 그 결과 의사소통이 어려워 직무만족도가 떨어진다.

그러나 관료적인 조직구조가 반드시 부정적인 것은 아니며 공공부문이나 명령체계가 중요한 조직에서는 오히려 효율적인 조직구조가 될 수 있다. 또한 규정이나 제도가 체계적으로 완비되어 모든 구성원이 안정감을 느끼면 만족도가 제고될 수도 있다.

조직의 규모도 직무만족에 영향을 미칠 수 있는데 하급관리자들은 작은 조직에서 만족도가 높고, 고급관리자들은 반대이다. 그리고 위험선호도, 조직의 전반적인 사기와 지원 등을 조직분위기(organizational climate)라고 할 수 있는데, 이 조직의 분위기에 따라 직무만족도가 달라질 수 있다.

2.7 직업별 직무만족 측정

직무만족을 전반적으로 측정하느냐 아니면 문항별로 측정하느냐에 대한 논의도 많지만 직업에 따라 다르게 측정해야 한다는 주장도 많다. 특히, 교사, 의사, 법률가, 그리고 엔지니어 등에 대한 별도의 직무만족 측정도구가 만들어지고 있다. 경영학뿐만 아니라 심리학, 산업심리학, 교육학, 의학, 간호학, 체육학, 비서학 등에서도 매우 많은 실증적 연구가 이루어지고 있고 각 분야별로 서로 다른 측정도구가 이용되고 있는 형편이다.

의학분야에서는 환자를 대상으로 하는 연구와 병원에 종사하는 의사, 간호사 등에 대한 연구가 많이 진행되고 있다. 최근 연구로는 Lopopolo(2002)가 있으며, 간호사에 대한 연구로는 Armstrong-Stassen(1996), Bethel(1994), Blegen(1993), Davidson et al.(1997) 등이 대표적이다. 세계보건기구(WHO)에서 이용하는 삶의 질 지표(Quality of Life, QOL)를 이용하는 경우도 많다(Cimete et al., 2003 ; Escriba-Aquir, 1992 ; Lerner et al., 1994 ; Linn et al., 1986). 정신장애자에 대한 직무만족도를 측정하기 위한 도구로는 인디애나 직무만족척도(Indiana Job Satisfaction Scale, IJSS)가 있다(Resnick & Bond, 2001). 교사들의 직무만족에 관련된 연구도 국내외에서 많이 진행되고 있다. 대표적인 최근 연구로는 Doef(2002), Haser & Nasser(2003) 등이 있다. Doef(2002 : 334)의 경우에는 4개의 설문문항으로 전반적 직무만족을 측정하고 있다. 체육학과 관련한 연구로는 Robinson et al.(2003), Robinson et al.(2001) 등이 있다.

국가별 차이에 대한 연구도 많이 진행되고 있다(Misener et al., 1996 ; Mueller & McCloskey, 1990). 문화적 차이 또는 경제사회적 차이가 직무만족에 대한 통일된 측정을 어렵게 한다는 내용이다. Chen(2001)의 경우는 Brayfield & Rothe(1951)의 직무만족 측정도구를 이용하면서 중국인을 대상으로 Brislin(1980)의 표준번역과 재번역 과정을 이용하였다. Brislin(1986)은 문화적 차이를 고려한 번역관련 이슈를 발표한 바 있다. Bessokirnaia & Temnitskii(2001)는 러시아의 근로자들을 대상으로 직무만족과 생활만족을 살피고 있다.

전반적 직무만족 측정과 도구

chapter 3

3.1 직무만족의 측정과 통계적 의미

3.2 전반적 직무만족 측정도구

3.3 요인종합 전반적 직무만족 측정도구

직무만족도를 측정하는 도구를 개발하고 이용하는 실증적인 연구에 비해, 직무만족의 측정자체에 대한 연구는 상대적으로 많은 연구가 이루어지지 못하고 있다. 직무만족의 측정에 대해 가장 많은 논의는 전반적 직무만족을 측정하느냐와 각 문항별로 측정해서 종합하여 전반적 만족을 측정하느냐 하는 논란이다. 다음으로는 직종이나 직군 및 지역별로 직무만족의 내용이 다를 것이라는 주장이다.

3.1 직무만족의 측정과 통계적 의미

3.1.1 직무만족의 측정

먼저, 전반적(single or general) 직무만족도만을 측정하면 충분하다는 주장과 여러 요인(multiple-item or multi-facet)별로 측정을 해서 이를 종합해야 한다는 주장을 살펴보자. 직무만족에 대한 구성(construct)에 대한 논의는 미국에서는 어느 정도 정리되었다고 할 수 있다(Oshagbemi, 1999 : 388).

전반적 직무만족도를 측정하자는 주장에서는 직무만족이란 직무에 대한 전반적 태도라고 정의하고 있다. 여기에는 Locke(1976 : 1300)의 주장을 바탕으로 Porter et al.(1975 : 53-54), Locke & Henne(1986 : 21) 등을 들 수 있다.

그렇다면 어떻게 측정을 해야 할 것인가가 이슈로 제기된다. '귀하는 전반적으로 직무에 만족하십니까?'와 같은 설문으로 측정하는 것이다. 하지만 직무만족은 그 결정요인을 중심으로 직무의 다양한 측면을 골고루 파악하여 종합적으로 평가해야 한다는 주장이 더 많은 설득력을 얻고 있다(Pollard, 1996).

하지만 전반적 직무만족을 측정해서 그 결과가 문항별 측정도구의 결과와 크게 다르지 않으며 더 나은 결과를 가진다는 연구결과도 없는 것은 아니다(Ironson et al., 1989 ; Nagy, 2002 ; Oshagbemi, 1999 ; Scarpello & Campbell, 1983 ; Wanos et al., 1997). 즉, 전반적인 직무만족을 측정해도 충분하다는 주장이다. 그리고 8개 요인을 측정해서 이를 단순하게 합해 전반적 직무만족와 비교했을 때 그 상관관계가 0.72로 매우 높다는 연구결과도 있다(Wanos et al., 1997).

그러나 전반적인 직무만족을 측정하는 경우 그 결과를 활용하는 데 한계가 있을 수 있다. 기업을 경영하는 입장에서는 직무만족도를 제고하는 것에 관심이 많은데 어느 문항을 중점적으로 관리해야 하는지 알 수 없기 때문이다(Oshagbemi, 1999 : 399-401). 앞에서 살펴본 대로 직무만족의 구성요인(facet)으로는 직무자체(nature of job itselfs), 급여(pay)나 복리후생(fringe benefits) 같은 보상, 근로조건(job conditions)이나 안전(security) 같은 물리적 환경, 동료(coworkers)나 의사소통(communication), 감독(supervision)과 같은 인간관계, 개인의 성장(personal growth)이나 승진기회(promotion opportunities) 같은 개인의 발전가능성, 소속된 회사 또는 조직(organization itself)이나 회사의 정책(organization's policies and procedures) 같은 조직과의 관계, 그리고 인정(recognition)이나 감사함(appreciation) 등이 있다(Spector, 1997 : 3).

직무만족도의 측정은 면접이나 설문지를 이용하는 방법이 있지만, 설문지를 사용하는 것이 일반적이다. 면접의 경우는 시간과 비용이 문제로 제기되기 때문이다. 일반적으로 당사자가 설문지에 응답하는 경우가 일반적이지만 특이한 경우로는 상사에게 부하의 직무만족도를 물어서 측정하는 경우도 있으며(Spector, Dwyer & Jex, 1988), 전문가가 관찰을 통해 직무만족도를 측정한 예도 있다(Glick, Jenkins & Gupta, 1986). 그 외에도 학생들이 부모의 직무만족도를 측정한 경우(Trice & Tillapaugh, 1991)나 남편이 직장을 가지고 있는 부인이 직무만족도를 평가한 경우도 있다(Barling & MacEwen, 1988).

직무만족도를 측정하는 데는 일반적으로 기존에 개발된 측정도구를 활용한다. 그 첫 번째 이유는 신뢰도와 타당도가 사전에 검정되었기 때문에 시간과 비용을 절약하고 손쉽게 사용할 수 있기 때문이다. 신뢰도(reliability)란 측정(measurement)의 일관성(consistency), 즉 반복적인 측정을 통해서도 사실상 같은 측정결과를 얻을 수 있는가를 확인하는 것이다. 타당도(validity)란 측정도구가 실제로 직무만족을 측정하느냐 하는 문제이다. 신뢰도가 있다고 해서 반드시 타당도가 있는 것은 아니다. 예를 들어, 상사에 대한 평가나 회사의 정책과 같은 민감한 질문에 대해서 솔직하게 답변하지 않을 수도 있기 때문이다. 두 번째 이유는 기존의 자료가 축적되어 있기 때문에 상대적으로 측정결과를 다른 집단이나 다른 상황과 쉽게 비교할 수 있다.

그러나 미국에서 기존에 개발된 측정도구를 활용하기 위해서는 저작권

문제가 있음을 생각해 볼 수 있다. 미국 내에서 많이 활용되고 있는 직무서술지수(Job Descriptive Index, JDI)의 경우 1997년을 기준으로 조사대상 1백 명당 47달러의 저작권 사용료를 지불해야 한다. 직무만족설문조사(Job Satisfaction Survey, JSS)의 경우는 학술적 용도로는 무료로 사용할 수 있다.

3.1.2 신뢰도와 타당도

직무만족도와 같은 심리적 측정도구의 유용성을 평가하기 위해서는 일반적으로 신뢰도(reliability)와 타당도(validity)를 검토할 필요가 있다(여운승, 2000 : 147-148 ; 이영면, 2007 : 132-135). 특히, 여러 개의 설문문항들을 종합하여 단일의 측정치로 결합하는 종합척도(summated scale)의 경우에는 더욱 중요한 검토요인이 된다. 참값 또는 진점수(true score)는 오차 없이 측정한 경우 얻어지는 측정치이며, 실제로 측정을 통해 얻는 측정치는 관찰점수 또는 측정점수(observed score)이다. 여기에는 오차점수(error score)가 포함되어 있다고 하겠다.

신뢰도(reliability)란 '한 변수를 여러 가지로 측정하거나 여러 번 측정하였을 때 일관성의 정도를 평가한 것'이다. 신뢰도를 측정하는 방법은 다음과 같다.

첫째, 평가자 간의 신뢰도(interrater reliability)를 보는 것이다. 평가자들 간의 일치도를 구하는 것으로 동일한 측정도구가 서로 다른 평가자 간에 얼마나 일치하는지를 보는 것이다.

둘째, 시차를 두어 두 시점에서 동일한 문항에 대한 응답자의 응답 일관성을 측정하는 것이다. 이 Pearson 검사-재검사 신뢰도(test-retest reliability)는 먼저, 측정하고자 하는 변인이 시간이 흘러도 변하지 않는다는 점이 전제되어야 한다. 따라서 암기요인(1차 검사에서 기억하고 있는 내용이 2차 검사에서 작용하는 상황)이 작용하거나, 상황에 따라서 달라지는 정서적인 상태를 측정하는 검사에서는 덜 유용하다고 하겠다. 암기요인이 작동하지 않을 만큼의 충분한 시간적 차이와 다른 요인이 작용하지 않을 충분한 시간적 유사성이 동시에 고려될 필요가 있을 것이다. Pearson(1896)은 신뢰도의 안정성을 추정하기 위해 단순적률 상관계수 추정방법을 이용하였다.

셋째, Spearman-Brown의 동형검사 신뢰도(parallel-form reliability, alternate-form reliability 또는 equivalent form reliability)는 검사-재검사 신뢰도 검사의 문제점을 다소 해결하기 위해, 같은 대상에게 유사한 두 가지 형태의 검사를 실시하여 신뢰도를 측정하는 방법이다. 이를 위해서는 두 개의 검사가 형식이나 난이도 등에서 대등해야(equivalent) 한다(Spearman, 1904 ; Spearman, 1910). 이는 검사-재검사 신뢰도에 비해 연습효과를 배제할 수 있다는 이점이 있지만, 하나의 측정도구를 동형으로 두 번 제작하고 실시해야 하는 어려움이 있다. 그 결과 검사의 안정성에 관련된 오차변인과 동등성에 관한 오차변인을 동시에 산출해야 하는 문제점으로 인해 동형검사 신뢰도계수는 다른 신뢰도계수에 비해 활용도가 낮은 경향을 보인다.

넷째, 반분신뢰도(半分信賴度, split-half reliability)이다. 이는 내적 합치도 계수(coefficient of internal consistency) 또는 동등신뢰도계수(coefficient of equivalence)라고도 불리며, 동일한 검사를 두 부분으로 나누어 두 검사 간의 내적 일치성을 보는 것이다. 동형검사를 실시하기에는 제작의 어려움이나 시간, 비용 등의 문제를 지닐 때, 동일한 검사를 반으로 나누어 신뢰도를 측정하는 방법이다. 두 개의 부분으로 나누는 방법에는 측정문항에 대해 처음 반과 중간 이후의 반으로 나누는 계속적 반분법과, 기수(홀수)문항과 우수(짝수)문항을 각각 묶어서 동형검사의 조건을 만족시키는 두 개의 검사로 나누는 방법인 기우수 반분법 등이 있다. 두 부분으로 나눈 후 이 두 부분을 독립된 검사로 생각하고, 두 부분의 문항들의 상관계수를 가지고 어두 가지 간의 내적 합치도를 알아보는 신뢰도 추정법이다. 이때 나오는 신뢰도는 검사 전체의 신뢰도가 아닌 반분된 부분검사 점수 사이의 신뢰도이기 때문에 과소추정되므로, 스페어만-브라운(Spearman-Brown) 공식을 사용해 전체 검사의 신뢰도계수로 교정한다.

다섯 번째, 내적 일관성(internal consistency)계수인데 이는 총합척도에서 변수들 간의 일관성을 검토하는 것이다. 여기에는 Kuder-Richardson의 방법, Hoyt 방법, 그리고 Cronbach 방법 등이 있다. 개별 문항들이 동일한 구성개념을 측정하고 있어야 하며, 그 결과 상호 간에 상관관계가 높아야 한다는 논리를 배경으로 하고 있다. 이는 한 문항 한 문항을 각각 한 개의 검사로 생각하여 모든 문항들 간의 상관도를 알아보는 것이다. 신뢰도계수가 높으려면 검사가 한 가지 특성 혹은 능력만을 측정하는 동질적인 검사라 할 수 있다. 이러한 내적 일관성계수는 일반적으로 다른 신뢰도계수에 비해 작은

값이 나타나기 때문에 한 검사의 최소 신뢰도라고 볼 수 있다. 내적 일관성계수는 문항 간 합치도(inter-item consistency)라고도 하며, 동질성의 정도를 나타내는 신뢰도계수이다. Kuder & Richardson이 개발한 이유로 그 이름을 따서 Kuder-Richardson(K-R) 신뢰도계수라고 한다.

Kuder-Richardson의 문항 간 일관성 신뢰도는 이분문항의 경우 Kuder-Richardson 20, 그리고 연속점수일 경우 Kuder-Richardson 21 방법이 있다(Kuder & Richardson, 1937). Hoyt(1941)는 문항점수가 이분점수이든 연속점수이든 하나의 공식으로 문항 간 일관성을 추정할 수 있는 방법을 제시하였다. 그러나 이는 두 개의 문항으로 측정하는 경우에 적절하며 다문항인 경우에는 내적 일관성(internal consistency)으로 신뢰도를 측정하는 데, 크론바흐 알파(Cronbach α) 계수가 널리 이용되고 있다. Cronbach(1949)는 Hoyt(1941)의 공식을 좀 더 간단하게 해서 신뢰도를 추정할 수 있는 방법을 제시하였고, 이를 Cronbach α(알파)라고 이름붙인 바 있다. 하나의 검사에서 오차변량을 제외하고 진점수변량을 추정하여 신뢰도를 계산하는 것이 크론바흐 알파(Cronbach α) 계수이다.

그러나 이상의 세 가지 방법은 서로 다른 공식을 가지고 문항 간 일관성에 대해 신뢰도를 추정하지만 신뢰도계수는 같다(성태제, 2002). 경험적 결과에 따르면 전체 문항에 대한 개별 문항의 상관관계는 0.50을 초과하고 문항 간 상관관계는 0.30을 초과하고 있다(여운승, 2000 : 147). Cronbach α 값의 경우는 일반적으로 0.60에서 0.70을 하한선으로 하고 있다.

신뢰도가 검정된 다음에는 타당도를 검토할 필요가 있다. 타당도란 '하나의 척도나 일련의 측정치들이 문제의 개념을 정확하게 나타낸 정도'를 말한다. 타당도의 종류는 다음과 같다.

첫째, 내용타당도(content-related validity)가 있다. 내용타당도는 총합척도에 포함될 변수들과 총합척도의 개념규정과의 상응 정도를 평가하는 것이다. 다시 말하면 '원래 측정하고자 하는 영역이나 범위, 즉 전체 내용에 대해 실제로 측정한 것이 얼마나 잘 대표하고 있는가'를 설명하는 개념이다. 내용타당도는 전문가들의 판단이나 다수의 하위 모집단에 의한 사전시험 또는 여타의 수전에 의한 평가를 통하여 개별 문항과 개념과의 상응하는 정도를 주관적으로 평가한다. 내용타당도와 유사한 형식타당도 또는 안면타당도(face validity)가 있는데 이는 '응답하는 피응답자가 피상적으로 보기에 그 측정도구가 측정하고자 하는 것이 무엇인지 판단하여 아는 정도'를 의미한다. 예를 들어, 성격에 대한 측정도구의 안면타당도(형식타당도)가 너무 높으면 응답자가 질문에 대한 응답방향을 미리 알고 정확하게 답변하지 않을 가능성이 높아지는 문제가 발생한다.

둘째, 준거관련 타당도(criterion-related validity)를 들 수 있다. 이는 측정도구에 의한 점수와 어떤 준거와의 상관계수에 의하여 측정도구의 타당도를 검정하는 방법이다. 준거는 다른 측정도구의 결과나 미래의 행위가 될 수 있으며, 전자의 경우 동시타당도라 하고 후자를 예측타당도라 한다. 동시타당도(concurrent validity)는 한 측정도구와 기존에 타당도를 인정받은 측정도구와의 관계를 통해 검정한다. 새로운 측정도구를 개발하였을 때, 새 측정도구의 타당도를 검정하기 위해 동시에 진행된 측정결과와의 상관관계를 보고 타당도를 검정하는 것이다. 예측타당도(predictive validity)는 측정결과가 미래의 시기에 행해질 측정결과와 일치하는 정도, 즉 한 시기의 측정결과와 일정기간 이후의 측정결과 간의 상관계수에 의하여 검증되고, 적성검사와 같이 예측을 주된 기능으로 하는 측정도구에서 특히 중요하다.

셋째, 구성개념타당도(construct validity)로 한 측정도구가 조작적으로 정의되지 않은 심리적 특성을 측정하려고 할 때, 측정도구가 심리적 특성을 구성하는 요소들을 얼마나 잘 포함하였느냐의 정도를 말한다. 구성개념타당도는 측정하고자 하는 구성요소들을 정의하고, 그 구성요소들에 관한 논리적 가설을 뒷받침해 주는 경험적 자료들을 수집함으로써 검정된다.

이 구성개념타당도를 측정하는 방법으로는 여러 가지가 있다. 첫 번째로는 발달적 속성을 가진 측정도구의 경우 연령의 증가에 따라 검사점수가 비례적으로 증가하는지 여부를 검토하는 방법이다. 두 번째로는 새로 만든 측정도구와 기존의 측정도구와의 상관관계를 검토하는 방법이다. 그러나 이 경우 적당히 높아야지 지나치게 높으면 안 된다. 세 번째는 요인분석을 통해 구성개념들을 검토하는 방법이다. 논리적 과정을 거쳐 분석된 하위개념들에 대하여 구체적인 점수를 측정하여 이 점수들 간의 공통적 특성을 통계적으로 범주화하는 과정이다. 그러나 요인분석법은 논리적 기준에 의한 범주화가 아니고 수치적 분류이므로 검토가 필요하다. 네 번째는 측정도구자체의 내적 합치도를 보는 것이다. 전체 측정도구에 대한 응답내용이 각각의 하위 측정도구와 측정문항들이 전체결과를 산출하는 데 얼마나 기여

5	Vroom(1960)	직무태도조사(Attitude Toward the Job)	3	○		5점리커트	○			
6	Kornhauser(1965)	Action Tendency Scale	20	○			○ (s)[3)]			○
7	Taylor & Bowers (1972)	General Satisfaction	7		○	5점리커트	○			
8	Hackaman and Oldham(1975)	overall measure	5	○		7점리커트	○			
		직무진단조사(Job Diagnostic Survey, JDS)	14		○	7점리커트			○	
9	Cammann, Fichman, Jenkins, and Klesh(1979)	미시간조직진단설문지(Michigan Organizational Assessment Questionnaire, MOAQ)	3	○		7점리커트	○		○	
10	Quinn and Staines (1979)	Facet-free Job Satisfaction	5	○		4점척도	○	○		○ (s)
		Facet-specific	33	○	○	4점척도	○			
11	Warr, Cook, and Wall(1979)	직무만족척도(Job Satisfaction Scale, JSS)	15		○	7점리커트	○			○
12	Cook and Wall (1980)	Personal Need Non-Fullfilment Scale	16		○	5점리커트				○
13	O'Brien and Dowling(1980)		18			5점척도	○ (s)			
14	Ironson et al. (1989)	직무전반조사(Job in General, JIG) (JDI tradition)	18 ⓒ	○		3점척도		○	○	
15	Bacharach, Bamberger & Conley (1991)		5			4점리커트				
16	Judge, Boudreau & Bretz(1994)		3			11점 얼굴표정척도				

주: 1) 출처는 (1) Cook, Hepworth, Wall & Warr(1981)의 *The Experience of Work : A Compendium and Review of 249 Measures and their Use* ; (2) Price(1997)의 *23. Satisfaction* ; (3) Spector, Paul E.(1997), *Job Satisfaction : Application, Assessment, Cause and Consequences, Advanced Topics in Organizational Behavior, Thousand Oaks*, CA : Sage Publications ; (4) British Telecom(1984), *Survey Item Bank : Volume I Measures of Satisfaction*, West Yorkshore, Britain : MCB University Press 등이며, 16, 17은 Fields, D.(2002), *Taking the Measure of Work,* Thousand Oaks : SAGE임.

2) ⓒ 표시는 저작권이 구체적으로 명시되어 있어서 사용하기 위해서 공식적 허락을 받아야 하는 경우임. 저작권은 Bowling Green State University에 있음.

3) (s) 표시는 설문내용을 구체적으로 제시하지 않고 측정도구만을 간략하게 언급한 경우임.

3.2.1 Hoppock(1935)의 전반적 직무만족 측정도구

첫 번째로는 Hoppock(1935)의 척도로 4개의 문항에 대해 7점 척도로 응답하도록 만들어졌다(송계충, 1999). 송계충(1999)의 번역을 다음에 제시하는데, 이 번역된 내용이 엄격한 과정을 거쳐 진행되었는지에 대한 논의는 제시되지 않았다.

① 직무를 얼마나 좋아하는가 (1=싫어함, 7=사랑함)
② 얼마의 시간만큼 직무에 만족하는가 (1=항상, 7=전혀 좋아하지 않음)
③ 전직에 대한 감정 (1=다른 일자리가 있으면 당장 그만 둔다, 7=어떤 일하고도 안 바꾼다)
④ 다른 사람과의 비교 (1=내가 내 일을 좋아하는 만큼 어떤 사람도 자기 일을 좋아할 수가 없다, 7=내가 내 일을 싫어하는 것 이상으로 어떤 사람도 자기 일을 싫어할 수가 없다)

이에 대해 Hoppock(1935)의 p. 243, Cook, Hepworth, Wall & Warr(1981)의 p. 16에서 인용한 원본을 보면 다음과 같다. [ ]의 내용은 필자가 편의상 번역한 내용이다.[3)]

(1) Choose the ONE of the following statements which best tells how well you like your jobs. Place a check mark(√) in front of the statement.
[귀하가 현재 하고 있는 일을 얼마나 좋아하는지에 대해 가장 잘 표현한 내용을 선택하세요.]
( ) I hate it. [미워한다]
( ) I dislike it. [싫어한다]
( ) I don't like it. [좋아하지 않는다]
( ) I am indifferent to it. [상관없다]
( ) I like it. [좋아한다]
( ) I am enthusiastic about it. [정말로 좋아한다]
( ) I love it. [사랑한다]
(2) Check one of the following to show how much of the time you feel satisfied with your job.

3) 이하의 모든 설문내용 인용에서 [ ]에 표시된 내용은 필자가 편의상 번역한 내용이며, 다만 인사조직 전공교수 3인에게 검토를 요청한 후 수정하여 제시한 것임을 밝힌다.

[귀하가 현재 하고 있는 일에 대해 얼마나 많은 시간 동안 만족하는지를 가장 잘 표현한 내용을 선택하세요.]

( ) All of the time [언제나]

( ) Most of the time [거의 항상]

( ) A good deal of the time [대부분]

( ) About half of the time [절반 정도]

( ) Occasionally [때때로]

( ) Seldom [거의 없음]

( ) Never [전혀 없음]

(3) Check the ONE of the following which best tells how you feel about changing your job.

[귀하가 자신의 일(또는 직무)을 바꾸는 데 대해 느끼는 생각을 가장 잘 표현한 문장에 표시하세요.]

( ) I would quit this job at once if I could get anything else to do.
[나는 어떤 일이든 다른 일을 할 수 있다면, 이 일을 떠나겠다.]

( ) I would take almost any other job in which I could earn as much as I am earning now.
[나는 현재 버는 수입만 유지된다면, 어떤 일이든 다른 일을 할 것이다.]

( ) I would like to change both my job and my occupation.
[나는 현재 내가 하는 일과 직종까지 같이 바꾸고 싶다.]

( ) I would like to exchange my present job for another job in the same line of work.
[나는 비슷한 일이라면, 현재 하는 일과 바꾸고 싶다.]

( ) I am not eager to change my job, but I would do so if I could get a better job.
[나는 현재 하고 있는 일을 굳이 바꾸고 싶지는 않지만, 더 좋은 일을 할 수 있다면 바꿀 것이다.]

( ) I cannot think of any jobs for which I would exchange mine.
[나는 현재 내가 하고 있는 일과 바꿀 수 있는 다른 일을 생각할 수 없다.]

( ) I would not exchange my job for any other.
[나는 현재 하고 있는 일을 어떤 일과도 바꾸지 않겠다.]

(4) Check one of the following to show how you think you compare with other

people.
[귀하가 다른 사람들에 비해 어떤지를 가장 잘 표현한 내용을 선택하세요.]
( ) No one likes his job better than I like mine.
[나는 자신의 일을 좋아하는 그 누구보다도, 내가 하고 있는 일을 더 좋아한다.]
( ) I like my job much better than most people like theirs.
[나는 다른 대부분의 사람들이 자기 일을 좋아하는 것보다, 내 일을 훨씬 더 좋아한다.]
( ) I like my job better than most people like theirs.
[나는 대부분의 사람들이 자기 일을 좋아하는 것보다, 내 일을 더 좋아한다.]
( ) I like my job about as well as most people like theirs.
[나는 대부분의 사람들이 자기 일을 좋아하는 만큼, 내 일을 좋아한다.]
( ) I dislike my job more than most people dislike theirs.
[나는 대부분의 사람들이 자기 일을 싫어하는 것보다, 내 일을 더 싫어한다.]
( ) I dislike my job much more than most people dislike theirs.
[나는 대부분의 사람들이 자기 일을 싫어하는 것보다, 훨씬 더 싫어한다.]
( ) No one dislikes his job more than I dislike mine.
[나는 자신의 일을 싫어하는 그 어떤 사람보다도, 내 일을 더 싫어한다.]

이 척도의 반분신뢰도(split-half reliability)는 0.93으로 보고되었고, 형식타당도(face validity)도 높다는 가정하에서 사용되었다(송계충, 1999). McNichols, Stahl & Manley(1978)은 이 측정도구를 평가하기 위해 30,000명을 대상으로 한 네 개의 연구결과를 분석하였는데, 가능한 답변의 최고값이 28이고, 최저값이 4인 상황에서 평균값이 21.25(표준편차는 2.73)이고, 크론바흐 알파(Cronbach α) 계수가 0.76에서 0.89로 나타났다고 보고하고 있다. Dunne, Stahl & Melhart(1978)의 연구에서도 평균값이 20.4(표준편차는 2.9)이고, 크론바흐 알파(Cronbach α) 계수가 0.81로 보고하고 있다. 좀 더 자세한 이 측정도구에 대한 신뢰도와 타당도에 관한 논의는 Hoppock(1935), Cook,

Hepworth, Wall & Warr(1981, 15-16)을 참조하기 바란다.

3.2.2 Brayfield & Rothe(1951)의 직무만족지수(JSI)

그 이후 Brayfield & Rothe(1951)은 5점 척도로 18개 문항을 측정하는 직무만족지수(Job Satisfaction Index, JSI)를 개발하여 *Journal of Applied Psychology*에 제시하였다. 이 18개 문항은 모두 전반적인 직무환경을 설명하는 것이고, 이에 대한 응답을 종합하여 직무만족도를 측정하였다(송계충, 1999). 문항 1, 2, 5, 7, 9, 12, 13, 15, 17은 그대로 점수를 계산하고 나머지 문항 3, 3, 4, 6, 10, 11, 14, 16, 18번은 역으로 계산해야 한다. 전반적 만족도는 이 계산결과를 이용한다.

송계충(1999)에서 제시된 18개의 문항은 다음과 같다. (−) 표시는 역코딩 문항이다.

1. 내 일은 나에게 취미와 같다.
2. 내 일은 늘 흥미진진해서 지루함을 느끼지 못한다.
3. 내 동료들은 그들 일에 더 흥미를 느끼는 것 같다. (−)
4. 나는 내 일이 조금 불쾌하다고 여긴다. (−)
5. 나는 내 일을 내 여유시간보다 더 즐기고 있다.
6. 나는 가끔 내 일에 지루함을 느낀다. (−)
7. 나는 나의 지금 일에 아주 잘 만족하고 있다고 생각한다.
8. 나는 언제나 내 자신을 억지로 일에 몰아넣지 않으면 안 된다. (−)
9. 나는 당분간 내 일에 만족하고 있다.
10. 나는 내 일이 내가 얻을 수 있는 다른 어떤 일보다도 흥미롭지 못하다고 느끼고 있다. (−)
11. 나는 내 일을 절대적으로 싫어한다. (−)
12. 나는 내 일에서 다른 어떤 사람들보다도 행복감을 느끼고 있다.
13. 거의 매일 나는 내 일에 대하여 열성적이다.
14. 매일매일의 일이 절대로 끝날 것 같지가 않다. (−)
15. 나는 내 일을 평균적 근로자들이 좋아하는 것보다도 좋아한다.
16. 내 일은 심히 흥미가 없다. (−)
17. 나는 내 일에서 진정한 즐거움을 발견한다.
18. 나는 내가 왜 이런 일을 시작했는지 실망하고 있다. (−)

Cook, Hepworth, Wall & Warr(1981)의 p. 18-19, Price(1997)의 pp. 471-472에서 인용한 원문의 내용은 다음과 같다.

Some jobs are more interesting and satisfying than others. We want to know how people feel about different jobs. This blank contains 18 statement which best describes how you feel about your present job. There are no right or wrong answers. We should like your honest opinion on each one of the statements.
[어떤 일들은 다른 일보다 더 흥미롭고 더 만족스럽습니다. 귀하가 자신의 일에 대해 어떻게 느끼는지를 알고 싶습니다. 다음에 제시된 18개의 표현은 귀하의 현재 하고 있는 일에 대해 느끼는 바를 가장 잘 표현하려는 내용들입니다. 따라서 이는 정답이 있는 서술내용이 아닙니다. 각 표현에 대해 솔직하게 자신의 의견을 답해 주시기 바랍니다.]

(1) My job is like a hobby to me.
[내 일은 나에게 일종의 취미와 같다.]
(2) My job is usually interesting enough to keep me from getting bored.
[내 일은 항상 흥미로워서 나를 지겹게 만들지 않는다.]
(3) It seems that my friends are more interested in their jobs.
[내 친구들은 나보다 자신들의 일에 더 흥미로워하는 것 같다.]
(4) I consider my job rather unpleasant.
[나는 내 일이 즐겁지 않다고 생각한다.]
(5) I enjoy my work more than my leisure time.
[나는 내 여가시간보다 내 일을 더 즐긴다.]
(6) I am often bored with my job.
[나는 종종 내 일이 지겹다.]
(7) I feel fairly well satisfied with my present job.
[나는 현재 내 일에 대해 매우 만족한다.]
(8) Most of the time I have to force myself to go to work.
[나는 거의 매번 마지못해 내 일을 하러 간다.]
(9) I am satisfied with my job for the time being.
[나는 당분간은 내 일에 만족한다.]
(10) I feel that my job is no more interesting than others I could get.
[나는 다른 일에서 얻을 수 있는 흥미보다, 현재 일이 더 흥미롭지는 않다.]
(11) I definitely dislike my work.

[나는 확실히 내 일을 싫어한다.]
(12) I feel that I am happier in my work than most other people.
[나는 다른 사람들보다 더 내 일에서 행복감을 느낀다.]
(13) Most days I am enthusiastic about my work.
[거의 매일 나는 내 일에 열정적으로 임한다.]
(14) Each day of work seems like it will never end.
[매일 매일의 일은 끝이 보이지 않는다고 느껴진다.]
(15) I like my job better than the average worker does.
[나는 다른 평균적인 사람들보다 내 일을 더 좋아한다.]
(16) My job is pretty uninteresting.
[내 일은 별로 흥미롭지 않은 편이다.]
(17) I find real enjoyment in my work.
[나는 내 일에서 진정한 즐거움을 찾는다.]
(18) I am disappointed that I ever took this job.
[나는 현재 내가 하는 일을 맡고 있는 것이 실망스럽다.]

이 척도의 개발자들이 당시 측정한 신뢰도계수는 0.87이었다. 이 척도의 타당도도 다른 연구자들에 의해 적절한 수준으로 인정되었다(Cook, Hepworth, Wall & Warr, 1981).

이 측정도구는 18문항에 대해 5점 척도로 응답하므로 가능한 수치는 18에서 90까지이다. 도구개발자들은 이 측정도구를 다양한 직무에 대해 사용할 수 있다고 주장한다. 처음 개발할 당시 1,000여 개의 문항에서 통계적 분석과 기타의 평가를 바탕으로 최종적으로 설문을 구성했으며, 처음 이 설문지에 응답한 응답자는 231명의 여성 사무직 근로자였다. 평균값은 63.8(표준편차는 9.4)이었으며 신뢰도에서 반분신뢰도 방식을 교정한 Spearman-Brown 계수값은 0.87이었다. 저자들이 제시한 신뢰도 분석결과를 보면 Spearman-Brown(S-B) 반분검사 신뢰도계수는 0.87로 나타났으며, Johnson & Stinson(1975)과 Stinson & Johnson(1975)이 제시한 Kuder-Richardson(K-R) 문항 간 일관성 신뢰도계수는 0.99를 보였다. 또한 이 측정도구의 전체 문항에 대한 신뢰도계수는 0.88에서 0.91로 보고되고 있으며(Moorman, 1991, Pillai, Schriesheim & Williamson, 1999 ; Shore, Newton & Thornton, 1990), 타당도에 있어서는 각 구성요인들과 상관관계가 높은 것으로 보고되고 있다

(Agho, Mueller & Prich, 1993 ; Aryee, Fields & Luk, 1999 ; Judge, Locke, Durhamn & Kluger, 1998 ; O'Neill & Mone, 1998 ; Price, 1997). Brooke, Russell & Price(1988)는 이 측정도구에 대해 확정적 요인분석을 시행한 결과 조직몰입이나 직무몰입과 구분됨을 보였다.

측정도구의 타당도를 보이기 위해 먼저 저자들은 다양한 직업을 가진 야간강좌 학생들을 두 집단으로 구분하였는데 야간강좌 과목이 인사관리심리학이었으므로 인사관리와 관련된 업무에 종사하는 집단이 예상대로 더 높은 직무만족도를 보였다. 두 번째, Hoppock의 측정도구 결과와 비교한 결과 0.92의 상관계수를 보였다. 세 번째로 직무서술지수(JDI) 분석결과와 비교한 결과 중간값 상관계수가 0.66이었다(Evans, 1969). Johnson & Stinson(1975)과 Stinson & Johnson(1975)이 90명의 야간강좌 석사과정 학생들을 대상으로 진행한 연구결과에서는 평균값이 63.78로 나타났으며, 신뢰도에 대한 Kuder-Richardson 내적 일관성계수는 0.99를 보였다. British Telecom(1984)에서는 이 측정도구의 신뢰도에 대해서 Adequate, 타당도에 대해서 Good의 평가를 내리고 있으며, Price(1997)도 충분한 신뢰도와 타당도를 가진 것으로 평가하고 있다. 이 측정도구에 대한 좀 더 자세한 논의는 Cook et al.(1981 : 16-18)을 참조하기 바란다.

최근에는 Chen(2001)은 상사에 대한 충성심이 직무만족에 미치는 영향을 연구하였는데 직무만족을 측정하기 위해서 직무만족지수(JSI)를 바탕으로 전반적 직무만족 측정을 위한 4개 문항을 7점 척도로 측정하였다. 대상은 중국인들이어서 Brislin(1980)의 표준번역과 재번역 과정을 이용하였다.

3.2.3 Bullock(1952)의 전반적 직무만족 측정도구

Bullock(1952)의 직무만족 측정도구는 10개 문항에 대해 5점 척도로 측정하게 되어 있다. 하지만 Hoppock(1935)의 경우와 같이 응답하는 방식이 단순한 리커트식 척도가 아니고, 다섯 개의 문장에서 선택하도록 되어 있다. 이 측정도구는 직무만족과 관련된 사회적 요인을 찾기 위해서 인간관계론(human relations)의 관점에서 개발되었다. Bullock(1952 : 7)은 직무만족을 '직무와 관련해 경험하게 되는 다양한 좋아함과 싫어함을 느끼게 되는 결과에 대한 태도'라고 정의하고 있다. 이 측정도구는 5점 척도 10개 문항에 대한 응답으로 10점에서 50점까지 분포할 수 있다. 설문문항은 Cook, Hepworth, Wall & Warr(1981)의 pp. 20-21에서 인용하였다.

1. Place a check mark in front of the statement which best tells how good a job you have.
   [귀하의 일에 대해 가장 잘 표현한 내용에 표시하세요.]
   The job is an excellent one, very much above the average.
   [내 일은 매우 훌륭해서, 평균수준의 일보다 매우 훌륭하다.]
   The job is a fairly good one.
   [내 일은 비교적 좋은 일이다.]
   The job is only average.
   [내 일은 보통수준이다.]
   The job is not as good as average in this kind of work.
   [내 일은 비슷한 종류의 일들 가운데 평균수준에 미치지 못한다.]
   The job is a very poor one, very much below the average.
   [내 일은 형편없어서, 평균수준에 훨씬 미치지 못한다.]
   scored 5 to 1 respectively.
   [5에서 1까지 적음]
2. Place a check mark in front of the statement which best describes your feelings about your job.
   [귀하가 일에 대해 느끼는 감정을 가장 잘 표현한 내용에 표시하세요]
   I am very satisfied and happy on this job.
   [나는 이 일에 대해 매우 만족하고 행복하다.]
   I am fairly well satisfied on this job.
   [나는 이 일에 대해 상당히 만족한다.]
   I am neither satisfied nor dissatisfied — it is just average.
   [나는 만족스럽지도 않고 불만스럽지도 않다 — 그저 평균수준이다.]
   I am a little dissatisfied on this job.
   [나는 이 일이 조금 불만스럽다.]
   I am very dissatisfied and unhappy on this job.
   [나는 이 일이 매우 불만스럽고 불행하다고 느낀다.]
   scored 5 to 1 respectively.
   [5에서 1까지 적음]

3. Check one of the following statements to show how much of the time you are satisfied with your job.
[귀하의 일에 대해 얼마나 많은 시간 만족하는지를 가장 잘 표현한 내용에 표시하세요.]
Most of the time
[대부분의 시간]
A good deal of the time
[상당한 시간]
About half of the time
[절반 정도]
Occasionally
[때때로]
Seldom
[거의 없음]
scored 5 to 1 respectively.
[5에서 1까지 적음]

4. Place a check mark in front of the statement which best tells what kind of an organization it is to work for.
[귀하가 일하는 회사에 대해 가장 잘 설명한 내용에 표시하세요.]
It is an excellent organization to work for — one of the best organizations I know of.
[이 회사는 일하기에 매우 좋은 회사이다 — 내가 아는 최고의 직장 중 하나다.]
It is a good organization to work for, but not one of the best.
[이 회사는 일하기에 좋은 회사이지만, 최고는 아니다.]
It is only an average organization to work for — many others are just as good.
[이 회사는 일하기에 평균적인 수준이며, 비슷한 수준에 많은 회사들이 있다.]
It is below average as an organization to work for — many others are better.
[이 회사는 일하기에 평균수준 이하이며, 더 좋은 회사가 많이 있다.]
It is probably one of the poorest organizations to work for that I know of.
[이 회사는 내가 아는 한 일하기에 가장 나쁜 회사 중 하나다.]
scored 5 to 1 respectively.
[5에서 1까지 적음]

5. Place a check mark in front of the statement which best tells how your feelings compare with those of other people you know.
[귀하가 아는 다른 사람들의 감정과 비교하여 귀하의 감정을 가장 잘 설명한 내용에 표시하세요.]
I dislike my job much more than most people dislike theirs.
[나는 대부분의 다른 사람들이 자신의 일을 싫어하는 것보다, 내 일을 훨씬 더 싫어한다.]
I dislike my job more than most people dislike theirs.
[나는 대부분의 다른 사람들이 자신의 일을 싫어하는 것보다, 내 일을 더 싫어한다.]
I like my job about as well as most people like theirs.
[나는 대부분의 다른 사람들이 자신의 일을 좋아하는 것만큼, 내 일을 좋아한다.]
I like my job better than most people like theirs.
[나는 대부분의 다른 사람들이 자신의 일을 좋아하는 것보다, 내 일을 더 좋아한다.]
I like my job much better than most people like theirs.
[나는 대부분의 다른 사람들이 자신의 일을 좋아하는 것보다, 내 일을 훨씬 더 좋아한다.]
scored 1 to 5 respectively.
[1에서 5까지 적음]

6. Place a check mark in front of the statement which best tells how you feel about the work you do on your job.
[귀하가 하는 일에 대해 느끼는 감정을 가장 잘 설명한 내용에 표시하세요.]
The work I do is very unpleasant — I dislike it.
[내가 하는 일이 매우 싫다. — 내 일을 싫어한다.]
The work I do is not pleasant.
[내가 하는 일이 즐겁지 않다.]
The work is just about average — I don't have any feelings about whether it is pleasant or not.
[내가 하는 일은 평균수준이다 — 즐거운지 아닌지에 대한 느낌이 없다.]
The work is pleasant and enjoyable.
[내가 하는 일이 기쁘고 즐겁다.]

The work is very enjoyable — I very much like to do the work called for on this job.
[내가 하는 일이 정말 즐겁다 — 이 직무에서 하는 일을 정말 좋아한다.]
scored 1 to 5 respectively.
[5에서 1까지 적음]

7. Check one of the following statements which best describes any general conditions which affect your work or comfort on this job.
[귀하가 일을 수행하는 과정에 영향을 미치는 전반적인 여건을 가장 잘 설명한 내용에 표시하세요.]
General working conditions are very bad.
[전반적인 근무여건은 매우 나쁘다.]
General working conditions are poor — not so good as the average for this kind of job.
[전반적인 근무여건은 나쁜 편이다 — 이런 일의 평균적인 수준에 미치지 못한다.]
General conditions are about average, neither good nor bad.
[전반적인 근무여건은 좋지도 나쁘지도 않고 평균수준이다.]
In general, working conditions are good, better than average.
[전반적인 근무여건은 좋은 편이며, 평균 이상이다.]
General working conditions are very good, much better than average for this kind of job.
[전반적인 근무여건은 매우 좋으며, 이런 일의 평균적인 수준보다 더 좋다.]
scored 1 to 5 respectively.
[5에서 1까지 적음]

8. Check one of the following statements which best tells how you feel about changing your job.
[귀하가 일자리를 바꾸는 데 대해 느끼는 감정을 가장 잘 설명한 내용에 표시하세요.]
I would quit this job at once if I had anything else to do.
[나는 다른 일을 할 수 있게 되면, 바로 이 일자리를 떠나겠다.]
I would take almost any other job in which I could earn as much as I am earning here.
[나는 지금 이 일에서 버는 만큼 다른 일자리에서 벌면, 그 일을 선택하겠

다.]

This job is as good as the average and I would just as soon have it as any other.

[이 일은 그저 그런 보통수준이고, 다른 일과 비슷하다면 굳이 바꿀 생각은 없다.]

I am not eager to change jobs but would do so if I could make more money.

[나는 일자리를 바꾸려고 하지는 않지만, 더 많이 벌 수 있다면 그렇게 하겠다.]

I do not want to change jobs even for more money because this is a good one.

[나는 이 일자리가 더 좋기 때문에, 더 벌 수 있는 일자리가 있어도 바꾸지 않겠다.]

scored 1 to 5 respectively.

[5에서 1까지 적음]

9. Suppose you had a very good friend who is looking for a job in your line of work and you knew of a vacancy in this organization which your friend is well qualified to fill. Would you?

[만약에 귀하의 친한 친구가 귀하가 하고 있는 일을 하겠다고 하고, 마침 회사 내에 그런 일자리가 비어있다면 어떻게 하겠습니까?]

Recommend this job as a good one to apply for.

[이 일은 지원할 만한 좋은 일이라고 추천하겠다.]

Recommend this job but caution your friend about its shortcoming.

[추천은 하겠지만 친구에게 문제점에 대해서 주의를 주겠다.]

Tell your friend about the vacancy but not anything else, then let him or her decide whether to apply or not.

[친구에게 빈자리가 있지만 특별한 자리는 아니며 친구로 하여금 결정하도록 하겠다.]

Tell vacancies elsewhere before applying.

[지원하기 전에 다른 일자리가 있다고 말해주겠다.]

Try to discourage your friend from applying by telling the bad thing to a the job.

[친구에게 이 일의 문제점에 대해 말해주고 지원하지 말라고 하겠다.]

Scored 5 to 1 respectively.

[5에서 1까지 적음]

10. On the line below, place a check mark to show how well satisfied you are with this job.
[귀하가 하고 있는 일에 대해서 어느 정도 만족하는지를 표시해 주세요.]

Completely dissatisfied [전적으로 불만]	More dissatisfied than satisfied [만족보다는 불만]	About half and half [중간수준]	More satisfied than dissatisfied [불만보다는 만족]	Completely satisfied [전적으로 만족]

Scored 1 to 5 respectively, in terms of the nearest response.
[가장 가까운 답을 대해 1에서 5까지 적음]

초기 신뢰도와 타당도에 대한 분석은 한 기업 내 100명의 종업원에 대해서 이루어졌는데, 평균값은 39.10이었으며 신뢰도인 Spearman-Brown 계수는 0.90으로 나타났다. 6주 간격으로 진행된 검사-재검사 신뢰도계수는 0.94로 나타났다. Miles & Petty(1975)는 152명의 관리자 및 엔지니어를 대상으로 한 실험결과, 문항별 평균값은 3.85로 Bullock(1952)의 결과와 비슷하게 나타났으며 신뢰도인 내적 일관성계수도 0.91로 나타났다. 이후 많은 연구들이 측정도구의 신뢰도와 타당도가 만족스러운 수준임을 밝히고 있다. 이 측정도구에 대한 더 자세한 논의는 Cook et al.(1981 : 19-20)을 참조하기 바란다.

3.2.4 Kunin(1955)의 전반적 직무만족 측정도구

세 번째 설문으로는 GM사에서 개발하여 사용한 것인데 기존의 설문지와는 달리 만족도 정도를 얼굴표정으로 그린 그림을 통해 측정하였다. 이는 앞의 측정도구와는 달리 투사적 기법(projective technique)을 활용한다는 장점이 있다. 이 측정도구를 개발한 Kunin(1955)은 직무에 대한 감정을 언어로 번역하는 과정에서 왜곡될 가능성이 있기 때문에 투사적 기법을 통해 그러한 왜곡을 줄일 수 있다고 주장하였다.

이 측정도구의 개발자인 Kunin에 의하면, 일반적 설문지에 의한 직무만족의 측정에는 감정을 인간의 언어로 번역하는 과정에서 왜곡이 개입될 가능성이 생긴다. 그리고 이러한 왜곡 가능성은 언어능력이 부족한 응답자들에게 현저하다는 것이다(Kunin, 1955). 이 척도는 상당한 신뢰도와 타당도를 인정받고 있다(Dunham & Smith, 1979).

그림 3-1 남성얼굴 및 여성얼굴 표정 척도

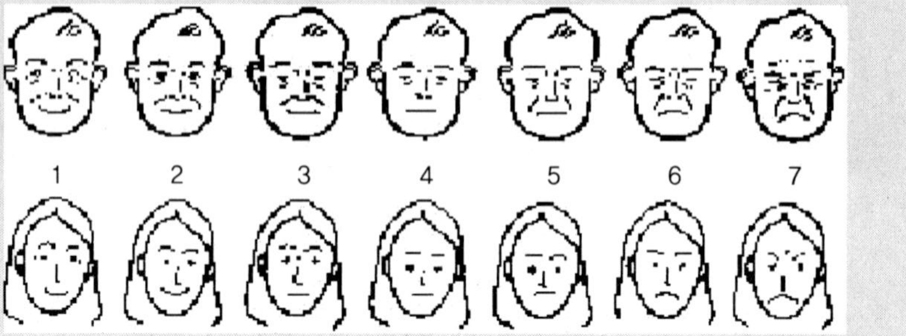

자료 : Kunin,` 1955, pp. 65-66 ; Dunham & Herman, 1975, p. 630 ; 송계충(1999)에서 재인용함.

3.2.5 Vroom(1960)의 직무태도조사 측정도구

Vroom(1960)의 직무태도조사(Attitude Toward the Job) 측정도구는 5점 리커트식 3개 문항으로 전반적 직무만족을 측정한다. 하지만 상사와의 관계에 대해 구체적인 내용을 묻고 있어서, 그 타당성에 대해 문제를 제기할 수 있을 것이다. 여기에 제시된 설문문항은 Cook, Hepworth, Wall & Warr (1981, 32)를 인용하였다.

1. How much do you like supervisory work?
   [감독업무에 대해 얼마나 좋아합니까?]
   I like it very much ; I like it pretty well ; I like it in some ways but not in others ; I don't like it very much ; I don't like it at all ; scored 5 to 1 respectively.
   [매우 좋아한다 ; 상당히 좋아한다 ; 좋아하는 면도 있고 좋아하지 않는 면도 있다 ; 좋아하지 않는다 ; 전혀 좋아하지 않는다 ; 5점에서 1점으로 적음]
2. How much chance does your job give you to do the things you are best at?
   [현재의 직무는 귀하가 제일 잘할 수 있는 일을 할 수 있는 기회를 얼마나 줍니까?]
   A very good chance to do the things I am best at ; A fairly good chance ; Some chance ; Very little chance ; No chance to do the things I am best at ; scored 5 to 1 respectively.
   [내가 제일 잘할 수 있는 일을 할 기회가 많다 ; 상당한 기회를 준다 ; 어느 정도 기회를 준다 ; 별로 기회를 주지 않는다 ; 내가 잘할 수 있는 일을 할

기회가 없다; 5점에서 1점으로 적음]

3. How good is your immediate superior in dealing with people?
   [귀하의 직속상사는 사람들을 얼마나 잘 다룹니까?]
   He does an excellent job in dealing with people ; A very good job ; A fairly good job ; A fairly poor job ; A poor job in dealing with people ; scored 5 to 1 respectively.
   [상사는 사람들을 매우 잘 다룬다 ; 잘 다룬다 ; 잘 다루는 편이다 ; 잘못 다룬다 ; 사람들을 전혀 다루지 못한다; 5점에서 1점으로 적음]

원래 이 측정도구는 한 회사의 감독자들에 대한 연구에서 출발되었다. 저자는 6개월 간격의 신뢰도인 검사-재검사 신뢰도계수는 0.75라고 보고하였으나, 문항 간 상관계수는 0.07에서 0.25로 매우 낮게 보고하였다. 이후 Hollon & Chesser(1976)는 대학교수 321명을 대상으로 진행한 연구결과 신뢰도인 내적 일관성계수값이 0.71, 평균값은 11.8(표준편차는 2.3)로 보고하였다. 이 측정도구에 대한 좀 더 자세한 논의는 Cook et al.(1981 : 31-32)을 참조하기 바란다.

3.2.6 Taylor & Bowers(1972)의 전반적 직무만족 측정도구

Taylor & Bowers(1972)의 측정도구는 5점 리커트 척도로 측정하는 7개 문항으로 구성되어 있다. 원래 미국 미시간대학교의 Institute for Social Research에서 조직설문조사(Survey of Organizations Questionnaire, SOQ)에 포함되어 있었으며, 전반적 만족도보다는 요인별로 측정하여 합산하는 복합(composite)형이라고 할 수 있다. 여러 차례 수정을 거쳐 1967년에 제시된 설문문항은 Cook et al.(1981)의 p. 26에서 인용하였다.

1. All in all, how satisfied are you with the persons in your work group?
   [전반적으로 귀하의 작업집단의 동료들에 대해 얼마나 만족합니까?]
2. All in all, how satisfied are you with your supervisor?
   [전반적으로 귀하의 상사에 대해 얼마나 만족합니까?]
3. All in all, how satisfied are you with your job?
   [전반적으로 귀하의 직무에 대해 얼마나 만족합니까?]

4. All in all, how satisfied are you with this organization, compared to most others?
[전반적으로 다른 회사와 비교할 때, 현재 회사에 대해 얼마나 만족합니까?]
5. Considering your skills and the effort you put into the work, how satisfied are you with your pay?
[귀하가 일하는 데 투입한 기술과 노력을 고려할 때, 귀하의 급여에 대해 얼마나 만족합니까?]
6. How satisfied do you feel with the progress you for getting ahead in this organization in the future?
[회사에서 미래에 예상되는 발전에 대해 얼마나 만족합니까?]
7. How satisfied do you feel with your chances for getting ahead in this organization in the future?
[회사에서 미래에 예상되는 승진기회에 대해 얼마나 만족합니까?]

이 측정도구는 모든 수준의 조직에 적용이 가능하도록 개발되고 수정되었으며 설문조사를 바탕으로 하는 조직개발프로젝트에 많이 활용된 바 있다. 이 측정도구에서는 급여, 감독, 회사 전반, 직무자체, 동료 및 승진가능성 등이 측정요소(component)로 활용되고 있으며 승진가능성에 대해서만 두 개의 설문으로 구성되어 있다. 개발 초기에는 문항별로 보고되었으나 749개의 집단에 대해 클러스터 분석 이후 하나의 척도로 활용할 수 있다고 보고되었다. 신뢰도인 크론바흐 알파(Cronbach α) 계수는 0.87로 보고되었으며, 284개 집단에 대한 검사-재검사 신뢰도인 상관계수의 평균값은 0.55로 제시되었다. 이 측정도구는 상당히 많이 활용되었음에도 불구하고 이 측정도구의 신뢰도와 타당도에 대한 연구결과는 많이 발표되어 있지 못한 편이다. 이 측정도구에 대한 더 구체적인 논의는 Cook et al.(1981 : 25-26)을 참조하기 바란다.

3.2.7 Hackman and Oldham(1975)의 직무진단조사(JDS) 내 일부 측정문항

Hackman and Oldham(1975)의 측정도구는 각 요인별로 측정하는 직무진단조사(Job Diagnostic Survey, JDS)의 일부로 전반만족도를 측정하는 7점 리커트 척도 5개 문항으로 구성되어 있다. 이 중 두 문항은 역설문이다. 이전에 Hackman and Lawler(1971)에서는 처음의 세 문항으로만 측정하였으며 이를 짧은 설문지로 했다. 여기에 제시된 설문문항은 Cook et al.(1981)의 p. 28에서 인용하였다.

1. Generally speaking, I am very satisfied with this job.
   [대체로, 나는 이 일에 매우 만족한다.]
2. I frequently think of quitting this job. (R)
   [나는 자주 이 일을 그만둘 생각을 한다. (역설문)]
3. I am generally satisfied with the kind of work I do in this job.
   [나는 이 직무에서 내가 하는 일에 대해 대체로 만족한다.]
4. Most people on this job are very satisfied with the job.
   [이 일을 하는 대부분의 사람들은 이 일에 대해 매우 만족한다.]
5. People on this job often think of quitting. (R)
   [이 일을 하는 사람들은 자주 그만둘 생각을 한다. (역설문)]

Hackman & Lawler(1971)는 208명의 전화회사 종업원에 대한 분석결과 3개 문항에 대한 평균값이 4.97(표준편차는 1.26)이었으며 신뢰도인 내적 일관성계수는 0.76으로 보고하고 있다. 이후 5개 문항에 응답한 658명의 종업원에 대한 분석결과 평균값이 4.62(표준편차는 1.18)이며, 신뢰도인 내적 일관계수는 0.76으로 보고하였다(Hackman & Oldham, 1975, 1976). 여기서의 신뢰도는 내부문항 중간값 상관계수(median inter-item correlation)에 대해 Spearman-Brown 공식을 적용한 것이다. 이후에도 다양한 연구결과에서 내적 일관성계수는 0.74 이상을 보이고 있다. 이 측정도구에 대한 좀 더 자세한 논의는 Cook et al.(1981 : 27-28)을 참조하기 바란다.

3.2.8 Quinn & Staines(1979)의 전반적 직무만족 측정도구

이 측정도구는 1977년에 미국에서 시행된 고용의 질 조사(Quality of Employment Survey, QES) 설문지에 포함되어 있었는데 그 이전 1969년과 1973년 조사에서도 사용된 측정도구이다(Quinn et al., 1971 ; Quinn & Shepard,

[귀하의 일을 잘 설명하지 못하는 경우인 '아니오(X)'라면 0에 표시해 주세요.]
1 for "?" if you can not decide
[귀하가 잘 모르는 '?'라면 1이라고 표시해 주세요]

Job in general [전반적인 직무]

- Bad [나쁨]
- Waste of time [시간낭비임]
- Undesirable [바람직하지 않음]
- Worse than most [대부분보다 나쁨]
- Disagreeable [동의할 수 없음]
- Inadequate [불충분함]
- Rotten [형편없음]
- Poor [부족한][4]

이 직무전반조사(JIG)는 신뢰도에 있어서 내적 일관성이 비교적 높아 미국 플로리다 지역의 건축현장 근로자에 대한 경우 크론바흐 알파(Cronbach α) 계수가 0.91로 보고되고 있으며, 표본수가 3,566개인 보울링 그린 표본에서는 0.91에서 0.95로 보고되고 있다(Ironson et al., 1989 ; Price, 1997 : 479). 또한 다른 전반적 직무만족 측정도구와도 상관관계가 높다고 보고되고 있다.

타당도에 대한 연구결과를 보면 첫째, 18개 문항에 대한 요인분석결과 기대한 대로 전체 분산의 87%가 한 개의 요인으로 설명되었다. 수렴타당도의 경우를 보면 다른 전반적 만족도 측정도구와 비교한 결과 0.66에서 0.80의 상관관계를 보여주었다. 판별타당도는 핵발전소의 근로자에 대한 조사결과 예상한 대로의 결과를 보여주었다. 이 측정도구는 저작권이 Bowling Green State University에 있다. 이 측정도구에 대한 더 자세한 논의는 Price(1997 : 478-480)와 Spector(1997 : 18-19)를 참조하기 바란다.

4)

3.3 요인종합 전반적 직무만족 측정도구

직무만족도를 측정하는 데 다양한 요인을 측정하는 입장은 그 요인을 측정하면 전반적 직무만족을 측정하게 될 것이라는 가정에서 시작되었다(Hauser, 1927 ; Taylor, 1911). Hertzberg(1968)는 일반적 만족과 사기, 기업의 정책과 태도, 직무 고유의 만족, 포부만족에 대한 태도, 직속 감독자에 대한 태도, 현 직무조건에 대한 태도 등 여섯 가지 요인으로 구분하고 있다. Alderfer(1972 : 7)는 일, 급여, 승진, 공로인정, 부가급부, 작업조건, 감독, 동료관계, 기업 및 경영에 대한 인식 등 아홉 가지 요인으로 구분하고 있으며, Locke(1976)는 직무자체, 임금, 승진, 인정, 복리후생, 근무환경, 감독, 동료, 경영방침 등의 아홉 가지 요인으로 정리하고 있다.

Wexley & Yukl(1984)은 직무만족을 보수, 직무 그 자체, 직업안정성, 감독, 동료작업자, 승진기회 등의 요인으로 구분하고 있다. Smith, Kendall & Hulin(1969)이 개발한 측정도구인 직무서술지수(Job Description Index, JDI)는 직무만족을 측정하기 위해 직무, 급여, 승진, 감독, 그리고 동료 등의 다섯 가지 요인을 측정하고 있다.

직무자체, 즉 직무의 특성을 중심으로 한 초기 연구로는 Hackman & Lawler (1971), Hackman & Oldham(1975) 등이 대표적이다. 감독을 강조한 연구로는 Evans(1970), Laundau & Hammer(1986), Locke(1976) 등이 있으며, 상사의 리더십과 직무와의 관계가 직무만족에 중요한 요인이 된다는 점을 강조하고 있다. 동료와의 관계를 강조한 연구로는 LaRocco, House & French(1980), 급여와 직무만족에 대해서는 Brockner(1988), Lawler(1971) 등을 들 수 있다. 승진에 대해서는 Kanter(1977), Kipnis(1964), Larson(1982) 등을 들 수 있다. 그러나 여기서는 하나의 전반적인 요인보다는 여러 요인을 종합적으로 측정하여 직무만족도를 측정하려는 도구들을 중심으로 살펴보기로 한다.

요인종합 전반적 직무만족이란 전반적 직무만족을 측정하는 데, 요인별로 만족도를 측정하여 이를 단순합 또는 가중치를 두어 합을 구해 그 결과를 전반적 직무만족도로 활용하는 경우이다. 그러나 대부분의 기존 연구에서는 각 요인에 대해서는 많은 검토가 있었으나 그 요인들의 상대적 중요성 또는 가중치에 대해서는 많은 검토가 없었다고 하겠다.

이에 대한 예외로는 미국에서 실무적으로 많이 활용되는 미국인사관리전문가협회(SHRM)의 직무만족도조사를 들 수 있다(SHRM, 2006). 이 조사는 2006년도에 시행된 것으로 크게 4가지 영역으로 구분하였다. 경력개발에 대해 6개 설문, 관리자와의 관계 7개 설문, 보상과 복리후생에 대해 3개 설문, 그리고 8개는 기타 설문으로 물어서 전체로 21가지 설문으로 구성된다. 그 중에서 가장 중요한 다섯 가지 요인으로 보상, 복리후생, 고용안정, 일과 가정의 양립, 그리고 안전한 근무환경을 들었다.

Smith, Kendall & Hulin(1969)의 직무서술지수(JDI)는 직무, 급여, 승진, 감독 및 동료 등의 다섯 가지 요인을 측정하고 있다. 직무자체, 즉 직무의 특성을 중심으로 한 초기 연구로는 Hackman & Lawler(1971), Hackman & Oldham(1975) 등이 대표적이며 학자들에 따라 감독, 상사의 리더십, 동료와의 관계, 승진, 그리고 급여 등이 직무와의 높은 관계를 보인다는 연구결과를 제시하였다.

직무만족도를 요인별로 종합하여 측정하는 측정도구로는 다음 <표 3-2>에서 보는 대로 미네소타만족설문지(Minnesota Satisfaction Questionnaire, MSQ), 직무서술지수(Job Description Index, JDI), 직무진단조사(Job Diagnostic Survey, JDS), 직무만족조사(Job Satisfaction Survey, JSS) 등이 있다.

요인별로 만족도를 측정한 후 이를 종합하여 전반적 직무만족도를 산정하는 측정도구들은 다음 <표 3-3>에서 보는 대로 측정요인도 달라서 최소 5개 요인에서 최대 20개 요인이고, 설문문항수도 최소 36개에서 최대 100개까지 차이를 보인다. 측정척도도 3개 척도에서 최대 7개 척도까지 차이를 보인다.

전반적인 만족도를 측정하는데, 직무와 관련된 요인을 다양하게 측정하고 있으며 다수의 측정도구들은 직무와 간접적으로 관련된 요인들도 측정하여 전반적 만족도를 제시하고 있다.

요인종합 전반적 직무만족 측정도구의 개요와 인용문헌 표 3-2

번호	저자 및 출처[1]	측정도구 이름	문항수	척 도
1	Weiss et al.(1967)ⓒ[2]	미네소타만족설문지(Minnesota Satisfaction Questionnaire, MSQ)	20	5점리커트
2	Smith, Kendall & Hulin (1969)ⓒ	직무서술지수(Job Description Index, JDI)	72	예, 아니오, 모르겠음
3	Taylor & Bowers(1972)	General Satisfaction	7	5점리커트
4	Hackman & Oldham (1975)	직무진단조사(Job Diagnostic Survey, JDS)	14	7점리커트
5	Smith(1976), Smith & Dunham (1979)	조직반응지수(Index of Organizational Reactions, IOR)	42	5점척도
6	Quinn & Staines(1979)		33	4점척도
7	Warr, Cook & Wall (1979)	직무태도설문지(Work Attitude Questionnaire, WAQ)	15	7점리커트
8	Cook & Wall(1980)	구성원욕구만족척도(Personal Need Fullfilment Scale, PNFS)	16	5점리커트
9	Spector(1985)	직무만족조사(Job Satisfaction Survey, JSS)	36	6점척도

주 : 1) 출처는 1, 3, 4, 5, 6, 7은 Cook, J. D., Hepworth, J. S., Wall, T. D. & Warr, P. B. 1981, *The Experience of work : A Compendium and Review of 249 Measures and Their Use*, New York : Academic Press ; 1, 4, 9는 Spector, P. E. 1997, *Job Satisfaction : Application, Assessment, Cause and Consequences : Advanced Topics in Organizational Behavior*, Thousand Oaks, CA : Sage Publications ; 2는 Smith, P. C., Kendall, L. M. & Hulin, C. L. 1969, *The Measurement of Satisfaction in Work and Retirement*, Chicago, IL : Rand McNally Co. ; 7과 8은 British Telecom. 1984, *Survey Item Bank : Volume I Measures of Satisfaction*, West Yorkshore, Britain : MCB University Press가 원출처이며, 이영면(2007)의 p. 131, <표 3>을 인용하여 참고하고 수정함.

2) ⓒ 표시는 저작권이 구체적으로 명시되어 있어서 사용하기 위해서 공식적 허락을 받아야 하는 경우임.

주요 요인종합 전반적 직무만족 측정도구의 개요 표 3-3

측정도구		(1)	(2)	(3)	(4)	(5)
측정도구이름[1]		MSQ	JDI	JDS	JSS	IOR
최초 발표연도		1967	1969	1975	1985	1976
측정요인수		20	5	6	9	8
설문문항수		100(20)[2]	72	–	36	42
측정척도		5	3	7	6	5
직무관련 측정요인	전반적인 만족도			○	○	
	직무자체	○(5)[3]	○(18)	○	○(4)	

전반적 직무만족 측정과 도구

	직무유형	○(5)				○(5)
	직무량	○(5)				○(5)
	직무수행자율성(권한)	○(5)				
	직무수행성취감	○(5)				
	창의성	○(5)				
	독립성	○(5)				
	도덕적 가치	○(5)				
	책임	○(5)				
	직무안정성	○(5)				
	사회적 봉사	○(5)				
	직무조건	○(5)		○		○(5)
	직무관련 활동	○(5)				
	고용안정성	○(5)				
	경력장래	○(5)				○(5)
	자기개발					
비직무관련 요인	임금(보상)	○(5)	○(9)		○	○(5)
	승진	○	○(9)		○	
	성과급				○(4)	
	인정		○		○	
	복리후생	○	○		○	
	근무환경	○	○		○	
	안전	○				
	의사소통	○			○(4)	
	감독	○	○(9)	○	○	○(5)
	인간관계측면감독	○(5)				
	기술측면감독	○(5)				
	동료	○(5)	○(18)		○	○(5)
	경영방침(회사정책 및 실무, 회사와 일체감 등)		○	○	○	○(5)
	포부 만족			○		

주: 1) MSQ(미네소타만족설문지)는 Weiss et al.(1967), JDI(직무서술지수)는 Smith et al.(1969), JDS(직무진단조사)는 Hackman & Oldham(1975), JSS(직무만족조사)는 Spector(1985), IOR(조직반응지수)는 Smith(1976)가 최초 개발자임.

2) MSQ(미네소타만족설문지)는 100문항 설문지와 20문항 설문지 중에서 선택하여 사용할 수 있음.

3) 괄호 안은 요인별 설문문항수임.

출처: 이영면(2004)에서 인용하여 수정함.

3.3.1 Weiss et al.(1967)의 20문항 미네소타만족설문지(MSQ)

미네소타만족설문지(Minnesota Satisfaction Questionnaire, MSQ)는 미국 미네소타대학교 직업심리연구소(Vocational Psychology Research)의 직무만족 측정도구로 저작권이 있는 측정도구이다. 미네소타만족설문지(MSQ)는 Weiss, Dawis, England & Lofquist(1967)에 의해 만들어졌는데 지금까지도 학술적 연구에서 많이 사용되고 있다. Scarpello & Campbell(1983)은 MSQ의 타당성에 대한 검정을 추가로 진행한 바 있다. 미네소타만족설문지는 직무만족을 내재적(intrinsic), 외재적(extrinsic), 그리고 전반적(general) 지표로 나누어 측정하고 있다. 긴 양식은 100개 문항, 짧은 양식은 20개 문항으로 이루어져 있으며 5점 척도로 측정된다.

내재적 요인과 외재적 요인을 구분하여 측정하는데, 내재적 요인은 직무수행방식에서의 자율성, 고용안정성, 직무로부터 얻을 수 있는 성취감 등을 포함하고 있다. 구체적으로는 능력활용, 성취, 활동, 권한, 창의성, 독립성, 도덕적 가치, 책임, 안정, 사회적 봉사, 사회적 지위, 다양성 등의 12개 요인으로 구성되어 있다.

외재적 요인으로는 상사의 관리방식과 직무능력, 회사의 정책실행방식, 임금수준, 근로조건, 승진, 칭찬이나 격려 등의 6개 요인을 포함하고 있다 (Price & Mueller, 1986a). 전반적 지표에는 위의 18개 요인과 동료작업자와 작업조건 등의 2개 요인을 포함하여 총 20개 요인으로 구성되어 있다. 긴 양식의 경우는 20개 요인에 대해 각 요인마다 5개의 설문문항으로 구성된다. Thoms, Dose & Scott(2002)는 책임(accountability), 직무만족, 그리고 신뢰 간의 관계를 연구하면서 직무만족을 측정하기 위해 MSQ를 사용하였다.

On my present job, this is how I feel about
[현재의 직무에서 내가 느끼는 생각은]

(1) being able to keep busy all the time
[항상 바쁘게 움직일 수 있음]
(2) the chance to work alone on the job
[직무를 혼자 수행할 수 있는 기회]
(3) the chance to do different things from time to time
[때로 다른 일을 할 수 있는 기회]

(4) the chance to be "somebody" in the community
[지역사회에서 "지명도 있는 사람"이 될 수 있는 기회]
(5) the way my boss handles his/her workers
[내 상사가 부하를 관리하는 방법]
(6) the competence of my supervisor in making decisions
[의사결정을 하는 데 있어서 내 상사가 발휘하는 역량]
(7) being able to do things that don't go against my conscience
[내 양심에 거스르지 않고 일을 할 수 있음]
(8) the way my job provides for steady employment
[내 일이 안정적인 고용을 제공하는 정도]
(9) the chance to do things for other people
[다른 사람을 위해 일할 수 있는 기회]
(10) the chance to tell people what to do
[다른 사람에게 무엇을 하라고 지시할 수 있는 기회]
(11) the chance to do something that makes use of my abilities
[내 능력을 사용하여 무언가를 할 수 있는 기회]
(12) the way company policies are put into practice
[회사의 정책이 실제로 시행되는 상황]
(13) my pay and the amount of work I do
[내 급여와 내가 하는 업무량]
(14) the chances for advancement on this job
[이 일에서 승진할 수 있는 기회]
(15) the freedom to use my own judgement
[내가 스스로 판단할 수 있는 자유]
(16) the chance to try my own methods of doing the job
[일하는 데 내가 원하는 방법을 사용할 수 있는 기회]
(17) the working conditions
[작업조건]
(18) the way my coworkers get along with each other
[내 동료들과 서로 어울려 지내는 상황]
(19) the praise I get for doing a good job
[내가 잘한 일에 대해 받는 칭찬]
(20) the feeling of accomplishment I get from the job
[내가 일로부터 얻는 성취감][5)]

일부 연구자들은 내재적 요인과 외재적 요인에 대해 의문을 제기하기도 하지만(Cook et al., 1981 ; Schriesheim et al., 1993), 대체로 신뢰도지수인 내적 일관성을 가지고 있다고 평가하고 있다. 설문문항이 100개인 긴 양식에서도 요인들 간에 높은 상관관계가 있다는 연구결과도 있지만(Schmitt et al., 1978 ; Wexley et al., 1980), 1967년 개발자들에 의해 진행된 측정도구에 대한 평가결과를 보면, 1793명을 대상으로 20개 문항에 대한 응답수준을 평균 74.85(표준편차 11.92)로 제시하고 있다.

저자들이 제시한 Hoyt 내적 신뢰도계수는 내재적 직무만족 요인에 대한 문항 12개에 대해서는 중간값이 0.80, 외재적 직무만족 요인에 대한 문한 6개에 대해서는 중간값이 0.80으로, 그리고 전체적으로 0.90을 제시하고 있다. 내재적 요인과 외재적 요인에 대한 상관관계는 0.52부터 0.68로 나타났고 평균은 0.60이었다. 1주일 후와 비교한 검사-재검사 신뢰도계수는 0.89로, 1년 후와 비교한 검사-재검사 신뢰도계수는 0.70으로 보고하고 있다. 저자들은 신뢰도가 높다고 자체적인 평가를 하고 있다. 타당도에 대해서 살펴보면 저자들의 분석결과 여섯 집단의 만족도 평균값을 비교한 결과 의미있는 차이를 보이지 않았다. 이는 측정도구의 구성개념타당도를 지지하는 결과이다.

20개의 설문문항으로 구성된 짧은 양식의 경우 내적 일관성이 여러 연구에서 검증되었으나 타당도에 대해서는 문제가 있다는 연구결과들이 있다(Cook et al., 1981 ; Schriesheim, Powers, Scandura, Gardiner & Landau, 1993). 일부 연구에서는 측정문항 간에 높은 상관계수가 발견되어 판별타당도의 문제가 있다는 지적도 있다(Wexley, Alexander, Greenwalt & Couch, 1980). 일부 문항에 대해서는 설문내용을 수정해서 사용한 경우도 있다(Arvey & Dewhirst, 1979 ; Arvey, Dewhirst & Brown, 1978 ; Zultowski, Arvey & Dewhirst, 1978). 100개의 설문문항으로 구성된 긴 양식에서도 세부문항들 간에 높은 상관관계가 있다는 연구결과도 있지만, 그럼에도 불구하고 전반적인 직무만족도를 측정하는 데는 상대적으로 우수한 측정도구로 인정받고 있다.

이 미네소타만족설문지(MSQ)도 저작권이 인정되고 있으며 Psychology

5) Copyright 1977 Vocational Psychology Research, University of Minnesota. All Rights Reserved. Reproduced by written permission.

Department, University of Minnesota에서 구입해서 사용할 수 있다. 1997년 기준으로 짧은 양식은 100매에 39달러, 긴 양식은 100매에 66달러이다(Spector, 1997). MSQ에서 측정되는 요인은 다음과 같다(MSQ homepage).

Ability [능력]
Utilization [활용]
Co-workers [동료]
Moral Values [도덕적 가치]
Achievement [성취]
Creativity [창의성]
Recognition [인정]
Activity [활동]
Independence [독립성]
Responsibility [책임감]
Advancement [승진]
Security [안정성]
Supervision-Human Relations [감독-인간관계]
Authority [권한]
Social Service [사회서비스]
Supervision-Technical [감독-기술적 측면]
Company Policies [회사정책]
Social Status [사회적 지위]
Varity [다양성]
Compensation [보상]
Working Conditions [작업조건][6)]

1977년에 사용된 설문에 대한 척도는 Very Satisfied, Satisfied, "N," Dissatisfied, Very Dissatisfied 등의 5점 척도였는데, 조사결과 만족(Satisfied)과 매우 만족(Very Satisfied) 사이에 응답이 집중되는 편중(skewed)현상이 있어서 1967년부터 사용되었던 만족하지 않음(Not Satisfied), 약간 만족함(Somewhat Satisfied), 만족함(Satisfied), 매우 만족함(Very Satisfied), 정말로 만족함(Extremely

6) Copyright 1977 Vocational Psychology Research, University of Minnesota. All Rights Reserved. Reproduced by written permission.

Satisfied) 등의 5점 척도를 사용함으로써 이전의 편중현상을 줄일 수 있게 되었다.

3.3.2 Smith, Kendall & Hulin(1969)의 직무서술지수(JDI)

Smith, Kendall & Hulin(1969)이 개발한 직무서술지수(Job Description Index, JDI)는 10여 년의 연구결과 직무, 급여, 승진, 감독 및 동료 등의 다섯 가지 요인을 72개 설문문항으로 측정하고 있다(Smith, Kendell & Hulin, 1969 ; Balzer et al, 1990). 각 요인별로 보면 직무에 대해서 18문항, 급여에 9문항, 승진기회에 대해 9문항, 감독에 대해 9문항, 그리고 동료에 대해서 18문항 등으로 구성되어 있다. 각 문항은 직무의 각 요인에 대한 간단한 질문으로 구성되어 있으며, 예, 아니오, 그리고 잘 모르겠음의 세 가지의 선택이 가능하다. 긍정적 문항에 대해 '예'라고 답한 경우와 부정적 문항에 '아니오'라고 답하는 경우에 3점, '잘 모르겠다'라고 답한 경우에 1점, 표시하지 않은 경우에는 0점으로 하여 전체 점수를 합산하여 직무만족도를 계산한다.

이 직무서술지수(JDI)는 직무에 대한 인지적 요소를 측정하기 위해 좋거나 나쁜 감정을 유도할 수 있는 형용사들을 조심스럽게 선택함으로써 감정적 요소에 의한 왜곡을 줄이고 있다(송계충, 2002). 직무서술지수(JDI)는 개발이후 여러 차례 수정되었지만 그럼에도 불구하고 1981년까지만 해도 100편이상의 논문에서 직무서술지수가 활용되었으며 최근까지 많이 활용되고 있다(Cook et al., 1981). Quinn & Staines(1979)는 직무서술지수(JDI)를 바탕으로 직무만족을 전반적으로 나타내는 5개 요인을 4점 척도와 3점 척도로 측정하는 설문지를 개발하였다. 이후 Roznowski(1989)는 기존의 설문지에 전반적 직무만족도를 측정하는 여섯 번째 요인을 추가하였다(Balzer et al., 1990 ; Price, 1997 : 486).

JDI는 Bowling Green State University의 저작권 허가를 받아야 하기 때문에 여기서 전체 설문 문항을 제시하지는 못하지만 Smith, Kendall & Hulin (1969)의 p. 83에 원래 설문문항이 제시되어 있다. 여기서는 저작권 허가 내에서 Brodke et al.(2009)의 The Job Descriptive Index and Job in General Quick Reference Guide(2009 Revision : 6-7)에 예시로 제시된 직무 및 급여 관련 직무서술지수(JDI)에 대한 측정문항은 다음과 같다.[7]

Think of the work you do at present. How well does each of the following words or phrases describe your work?
[현재 하고 있는 일에 대해 생각해 보십시오. 다음의 단어나 구절이 귀하의 일을 얼마나 잘 설명하고 있습니까?]

Circle : 3 for “Yes” if it describes your work
[귀하의 일을 잘 설명하고 있는 경우인 ‘예(O)’라면 3에 표시해 주세요.]
0 for “No” if it does not describe it
[귀하의 일을 잘 설명하지 못하는 경우인 ‘아니오(X)’라면 0에 표시해 주세요.]
1 for “?” if you can not decide
[귀하가 잘 모르는 ‘?’라면 1이라고 표시해 주세요.]

Work on present job [현재 직무에서 하는 일]

____ Fascinating [환상적, 매우 즐거운]
____ Routine [반복적인]
____ Satisfying [만족스러운]
____ Boring [지겨운]
____ Good [좋은]
____ Gives sense of accomplishment [성취감을 주는]
____ Respected [존경받는]
____ Exciting [흥미로운]
____ Rewarding [보상감을 주는]
____ Useful [유용한]
____ Challenging [도전적인]
____ Simple [단순한]
____ Repetitive [반복적인]
____ Creative [창의적인]
____ Dull [따분한]
____ Uninteresting [재미없는]
____ Can see results [결과를 예상할 수 있는]
____ Use my abilities [내 능력을 활용할 수 있는]

Think of the work you do at present. How well does each of the following words

7) Bowling Green State University에서 저작권에 대한 서면허가를 받는 과정에서 Brodke et al.(2009)의 Quick Reference Guide에서 제시된 내용은 본서에 제시가 가능하다는 허락을 받았음.

or phrases describe your work?
[현재 하고 있는 일에 대해 생각해 보십시오. 다음의 단어나 구절이 귀하의 일을 얼마나 잘 설명하고 있습니까?]

Circle : 3 for "Yes" if it describes your work
[귀하의 일을 잘 설명하고 있는 경우인 '예(O)'라면 3에 표시해 주세요.]

0 for "No" if it does not describe it
[귀하의 일을 잘 설명하지 못하는 경우인 '아니오(X)'라면 0에 표시해 주세요.]

1 for "?" if you can not decide
[귀하가 잘 모르는 '?'라면 1이라고 표시해 주세요.]

Present Pay [현재의 급여]

___ Income adequate for normal expenses [일상적인 지출에 비해 급여가 적절한]
___ Fair [공정한]
___ Barely live on income [수입으로 겨우 먹고사는]
___ Bad [나쁜]
___ Comfortable [풍족한]
___ Less than I deserve [내가 받아야 할 수준보다 낮은]
___ Well paid [잘 받고 있는 수준의 급여]
___ Enough to live on [생활하기에 충분한]
___ Underpaid [낮은 수준의 급여][8)]

이 직무서술지수(JDI)의 개발자들은 직무만족도를 복수의 개념으로 파악하고 있으며 '근로자로서 자신의 직무에 대한 느낌(feeling)'으로 정의하고 있다. 즉 직무의 다양한 측면에 대해 다른 느낌을 가진다는 것이다. 개발자들은 요인별 중간값 상관계수가 남성표본은 0.39, 여성표본은 0.32로 보고하고 있으며 이후의 연구에서도 중간값에 대한 상관계수가 최소 0.20에서 최대 0.79까지 차이가 나지만 대부분의 결과가 0.3에서 0.5 미만으로 비교적 유사한 결과가 제시되고 있다.

Smith, Kendall & Hulin(1969)의 직무서술지수(JDI)의 전반적 측정도구로서의 신뢰도와 타당도에 있어서 반분신뢰도계수는 0.84로 보고된 바 있으며 타당도도 비교적 충분한 것으로 보고된 바 있고, 다수의 연구결과에서

8) Copyright 2009 Bowling Green State University, All Rights Reserved. Reproduced by written permission.

검증된 바 있다(Cook, Hepwarth, Wall & Warr, 1981 : 52-53 ; Dunham, Smith & Blackburnm, 1977 ; Hunt, Osborn & Schuler, 1978 ; Kinicki et al., undated ; Price, 1997). 특히, Evans(1969)는 미네소타만족설문지(MSQ)와의 상관관계를 검토한 결과 능력활용은 0.45, 성취감 0.49, 활동(activity) 0.34, 창의성 0.45, 다양성 0.48로 보고하였다. 응답에 있어서 '예'를 3점, '잘 모르겠다'를 1점, '아니오'를 0점으로 기록한 결과(역설문은 2, 4, 8, 11, 14, 15, 16, 17번임) 평균값은 34.66에서 41.10, 표준편차는 7.10에서 11.80으로 보고되었다.

신뢰도인 내적 일관성계수는 395명의 화이트칼라와 관리자를 대상으로 해서 0.93으로 보고된 연구결과가 있으며(Hunt, Osborn & Schuler, 1978) 이후에도 비슷한 결과가 제시되고 있다. 5개 요인에 대해서 반분신뢰도계수는 최소 0.67에서 최고 0.78을 보이고 있으며 Spearman-Brown 계수에 대한 분석결과는 0.80에서 0.88을 보이고 있다(Cook et al., 1981 : 52-53 ; Price, 1997 : 486). 또 다른 신뢰도인 이 직무서술지수의 시기별 안정성(the stability across time)을 분석한 연구결과들을 살펴보면 16개월의 시간을 두고 진행된 시험-재시험 상관계수가 541명의 관리자에 대해서 요인별로 0.46에서 0.64를 보였으며, 68명의 관리자를 대상으로 12개월 간격으로 진행된 연구결과에서는 0.70 이상의 계수를 보였다(Cook et al., 1981 : 52-53). Kinicki et al.(undated)은 직무서술지수(JDI)를 미네소타만족설문지(MSQ) 및 조직반응지수(IOR)와 비교한 결과, 직무서술지수(JDI)가 신뢰도지수인 내적 일관성이 상당히 높고 검사-재검사 신뢰도도 높은 결과를 제시하였다.

저자들은 수렴타당도와 판별타당도를 분석하기 위하여 다속성다측정(MTMM)방법을 이용한 결과 일관성 있는 수렴타당도와 판별타당도를 제시하고 있다. 전반적 만족도의 경우 미네소타만족설문지(MSQ)와 비교했을 때 구성개념타당도에 대한 분석결과에서도 긍정적인 결과를 제시하고 있다(Dunham, Smith & Blackburnm, 1977). Kinicki et al.(undated)는 직무서술지수(JDI)의 타당도 분석을 광범위하게 시행한 바 있다. 1975년부터 1995년까지 주요 5대 학술지에 발표된 논문 중에서 직무서술지수(JDI)를 이용하여 만족도를 분석한 143개의 논문에 대해 메타분석을 시도한 결과 개발자들이 예상한 결과들이 제시되었으며 이를 바탕으로 직무서술지수(JDI)의 타당도를 입증하였다. 그러나 직무서술지수(JDI)의 설문문항이 72개나 되기 때문에 요인별로 종합된 전반적 만족도를 측정하기 위해서는 측정상 오차(contamination)를 줄이기 위해 전반적 만족도 자체로 측정하는 것이 바람직하다고 제시하였다.

그러나 이렇게 신뢰도 있고 타당한 측정도구도 그 개발시점이 1960년대라는 점에서 한계점이 없는 것은 아니다. 즉, 내재적 요인보다는 외재적 요인에 초점을 두고 있다는 점이나 관리자에 대한 조사에서 부하사원에 대한 요인 등이 새롭게 포함될 수도 있다는 점이다.

직무서술지수(JDI)의 수렴(convergent) 및 판별(discriminant) 타당도(validity)를 검정한 연구로는 Gillet & Schwab(1975), Johnson et al.(1982), Jung, Dalessio & Johnson(1986) 등이 있다. Smith et al.(1989)는 직무서술지수(JDI)를 이용한 연구논문이 400편 이상이라고 보고하고 있다. 직무서술지수(JDI)는 개발 이후 여러 차례 수정된 바 있다(Balzer et al., 1990). Quinn & Staines (1979)는 직무서술지수(JDI)를 바탕으로 직무만족을 전반적으로 나타내는 5개 요인을 4점 척도와 3점 척도로 측정하는 설문지를 개발한 바 있다.

이후 이 직무서술지수(JDI)는 Roznowski(1989)에 의해 수정되었는데 기존의 측정문항에 비해 크론바흐 알파(Cronbach α) 문항 간 일관성 신뢰도계수가 향상된 것으로 보고되고 있다. 이 수정된 측정도구를 보면 먼저 당시 직무 요인에 대해서 기존의 Good, Hot, Healthful, On your feet, Endless가 A source of pleasure, Dull, Interesting, Aweful, Important로 대체되었고, 감독요인에 있어서는 Asks my advice, Influential, Doesn't supervise enough, Leaves on my own이 Interferes with my work, Gives confusing directions, Knows how to supervise, Cannot be trusted로, 급여요인에 있어서는 Satisfactory profit sharing, Income provides luxuries, Highly paid가 Well paid, Unfair, Enough for what I need로, 승진기회요인은 Unfair promotion policy가 Easy to get ahead로, 그리고 동료요인에서는 Fast, No privacy, Hard to meet가 Work well together, Bother me, Waste of time으로 수정되었다. 이후 Gregson(1990)에 의해 30개 문항으로 축소되어 활용된 바 있는데, 5개 요인에 대해 요인분석결과 적재값이 가장 높은 6개 문항씩을 선택한 것이다.

이 수정된 직무서술지수(JDI) 측정도구는 크론바흐 알파(Cronbach α) 문항 간 일관성 신뢰도계수가 직무자체와는 0.75-0.94, 급여와는 0.78-0.91, 감독과는 0.87-0.92, 승진과는 0.82-0.87, 동료와는 0.87-0.92로 보고된 바 있다 (Buckley, Carraher & Cote, 1992 ; Callen, 1993 ; Cropanzano, James & Conovsky, 1993 ; Gregson, 1990 ; Judge, 1993a ; Judge & Hulin, 1993 ; Kushnir & Melamed, 1991 ; Lefkowitz, 1994 ; Mossholder, Bedeian, Niebuhr & Wesolowski, 1994 ; Smart, 1998 ; Taber & Alliger, 1995 ; Wanberg, 1995). 타당도와 관련하여 Smart(1998)는 각 요인들이 서로 간에 양의 상관관계를 보인다고 했으며 Cropanzano et al.(1993)는 전반적 직무만족도가 조직에 대한 몰입과는 양의 상관관계를, 이직의도와는 음의 상관관계를 보인다고 보고했다. Roznowski (1989)는 요인분석결과 수정된 설문문항들이 5개의 요인으로 정확하게 묶였다고 보고하였으며, Buckley et al.(1992)는 속성에 따른 변동요인이 미네소타만족설문지(MSQ)와 같은 다른 측정도구의 변동요인에 대해 46%를 설명하고 있다고 보고했다.

직무서술지수(JDI)는 최근에도 많이 활용되고 있다(Giles & Feild, 1978 ; Kulik et al., 1988 ; Loher et al., 1985 ; Muchinsky, 1977 ; Oshagbemi, 1996 ; 1997 ; 1998 ; 2000 ; Robinson et al., 2003 ; Scarpello & Campbell, 1983 ; Smith et al., 1969 ; Wanos & Lawler, 1972 ; Wharton et al., 2000). 그러나 직무서술지수(JDI)는 측정문항이 5개로 제한되어 있다는 비판을 받고 있으며, 모든 근로자에게 일반적으로 적용하기에는 한계가 있다는 비판을 받고 있다(Buffum & Konick, 1982 ; Cook et al., 1981). 그러나 이 직무서술지수(JDI)는 저작권이 보호되고 있으며 이를 사용하기 위해서는 Patricia C. Smith, Department of Psychology, Bowling Green State University, Bowling Green, OH, 43403 USA에서 허락을 얻어야 한다.

3.3.3 Hackman & Oldham(1975)의 직무진단조사(JDS)

직무진단조사(Job Diagnostic Survey, JDS)는 Hackman & Oldham(1975)이 개발한 설문지로 원래는 직무특성(job characteristics)의 효과를 연구하기 위해 개발되었으며 직무(job)와 과업(job tasks)의 특성(nature), 동기부여(motivation), 인성(personality), 심리적 상태(psychological status), 그리고 직무에 대한 반응(reactions) 등의 5개 요인을 포함하고 있다. 앞에서 살핀 전반적 만족도 측정을 위한 5개 문항 외에 요인별 만족도를 측정하기 위해서 직무에 대한 성장(growth) 4문항, 급여 2문항, 고용안정(job security) 2문항, 사회성(social) 3문항, 감독(supervision) 3문항 등 14문항으로 구성된 만족도 측정도구도 제시하고 있다. 직무에 대한 성장요인은 내재적 가치를 반영하고 있으며 나머지 4개 요인은 직무환경관련 만족도라고 할 수 있다. 각 요인별 설문문항은 7점 척도로 측정되며, 구체적인 설문문항은 다음과 같다(British Telecom, 1984 : 19.0(19)-19.0(34)).

SKILL VARIETY [기술다양성]

1. How much variety is there in your job? that is, to what extent does the job require you to do many different things at work, using a variety of your skills and talents?
   [귀하의 직무는 얼마나 다양합니까? 즉, 귀하의 직무를 수행하는 데 있어서 얼마나 다양한 내용들, 기술이나 능력의 다양성을 요구합니까?]
2. How accurate is this statement in describing your job? : "the job requires a number of complex or high-level skills"
   ["직무는 매우 복잡하거나 높은 수준의 다양한 기술을 요구한다"는 내용이 귀하의 직무를 얼마나 정확하게 기술하고 있습니까?]
3. How accurate is this statement in describing your job? : "the job is quite simple and repetitive"
   ["직무는 매우 단순하고 반복적이다"라는 내용이 귀하의 직무를 얼마나 정확하게 기술하고 있습니까?]

TASK IDENTITY [과업정체성]

1. To what extent does your job involve doing a "whole and identifiable piece of work"? that is, is the job a complete piece of work that has an obvious beginning and end? Or is it only a small part of the overall piece of work, which is finished by other people or by automatic machines?
   [귀하의 직무는 어느 정도나 "전체적이고 파악이 가능한 일"을 포함하고 있습니까? 즉, 직무가 구체적으로 시작과 끝이 있는 일련의 일들로 구성됩니까? 아니면 단지 전체적인 일의 일부를 수행하고 다른 사람이나 자동화 기계에 의해 끝이 나는 일입니까?]
2. How accurate is this statement in describing your job? : "the job provides me with the chance to completely finish the pieces of work I begin"
   ["내 직무는 내가 시작한 일에 대해 완전히 마무리할 때까지 일할 기회를 부여한다"가 귀하의 직무를 얼마나 정확하게 기술하고 있습니까?]
3. How accurate is this statement in describing your job? : "the job is arranged

so that I do not have a chance to do an entire piece of work from beginning to end"
["내 직무는 잘 정리가 되어 있어서 내가 시작한 일을 끝까지 수행할 수 있는 기회가 별로 없다"라는 내용이 귀하의 직무를 얼마나 정확하게 기술하고 있습니까?]

TASK SIGNIFICANCE [과업중요성]

1. In general, how significant or important is your job? that is, are the results of your work likely to significantly affect the lives or well being of other people?
[전반적으로 귀하의 직무는 얼마나 중요합니까? 즉, 귀하가 수행한 일의 결과가 다른 사람들의 생활이나 복리에 얼마나 중요하게 영향을 미칩니까?]
2. How accurate is this statement in describing your job? : "this job is one where a lot of people can be affected by how well the work is done"
["이 직무는 일의 수행결과에 따라 많은 사람들이 영향을 받는다"라는 내용이 귀하의 직무를 얼마나 정확하게 기술하고 있습니까?]
3. How accurate is this statement in describing your job? : "the job itself is not very significant or important in the broader sense of things"
["직무자체는 넓은 의미로 볼 때 별로 중요하지 않다"라는 내용이 귀하의 직무를 얼마나 정확하게 기술하고 있습니까?]

AUTONOMY [자율성]

1. How much autonomy is there in your job? That is, to what extent does your job permit you to decide on your own how to go about doing things at work?
[귀하의 직무는 얼마나 자율적입니까? 즉, 귀하의 직무는 일을 하는 데 있어서 어느 정도 스스로 결정할 수 있습니까?]
2. How accurate is this statement in describing your job : "the job gives me considerable opportunity for independence and freedom in how I do the work"
["직무는 나에게 일하는 방식에 대한 독립성과 자유에 대해 상당한 수준으로 기회를 제공한다"라는 내용이 귀하의 직무를 얼마나 정확하게 기술하고 있습니까?]
3. How accurate is this statement in describing your job? : "the job denies me any chance to use my personal initiative or judgement in carrying out the work"
["직무는 내가 일을 하는 데 개인적으로 주도권을 갖거나 판단하는 기회를 주지 않는다"라는 내용이 귀하의 직무를 얼마나 정확하게 기술하고 있습니까?]

FEEDBACK FROM THE JOB ITSELF [직무자체로부터의 피드백]

1. To what extent does doing the job itself provide you with information about your work performance? that is, does the actual work itself provide clues about how well you are doing — aside from any "feedback" co-workers or supervisors may provide?
   [귀하는 일의 성과에 대해 어느 정도의 정보를 제공받습니까? 즉, 동료나 상사가 제공하는 피드백을 제외하고, 귀하가 일을 수행하면 그 자체로 얼마나 잘했는지에 대한 결과를 알 수 있습니까?]
2. How accurate is this statement in describing your job? : "just doing the work required by the job provides many chances for me to figure out how well I am doing"
   ["내가 직무를 수행하는 것만으로 내가 얼마나 잘했는지에 대해 알 수 있는 기회를 제공한다"라는 내용이 귀하의 직무를 얼마나 정확하게 기술하고 있습니까?]
3. How accurate is this statement in describing your job? : "the job itself provides very few clues about whether or not I am performing well"
   ["내가 직무를 수행하는 것만으로는 내가 얼마나 잘했는지에 대한 정보를 거의 제공받지 못한다"라는 내용이 귀하의 직무를 얼마나 정확하게 기술하고 있습니까?]

FEEDBACK FROM AGENTS [제3자로부터의 피드백]

1. To what extent do managers or co-workers let you know how well you are doing in your job?
   [관리자나 동료들은 내가 일을 잘 수행하고 있는지에 대해 어느 정도나 잘 알려줍니까?]
2. How accurate is this statement in describing your job? : "supervisors often let me know how well they think I am performing the job"
   ["상사는 내가 일을 얼마나 잘 수행했는지를 자주 알려준다"라는 내용이 귀하의 직무를 얼마나 정확하게 기술하고 있습니까?]
3. How accurate is this statement in describing your job? : "the supervisors and co-workers on this job almost never give me any "feedback" about how well I am doing in my work"
   ["상사나 동료는 내가 일을 얼마나 잘 수행했는지에 대한 피드백을 전혀 해주지 않는다"라는 내용이 귀하의 직무를 얼마나 정확하게 기술하고 있습니까?]

DEALING WITH OTHERS [다른 사람들과의 관계]

1. To what extent does your job require you to work closely with other people (either customers, or people in related jobs in your own organization)?
   [귀하의 직무는 다른 사람들(고객이나 또는 사내에서 직무와 관련된 사람들)과 어느 정도나 가깝게 지내도록 만듭니까?]
2. How accurate is this statement in describing your job? : "the job requires a lot of co-operative work with other people"
   ["직무는 다른 사람들과 상당한 수준의 협력작업을 필요로 한다"라는 내용이 귀하의 직무를 얼마나 정확하게 기술하고 있습니까?]
3. How accurate is this statement in describing your job? : "the job can be done adequately by a person working along without talking or checking with other people"
   ["직무는 다른 사람들과 대화하거나 확인할 필요 없이 혼자서도 충분히 수행할 수 있다"라는 내용이 귀하의 직무를 얼마나 정확하게 기술하고 있습니까?]

EXPERIENCED MEANINGFULNESS OF WORK [경험한 일의 의미]

1. The work I do is very meaningful to me.
   [내가 하는 일은 내게 매우 의미가 있다.]
2. Most of the things I have to do on this job seem useless or trivial.
   [내가 이 직무를 수행하면서 하는 일의 대부분은 소용없거나 사소한 것들이다.]
3. Most people on this job find the work very meaningful.
   [이 일을 하는 대부분의 사람들은 이 일이 매우 의미있다고 생각한다.]
4. Most people on this job find that the work is useless or trivial.
   [이 일을 하는 대부분의 사람들은 이 일이 소용없거나 사소한 것이라고 생각한다.]

EXPERIENCED RESPONSIBILITY FOR WORK [경험한 일의 책임]

1. I feel I have a very high degree on personal responsibility for the work I do on this job.
   [나는 이 직무에서 내가 하는 일이 높은 수준의 개인적 책임이 있다고 느낀다.]
2. I feel I should personally take the credit or blame for the results of my work on this job.
   [나는 내가 하는 일의 결과에 대해 개인적으로 책임을 져야 한다고 느낀다.]

3. Whether or not this job gets done is clearly my responsibility.
   [이 일을 완수해야 하는 것은 확실하게 내 책임이다.]
4. It's hard on this job, for me to care very much about whether or not the work gets done right.
   [내가 이 일을 제대로 완수해야 하느냐에 대한 책임을 지는 것은 어렵다.]
5. Most people on this job feel a great deal of personal responsibility for the work they do.
   [이 일을 하는 대부분의 사람들은 자신의 일에 대해 상당히 높게 개인적인 책임감을 느낀다.]
6. Most people on this job have trouble figuring out whether they are doing a good or bad job.
   [이 일을 하는 대부분의 사람들은 자신들이 잘했는지 잘못했는지를 파악하는 데 어려움을 가진다.]

KNOWLEDGE OF RESULTS [결과에 대한 지식]

1. I usually know whether or not my work is satisfactory on this job.
   [나는 대부분 내 업무성과가 만족스러운지 아닌지를 안다.]
2. I often have trouble figuring out whether I am doing well or poorly on this job.
   [나는 종종 내가 이 일을 잘했는지 잘못했는지를 아는 데 어려움을 느낀다.]
3. Most people on this job have a pretty good idea of how well they are performing their job.
   [이 일을 하는 대부분의 사람들은 자신들이 일을 잘했는지를 잘 알고 있다.]
4. Most people on this job have trouble figuring out whether they are doing a good or bad job.
   [이 일을 하는 대부분의 사람들은 자신들이 일을 잘했는지를 아는 데 어려움을 느낀다.]

SOCIAL SCALE [사회적 측면]

1. The people I talk to and work with on my job.
   [내가 대화하고 함께 일하는 사람들]
2. The chance to get to know other people while on the job.
   [일을 하면서 다른 사람들을 알게 되는 기회]
3. The chance to help other people while at work.
   [일을 하면서 다른 사람들을 도울 수 있는 기회]

SUPERVISORY SCALE [**감독관련 측면**]

1. The degree of respect and fair treatment I receive from my boss.
   [내가 상사로부터 받는 존경과 공정한 대우의 정도]
2. The amount of support and guidance I receive from my supervisor.
   [내가 상사로부터 받는 지원과 지도의 정도]
3. The overall quality of the supervision I receive in my work.
   [내가 일하면서 받는 감독의 전반적인 수준]

GENERAL SATISFACTION SCALE [**전반적인 만족 측면**]

1. Generally speaking I am very satisfied with this job.
   [전반적으로 나는 내 일에 대해 매우 만족한다.]
2. I am generally satisfied with the kind of work I do on this job.
   [나는 전반적으로 내가 직무에서 수행하는 일에 대해 만족한다.]
3. I frequently think of quitting this job.
   [나는 자주 이 일을 그만둘 생각을 한다.]
4. Most people on this job are very satisfied with the job.
   [이 일을 하는 많은 사람들은 이 일에 대해 매우 만족한다.]
5. People on this job often think of quitting.
   [이 일을 하는 사람들은 자주 이직을 생각한다.]

SATISFACTION WITH GROWTH SCALE [**성장에 대한 만족 척도**]

1. The amount of personal growth and development I get in my job.
   [내가 이 일에서 가지는 개인적인 성장과 발전의 정도]
2. The feeling of worthwhile accomplishment I get from doing my job.
   [내가 이 일에서 얻는 의미있는 성취에 대한 느낌]
3. The amount of independent thought and action I can exercise in my job.
   [내가 이 일을 하면서 수행하는 독립적인 생각과 행동의 정도]
4. The amount of challenge in my job.
   [내 일을 하면서 가지는 도전감의 정도]

직무진단조사(JDS)와 관련하여 표본수 6,930명에 대한 분석결과를 보면 신뢰도계수인 각 요인별 Spearman-Brown 신뢰도계수는 급여의 경우 0.86, 고용안정 0.73, 사회성 0.64, 감독 0.87, 성장이 0.84 등으로 나타났다. 또한 각 요인별 만족도와 전반적 만족도와의 상관계수는 급여의 경우 0.42, 고용안정 0.48, 사회성 0.47, 감독 0.50, 성장의 경우 0.69로 보고되고 있다(Cook et al., 1981 : 64). Oldham, Hackman & Stepina(1978)는 각 요인별 상관계수가 비교적 높은 것으로 보고하고 있다. 네 개의 직무환경관련 만족도 간의 상관계수는 0.28에서 0.47로 평균 0.42였으며, 성장요인의 경우는 그보다 더 높은 상관관계를 제시하였다.

3.3.4 Smith(1976)의 조직반응지수(IOR)

조직반응지수(Index of Organizational Reactions, IOR)는 미국 위스콘신대학교의 직무설계팀들이 직무설계조사과정에서 개발한 방법이다(Smith, 1976). 이 측정도구는 감독(6개), 일의 유형(6개), 일의 양(4개), 동료관계(5개), 물리적 작업조건(6개), 금전적 보상(5개), 경력의 미래(5개), 회사와의 일체감(5개) 등의 8개 요인을 측정하며 각 요인은 각각 4~6개의 설문문항으로 구성되어 총 문항수는 42개이다. 총 설문문항은 42개이며 각 설문문항은 요인별로 가능한 반응을 문장으로 서술하고 있다. 설문문항은 Cook et al.(1981 : 41-45)에서 인용하였다.

Supervision [감독]

1. Do you ever have the feeling you would be better off working under different supervision?
   [다른 감독하에서는 일을 더 잘할 수 있었을 것이라고 생각한 적이 있습니까?]
2. How do you feel about the supervision you receive?
   [지금 받는 감독에 대해 어떻게 생각하십니까?]
3. How does the way you are treated by those who supervise you influence your overall attitude toward your job?
   [귀하를 감독하는 방법이 귀하가 일에 대해 가지는 전반적인 태도에 어떻게 영향을 미칩니까?]
4. How much do the efforts of those who supervise you add to the success of your organization?
   [귀하를 감독하는 감독자의 노력이 귀 조직의 성공에 얼마나 기여한다고 생각하십니까?]
5. The people who supervise me have : Many more good traits than bad ones ; More good traits than bad ones ; About the same number good traits as bad

ones ; More bad traits than good ones ; Many more bad traits than good ones.
[나를 감독하는 감독자는 : 나쁜 점보다는 좋은 점이 매우 많다 ; 나쁜 점보다는 좋은 점이 많다 ; 나쁜 점과 좋은 점이 비슷하다 ; 좋은 점보다 나쁜 점이 많다 ; 좋은 점보다 나쁜 점이 매우 많다.]

6. The supervision I receive is the kind that : Greatly discourages me from giving extra effort ; Tend to discourage me from giving extra effort ; Has little influence on me ; Encourage me to give extra effort ; Greatly encourages me to give extra effort.
[내가 받는 감독은 : 더 노력하려는 나를 크게 실망시킨다 ; 더 노력하려는 나를 실망시키는 것 같다 ; 나에게 별 영향이 없다 ; 더 노력하게 만든다 ; 더욱 더 나를 노력하게 만든다.]

Company Identification [회사에 대한 정체성]

7. There is something about working for this organization that : Greatly encourages me to do my best : Definitely encourages me to do my best ; Only slightly encourages to do my best ; Tends to discourage me from doing my best ; Definitely discourages me from doing my best ; scored 5 to 1 respectively.
[이 회사는 조직을 위해 일하도록 만드는 데 있어서 ; 내가 최선을 다하도록 크게 격려해준다 ; 내가 최선을 다하도록 확실하게 격려해준다 ; 내가 최선을 다하는 데 조금 도움이 된다 ; 내가 최선을 다하려는 노력을 떨어뜨리는 경향이 있다 ; 내가 최선을 다하려는 노력을 크게 떨어뜨린다 ; 순서대로 5점에서 1점]

8. From my experience, I feel this organization probably treats it's employees : Poorly ; Somewhat poorly ; Fairly well ; Quite well ; Extremely well ; scored 1 to 5 respectively.
[내 경험에 따르면 회사는 종업원을 다음과 같이 대한다고 느낀다 : 미흡하게 ; 어느 정도는 미흡하게 ; 상당히 잘 ; 매우 잘 ; 정말 매우 잘 ; 1점에서 5점]

9. How does working for this organization influence your overall attitude toward your job? It has a very unfavourable influence ; It has an unfavourable influence ; It has no influence one way or the other ; It has a favourable influence ; It has a very favourable influence ; scored 1 to 5 respectively.
[이 회사를 위해서 일한다는 것이 당신이 하는 일에 대한 전반적인 태도에 미치는 영향은? 매우 부정적인 영향을 미친다 ; 부정적인 영향을 미친다 ; 영향을 미치지 않는다 ; 긍정적인 영향을 미친다 ; 매우 긍정적인 영향을

미친다; 1점에서 5점]

10. How do you describe this organization as a company to work for? Couldn't be much better; Very good; Fairly good; Just another place to work; Poor; scored 5 to 1 respectively.
[이 회사를 기꺼이 일하려는 조직으로 평가한다면? 더 좋을 수 없다; 매우 좋다; 보통이다; 그저 하나의 일터이다; 매우 아니다; 5점에서 1점]
11. I think this organization, as a company, considers employee welfare; Much less important than sales and profits; Less important than sales and profits; About as important as sales and profits; More important than sales and profits ; Much more important than sales and profits; scored 1 to 5 respectively.
[이 회사가 종업원의 복리후생에 가지는 생각은; 매출이나 이익에 비해 훨씬 덜 중요하게; 매출이나 이익에 비해 덜 중요하게; 매출이나 이익만큼 중요하게; 매출이나 이익보다 중요하게; 매출이나 이익보다 훨씬 중요하게; 1점에서 5점]

Kind of Work [일의 내용]

12. Work like mine: Discourages me from doing my best; Tends to discourage me from doing my best; makes little difference; Slightly encourages me to do my best; Greatly encourages me to do my best; scored 1 to 5 respectively.
[내 일처럼 일한다: 내가 최선을 다하지 못하게 만든다; 내가 최선을 다하기 어렵게 만든다; 별 영향이 없다; 내가 최선을 다하도록 약간 도움이 된다; 내가 정말로 최선을 다하게 만든다; 1점에서 5점]
13. How often when you finish a day's work do you feel you've accomplished something really worthwhile? All of the time; Most of the time; About half of the time; Less than half of the time; Rarely; scored 5 to 1 respectively.
[하루 일과를 끝냈을 때 얼마나 자주 무언가 의미있는 일을 했다고 느낍니까? 항상; 대부분; 절반 정도; 절반에 미치지 못함; 거의 없음; 5점에서 1점]
14. How does the kind of work you do influence your overall attitude toward your job? It has a very unfavourable influence; It has a slightly unfavourable influence; It has no influence; It has a slightly favourable influence; It has a very favourable influence; scored 1 to 5 respectively.
[하는 일이 귀하의 직무에 대한 전반적인 태도에 미치는 영향은? 매우 부정적인 영향을 미친다; 약간 부정적인 영향을 미친다; 영향을 미치지 않

는다; 약간 긍정적인 영향을 미친다; 매우 긍정적인 영향을 미친다; 1점에서 5점]

15. How many of the things you do on your job do you enjoy? Nearly all; More than half; About half; Less than half; Almost none; scored 5 to 1 respectively.

[일의 내용 중에 즐기면서 하는 일은 어느 정도입니까? 거의 대부분; 절반 이상; 절반 정도; 절반에 미치지 못함; 거의 없음; 5점에서 1점]

16. How much of the work you do stirs up real enthusiasm on your part? Nearly all of it; More than half of it; About half of it; Less than half of it; Almost none of it; scored 5 to 1 respectively.

[일을 하면서 스스로 얼마나 열정적으로 일을 합니까? 거의 모든 일; 절반 이상; 절반 정도; 절반에 미치지 못함; 거의 없음; 5점에서 1점]

17. How do you feel about the kind of work you do? Don't like it, would prefer some other kind of work; It's OK, there's other work I like better; I like it, but there is other work I like as much; I like it very much; It's exactly the kind of work I like best; scored 1 to 5 respectively.

[귀하가 하는 일에 대해 어떻게 느낍니까? 좋아하지 않는다; 다른 일을 하고 싶다; 좋아하지만 이 일보다 더 좋아하는 일이 있다; 좋아하지만 그 정도 좋아하는 다른 일이 있다; 매우 좋아한다; 정말 내가 제일 좋아하는 일이다; 1점에서 5점]

Amount of Work [일의 양]

18. I feel my workload is: Never too heavy; Seldom too heavy; Sometimes too heavy; Often too heavy; Almost always too heavy; scored 5 to 1 respectively.

[내가 하는 일의 양은: 많은 적이 전혀 없다; 많은 적이 거의 없다; 때로는 과중하다; 자주 과중하다; 거의 항상 과중하다; 5점에서 1점]

19. How does the amount of work you're expected to do influence the way you do your job? It never allows me to do a good job; It seldom allows me to do a good job; It has no effect on how I do my job; It usually allows me to do a good job; It always allows me to do a good job; scored 1 to 5 respectively.

[일의 양이 일을 수행하는 방법에 미치는 영향은? 일을 잘하기 불가능하게 만든다; 일을 잘하기 어렵게 만든다; 일을 하는 방법에 영향을 미치지 않는다; 일을 잘하도록 만든다; 항상 일을 잘하도록 만든다; 1점에서 5점]

20. How does the amount of work you're expected to do influence your overall attitude toward your job? It has a very favourable influence ; It has a favourable influence ; It has no influence one way or the other ; It has an unfavourable influence ; It has a very unfavourable influence ; 5 to 1 respectively.
[일의 양이 귀하의 직무에 대한 전반적인 태도에 미치는 영향은? 매우 긍정적인 영향을 미친다 ; 긍정적인 영향을 미친다 ; 별 영향을 미치지 않는다 ; 부정적인 영향을 미친다 ; 매우 부정적인 영향을 미친다 ; 5점에서 1점]
21. How do you feel about the amount of work you're expected to do? Very dissatisfied ; Somewhat dissatisfied ; Neither satisfied nor dissatisfied ; Somewhat satisfied ; Very satisfied ; scored 1 to 5 respectively.
[일의 양에 대해 어떻게 느낍니까? 매우 불만이다 ; 어느 정도 불만이다 ; 불만도 아니고 만족도 아니다 ; 어느 정도 만족한다 ; 매우 만족한다 ; 1점에서 5점]

Co-Workers [동료]

22. How do you generally feel abut the employees you work with? They are the best group I could ask for ; I like them a great deal ; I like them fairly well ; I have no feeling one way or the other ; I don't particularly care for them ; scored 5 to 1 respectively.
[같이 일하는 동료에 대해 전반적으로 어떻게 느낍니까? 내가 기대할 수 있는 최고의 집단이다 ; 그들을 매우 좋아한다 ; 어느 정도 좋아한다 ; 별다른 생각이 없다 ; 특별히 그들을 고려하지 않는다 ; 5점에서 1점]
23. How is your overall attitude toward your job influenced by the people you work with? It is very favourably influenced ; It is favourably influenced ; It is not influenced one way or the other ; It is unfavourably influenced ; It is very unfavourably influenced ; scored 5 to 1 respectively.
[같이 일하는 동료들이 귀하의 전반적인 직무태도에 미치는 영향은? 매우 긍정적인 영향을 미친다 ; 긍정적인 영향을 미친다 ; 별다른 영향을 미치지 않는다 ; 부정적인 영향을 미친다 ; 매우 부정적인 영향을 미친다 ; 5점에서 1점]
24. The example my fellow employees set ; Greatly discourages me from working hard ; Somewhat discourages me from working hard ; Has little effect on me ; Somewhat encourages me to work hard ; Greatly encourages me to work hard ; scored 1 to 5 respectively.

[내 동료들이 보여주는 행동으로 인해 : 내가 열심히 일하는 데 상당한 방해가 된다 ; 내가 열심히 일하는 데 어느 정도 방해가 된다 ; 나에게 별 영향을 미치지 않는다 ; 내가 열심히 일하는 데 어느 정도 도움이 된다 ; 내가 매우 열심히 일하도록 만든다 ; 1점에서 5점]

25. How much does the way co-workers handle their jobs add to the success of your organization? It adds almost nothing ; It adds very little ; It adds only a little ; it adds quite a bit ; it adds a very great deal ; scored 1 to 5 respectively.
[동료들이 일하는 방식은 회사의 성공에 어느 정도 도움이 되나요? 전혀 도움이 되지 않는다 ; 별로 도움이 되지 않는다 ; 약간 도움이 된다 ; 상당히 도움이 된다 ; 매우 도움이 된다 ; 1점에서 5점]

26. In this organization, there is : A very great deal of friction ; Quite a bit of friction ; Some friction ; Little friction ; Almost no friction ; scored 1 to 5 respectively.
[이 조직에는 : 매우 심한 갈등이 있다 ; 상당한 갈등이 있다 ; 어느 정도 갈등이 있다 ; 갈등이 거의 없다 ; 갈등이 전혀 없다 ; 1점에서 5점]

Physical Work Conditions [물리적 업무환경]

27. How much pride can you take in the appearance of your work place? A very great deal ; Quite a bit ; Some ; Little ; Very little.
[작업장환경에 대해 어느 정도 자부심을 가집니까? 매우 높은 수준 ; 상당한 수준 ; 어느 정도 ; 별로 없음 ; 거의 없음]

28. How do you feel about your physical working conditions? Extremely satisfied ; Well satisfied ; Only moderately satisfied ; Somewhat dissatisfied ; Very dissatisfied.
[물리적 작업환경에 대해 어떻게 생각하십니까? 매우 만족한다 ; 상당히 만족한다 ; 어느 정도 만족한다 ; 조금 불만스럽다 ; 매우 불만스럽다]

29. How do your physical working conditions influence your overall attitude toward your job? They have a very unfavourable influence ; They have a slightly unfavourable influence ; They have no influence one way or the other ; They have a favourable influence : They have a very favourable influence.
[물리적 작업환경이 귀하의 직무에 대한 전반적인 태도에 얼마나 영향을 미칩니까? 매우 부정적인 영향을 미친다 ; 약간 부정적인 영향을 미친다 ; 별 영향을 미치지 않는다 ; 긍정적인 영향을 미친다 ; 매우 긍정적인 영향을 미친다.]

30. The physical working conditions make working here: Very unpleasant; Unpleasant; Neither pleasant nor unpleasant; Pleasant; Very pleasant.
[물리적인 작업환경으로 인해 여기서 일하는 것이: 매우 불만스럽다; 불만스럽다; 불만스럽지도 즐겁지도 않다; 즐겁다; 매우 즐겁다.]
31. For the work I do, my physical working conditions are: Very poor; Relatively poor; Neither good nor poor; Reasonably good; Very good.
[내가 하는 일과 관련하여 물리적 작업환경은; 매우 미흡하다; 상대적으로 미흡하다; 좋지도 나쁘지도 않다; 그런대로 좋다; 매우 좋다.]
32. How do your physical working conditions affect the way you do your job? They help me a great deal; They help me a little; They make little difference ; They tend to make it difficult; They make it very difficult.
[물리적 작업환경이 당신이 일을 하는 방법에 대해 미치는 영향은? 상당히 도움된다; 조금 도움된다; 별 영향이 없다; 일을 하기 어렵게 만드는 경향이 있다; 매우 어렵게 만든다.]

Financial Rewards [재무적 보상]

33. For the job I do, I feel the amount of money I make is : Extremely good; Good; Neither good nor poor; Fairly poor; Very poor.
[내가 하는 일과 관련해 나에게 주어지는 보상수준은: 매우 좋다; 좋다; 보통이다; 부족하다; 매우 부족하다.]
34. To what extent are your needs satisfied by the pay and benefits you receive? Almost none of my needs are satisfied: Very few of my needs are satisfied; A few of my needs are satisfied; Many of my needs are satisfied; Almost all of my needs are satisfied.
[귀하가 받는 급여와 복리후생은 귀하의 요구를 어느 정도 충족시킵니까? 거의 모든 요구가 충족되지 않는다; 극히 일부만 충족된다; 어느 정도 충족된다; 대부분 충족된다; 거의 대부분 충족된다.]
35. Considering what it costs to live in this area, my pay is: Very inadequate; Inadequate; Neither inadequate nor adequate; Adequate; More than adequate.
[거주하는 지역의 생활비를 고려할 때 내 급여수준은: 매우 부족하다; 부족하다; 충분하지도 부족하지도 않다; 충분하다; 매우 충분하다]
36. Does the way pay is handled around here make it worthwhile for a person to work especially hard? It definitely encourages hard work; It tends to encourage hard work; It makes little difference; It tends to discourage hard work; It definitely discourages hard work.

[회사의 급여관리방식은 열심히 일하도록 하는 데 유용합니까? 확실히 열심히 일하게 만든다; 열심히 일하게 만든다고 생각한다; 별 영향력이 없다; 열심히 일하지 않도록 만든다고 본다; 확실하게 열심히 일하지 않도록 만든다.]

37. How does the amount of money you now make influence your overall attitude toward your job? It has a very favourable influence; It has a fairly favourable influence; It has no influence one way or the other; It has a slightly unfavourable influence; It has a very unfavourable influence.

[현재의 급여수준이 당신의 직무에 대한 전반적인 태도에 어떤 영향을 미칩니까? 매우 긍정적인 영향을 미친다; 상당히 긍정적인 영향을 미친다; 별 영향이 없다; 어느 정도 부정적인 영향을 미친다; 매우 부정적인 영향을 미친다.]

Career Future **[향후 경력]**

38. How do you feel about your future with this organization? I am very worried about it; I am somewhat worried about it; I have mixed feelings about it; I feel good about it; I feel very good about it.

[이 회사에서 귀하의 미래에 대해 어떻게 느낍니까? 매우 걱정이 많다; 약간 걱정한다; 생각이 왔다갔다한다; 긍정적으로 느낀다; 매우 긍정적으로 느낀다.]

39. How do your feelings about your future with the company influence your overall attitude toward your job? They have a very favourable influence: They have a favourable influence; They have no influence one way or the other; They have a slightly unfavourable influence; They have a very unfavourable influence.

[이 회사에서 귀하의 미래에 대한 생각은 직무에 대한 전반적인 태도에 어떻게 영향을 미칩니까? 매우 긍정적인 영향을 미친다; 긍정적인 영향을 미친다; 별 영향을 미치지 않는다; 약간 부정적인 영향을 미친다; 매우 부정적인 영향을 미친다.]

40. The way my future with the company looks to me now: Hard work seems very worthwhile; Hard work seems fairly worthwhile; Hard work seems worthwhile; Hard work hardly seems worthwhile; hard work seems almost worthless.

[이 회사에서 귀하의 미래에 대해 느끼는 사항은? 열심히 일하는 것이 매우 중요하다; 열심히 일하는 것은 어느 정도 중요하다; 열심히 일하는

것이 중요하다 ; 열심히 일하는 것은 별로 중요하지 않다 ; 열심히 일하는 것은 별 의미가 없다.]

41. Do you feel you are getting ahead in the company? I'm making a great deal of progress ; I'm making some progress ; I'm not sure : I'm making very little progress ; I'm making no progress.
[귀하는 이 회사에서 승진할 것으로 생각합니까? 나는 상당히 긍정적인 미래를 본다 ; 나는 어느 정도 긍정적인 미래를 본다 ; 잘 모르겠다 ; 나는 거의 긍정적인 미래를 보지 못한다 ; 나는 전혀 긍정적인 미래를 보지 못한다.]

42. How secure are you in your present job? I feel very uneasy about it ; I feel fairly uneasy about it ; I feel somewhat uneasy about it ; I feel fairly sure of it ; I feel very sure of it.
[현재 하는 일에 대해 얼마나 안정적으로 느낍니까? 매우 불안하다 ; 상당히 불안하다 ; 약간 불안하다 ; 상당히 확신하다 ; 매우 확신하고 있다.]

이 조직반응지수(IOR) 측정도구는 개발 당시 특히 응답내용이 편향될 수 있는 문제점을 피하려는 점을 고려하여 개발되었으며 대형백화점이었던 Sears, Roebuck & Company에서 많이 이용되었다. 40,340명의 블루칼라와 화이트칼라를 대상으로 조사한 결과에 따르면 감독요인은 3.19, 일의 유형은 3.36, 일의 양은 3.06, 동료관계는 3.41, 물리적 작업조건(3.10), 금전적 보상은 2.77, 그리고 경력의 미래에 대해서는 3.09의 평균값을 보였다. 12,971명을 대상으로 진행된 연구를 바탕으로 제시된 Kuder-Richardson 신뢰도계수는 요인별로 차이는 있지만 최소한 0.77 이상으로 나타났으며, 6주 간격으로 계산된 신뢰도인 시험-재시험 신뢰도계수도 최소 0.62에서 0.76으로 나타났다(Dunham, Smith & Blackburn, 1977).

타당도에 있어서 수렴타당도에 대한 분석결과로, 622명의 표본을 대상으로 한 직무서술지수(JDI)와 미네소타만족설문지(MSQ)와의 비교결과를 보면 요인별로 차이를 보이기는 하지만 최소 0.44에서 최대 0.70까지의 상관계수를 보이고 있었다(Dunham et al., 1977). 같은 연구에서 제시된 판별타당도에 있어서도 이 조직반응지수(IOR)가 가장 우수한 것으로 제시되고 있다. 그러나 이 조직반응지수의 요인별 상관계수가 0.32에서 0.77로 상대적으로 높은 점에는 유의할 필요가 있다. 그러나 그럼에도 불구하고 요인분석결과

Resource Adequacy [자원의 충분함]

20. I have enough information to get the job done.
[내 일을 완수하기 위해 필요한 정보는 충분하다.]
21. I receive enough help and equipment to get the job done. (A)
[내 일을 완수하는 데 필요한 지원과 장비는 충분하다. (A)]
22. I have enough authority to do my job. (A)
[나는 내 일을 수행하는 데 필요한 충분한 권한을 가진다. (A)]
23. My supervisor is competent in doing his or her job.
[내 상사는 자신의 일을 수행하는 데 필요한 역량을 가지고 있다.]
24. My responsibilities are clearly defined.
[내 책임은 명확하게 정의되어 있다.]
25. The people I work with are competent in doing their jobs.
[나와 같이 일하는 동료들은 일을 하는 데 필요한 역량을 가지고 있다.]
26. My supervisor is very concerned about the welfare of those under him or her.
[내 상사는 부하들의 복리에 대해 충분한 관심을 보인다.]
27. My supervisor is successful in getting people to work together. (A, B)
[내 상사는 부하들이 함께 잘 일하도록 여건을 마련해 준다. (A, B)]
28. The people I work with are helpful to me in getting my job done.
[나와 같이 일하는 동료들은 내가 일을 완수하는 데 도움이 된다.]
30. My supervisor is friendly.
[내 상사는 친근하다.]

Promotions [승진]

31. Promotions are handled fairly. (A, B)
[승진은 공정하게 이루어진다. (A, B)]
32. The chances for promotion are good. (A)
[승진가능성은 충분하다. (A)]
33. My employer is concerned about giving everyone a chance to het ahead.
[우리 회사는 모든 구성원에게 승진할 기회를 주려고 한다.]

다음은 18개 문항으로 구성된 경우이다.

Comfort [안락함]

1. I have enough time to get the job done. (A)
[나는 일을 수행하는 데 충분한 시간을 가진다. (A)]
2. The hours are good. (A)
[근무시간은 적절하다. (A)]
3. Travel to and from work is convenient. (A)
[출퇴근은 편리하다. (A)]
4. The physical surroundings are pleasant. (A)
[물리적인 환경은 쾌적하다. (A)]
6. I am free from the conflicting demands that other people make of me. (A)
[내가 일하는데 서로 다른 역할기대로 인한 갈등은 없다. (A)]

Challenge [도전]

9. I have an opportunity to develop my own special abilities. (A)
[나의 특별한 능력을 개발할 수 있는 기회가 있다. (A)]
11. I am given the chance to do the things I do best. (A)
[내가 가장 잘 일할 수 있는 기회를 가진다. (A)]
13. The problems I am expected to solve are hard enough. (A)
[내가 해야 하는 일들은 상당히 어렵다. (A)]

Financial Rewards [금전적 보상]

15. The job security is good. (A)
[고용안정성은 충분하다. (A)]
16. My fringe benefits are good. (A)
[내 복리후생은 괜찮다. (A)]

Relations with Co-workers [동료관계]

18. I am given a lot of chances to make friends. (A)
[내가 친구를 사귈 기회는 충분하다. (A)]
19. The people I work with take a personal interest in me. (A)
[내가 같이 일하는 동료들은 나에게 개인적인 관심을 가진다. (A)]

Resource Adequacy [자원의 충분함]

21. I receive enough help and equipment to get the job done. (A)
[내 일을 완수하는 데 필요한 지원과 장비는 충분하다. (A)]
22. I have enough authority to do my job. (A)
[나는 내 일을 수행하는 데 필요한 충분한 권한을 가진다. (A)]

27. My supervisor is successful in getting people to work together. (A)
[내 상사는 부하들이 함께 잘 일하도록 여건을 마련해 준다. (A)]

Promotions [승진]

31. Promotions are handled fairly. (A)
[승진은 공정하게 이루어진다. (A)]

32. The chances for promotion are good. (A)
[승진가능성은 충분하다. (A)]

마지막으로 7개 문항으로 구성된 설문이다.

Comfort [안락함]

4. The physical surroundings are pleasant. (B)
[물리적인 환경은 쾌적하다. (B)]

6. I am free from the conflicting demands that other people make of me. (B)
[내가 일하는 데 서로 다른 역할기대로 인한 갈등은 없다. (B)]

Challenge [도전]

11. I am given the chance to do the things I do best. (B)
[내가 가장 잘 일할 수 있는 기회를 가진다. (B)]

Financial Rewards [금전적 보상]

16. My fringe benefits are good. (B)
[내 복리후생은 괜찮다. (B)]

Relations with Co-workers [동료관계]

19. The people I work with take a personal interest in me. (B)
[내가 같이 일하는 동료들은 나에게 개인적인 관심을 가진다. (B)]

Resource Adequacy [자원의 충분함]

27. My supervisor is successful in getting people to work together. (B)
[내 상사는 부하들이 함께 잘 일하도록 여건을 마련해 준다. (B)]

Promotions [승진]

31. Promotions are handled fairly. (B)
[승진은 공정하게 이루어진다. (B)]

개발자들이 제시한 여섯 개 요인별 알파계수는 1,515명의 표본응답을 이용하여 순서대로 0.69, 0.88, 0.66, 0.61, 0.88, 0.76이었으며 전체 문항에 대한 알파계수는 0.92로 보고하였다. 요인분석에 따라 6개 요인을 제시하고 있지만 알파계수가 높다는 점에서 요인들 간에 독립성에 대해서는 문제가 제기될 수 있을 것이다. 또한 별도로 18개로 구성된 설문문항과 7개로 구성된 설문문항에 대해서 전체 문항과의 상관계수가 0.97과 0.91로 보고하고 있다.

3.3.6 Warr, Cook and Wall(1979)의 직무태도설문지(WAQ) 측정도구

Warr, Cook and Wall(1979)의 직무태도설문지(Work Attitude Questionnaire, WAQ) 측정도구는 제조업체의 생산직 근로자들이 쉽게 답할 수 있는 짧지만 제대로 된(robust) 설문지를 만들려는 노력의 결과이다. 15문항에 대해 7점 리커트 척도로 측정하도록 되어 있는데 내용을 보면 전반적이 내용보다는 내재적 요인과 외재적 요인을 포함하는 여러 요인에 대해 묻고 있음을 알 수 있다. 다음에 제시된 설문문항은 Cook, Hepworth, Wall & Warr(1981 : 33-34)를 인용하였다.

1. The physical work conditions
   [물리적 작업환경]
2. The freedom to choose your own method of working
   [작업방식을 선택할 수 있는 자유]
3. Your fellow workers
   [동료]
4. The recognition you get for good work
   [일에 대한 인정]
5. Your immediate boss
   [직속상사]
6. The amount of responsibility you are given
   [내가 책임져야 하는 수준]
7. Your rate of pay
   [급여율]

8. Your opportunity to use your abilities
   [능력을 활용할 수 있는 기회]
9. Industrial relations between management and workers in your firm
   [사내 노사관계]
10. Your chance of promotion
    [승진기회]
11. The way your firm is managed
    [회사의 경영방식]
12. The attention paid to suggestions you make
    [제안에 대한 관심]
13. Your hours of work
    [근무시간]
14. The amount of variety in your job
    [직무의 다양성]
15. Your job security
    [고용안정성]

도구개발 초기, 측정도구에 대한 평가는 전국적인 인구통계특성에 맞춘 표본에 대해 진행되었는데 신뢰도계수인 크론바흐 알파(Cronbach α)계수는 200명 표본에 대해서 0.85와 390명 표본에 대해 0.88을 보였다. 양표본을 합친 경우 평균값은 70.53(표준편차는 15.42)이었으며 6개월 이후 60명을 대상으로 진행된 검사-재검사 신뢰도계수는 0.63이었다. 내적 일관성에 대해서도 문항과 전체의 상관계수가 0.50과 0.53을 기록하였다. 8개의 홀수문항인 내재적 직무만족요소에 대한 크론바흐 알파(Cronbach α)계수는 0.74와 0.78을 기록하였으며, 7개의 짝수문항인 외재적 직무만족요소에 대한 크론바흐 알파(Cronbach α)계수는 0.79와 0.85를 기록하였다.

그러나 타당도에 있어서는 문제점이 일부 지적되고 있다. 예를 들어, 설문문항 2, 13, 14, 15문항은 요인에 탑재되는 비중이 낮으며 다른 측정도구의 요인들과 겹치는 요인들이 존재한다는 점이다. 그리고 각 요인들이 전체 점수와 높은 상관관계(최소한 0.84에서 0.93까지)를 보이고 있어서 하부요인들과 차별화되지 않는다는 지적을 받는다. British Telecom(1984)에서 신뢰도는 Good으로, 타당도는 Poor로 평가하고 있다. 이 측정도구에 대한 좀 더 자세한 논의는 Cook et al.(1981 : 32-33)을 참조하기 바란다.

3.3.7 Spector(1985)의 직무만족조사(Job Satisfaction Survey, JSS)

Spector(1985)가 개발한 직무만족조사(Job Satisfaction Survey, JSS)는 전반적 직무만족도외에 9개 요인(facet)을 측정한다. 급여, 승진, 감독, 복리후생, 성과급, 회사정책, 동료, 직무자체, 의사소통 등의 9개 요인을 36개 설문문항으로 측정한다. 그리고 직무만족도는 전체 설문에 대한 응답을 더해서 단일 척도로 이용하게 되어 있다. 전체 36개 설문문항에서 19개 설문문항은 역설문으로 답하게 되어 있으며 각 설문문항은 6점 척도로 측정된다. 36개 설문문항에 대해서 이론적으로 가장 높은 만족도는 216점이며, 가장 낮은 만족도는 36점이다.

1. I feel I am being paid a fair amount for the work I do.
   [나는 내가 하는 일에 대해 내 급여가 적절하다고 생각한다.]
2. There is really too little chance for promotion on my job.
   [내가 하는 일에서 승진을 할 가능성은 매우 적다.]
3. My supervisor is quite competent in doing his/her job.
   [내 상사는 자신의 업무와 관련해 상당한 역량을 가지고 있다.]
4. I am not satisfied with the benefits I receive.
   [나는 내가 받는 복리후생에 대해 만족하지 않는다.]
5. When I do a good job, I receive the recognition for it that I should receive.
   [내가 일을 잘했을 때 그에 상응한 인정을 받는다.]
6. Many of our rules and procedures make doing a good job difficult.
   [회사의 규정과 절차는 내가 업무를 효과적으로 수행하는 데 방해가 된다.]
7. I like the people I work with.
   [나는 나와 같이 일하는 사람들을 좋아한다.]
8. I sometimes feel my job is meaningless.
   [나는 때로 내가 하는 일이 의미가 없다고 느낀다.]
9. Communications seem good within this organization.
   [사내의 커뮤니케이션은 괜찮다고 생각한다.]
10. Raises are too few and far between.
    [급여인상이 너무 적고 또 오랜 기간 만에 이루어진다.]

11. Those who do well on the job stand a fair chance of being promoted.
[일을 잘하는 사람들에게는 승진할 기회가 충분히 있다.]
12. My supervisor is unfair to me.
[내 상사는 나에게 공정하지 못하다.]
13. The benefits we receive are as good as most other organizations offer.
[우리가 받는 복리후생은 다른 회사가 제공하는 수준만큼은 된다.]
14. I do not feel that the work I do is appreciated.
[나는 내가 한 일에 대해 충분히 인정받지 못한다고 생각한다.]
15. My efforts to do a good job are seldom blocked by red tape.
[내가 일을 잘하기 위한 노력이 규정 등에 의해 방해받는 경우는 별로 없다.]
16. I find I have to work harder at my job because of the incompetence of people I work with.
[나는 같이 일하는 사람들의 역량부족으로 인해, 내 일을 더 힘들게 해야 한다는 것을 안다.]
17. I like doing the things I do at work.
[나는 내가 하는 일을 좋아한다.]
18. The goals of this organization are not clear to me.
[나에게는 우리 회사의 목표가 명확하지 않다.]
19. I feel unappreciated by the organization when I think about what they pay me.
[내 급여수준을 생각하면 나는 회사가 나를 충분히 인정하지 않는다고 느낀다.]
20. People get ahead as fast here as they do in other places.
[구성원들은 다른 직장에서 승진하는 속도로 승진한다고 생각한다.]
21. My supervisor shows too little interest in the feelings of subordinates.
[내 상사는 부하들의 감정에 대해 관심을 가지지 않는다.]
22. The benefit package we have is equitable.
[우리가 누리는 복리후생제도는 공평하다.]
23. There are few rewards for those who work here.
[우리 회사는 일하는 사람들에 대한 보상이 미흡하다.]
24. I have too much to do at work.
[나는 해야 할 일이 너무 많다.]
25. I enjoy my coworkers.

[나는 동료들과 즐겁게 지낸다.]
26. I often feel that I do not know what is going on with the organization.
[나는 종종 회사가 어떻게 돌아가고 있는지 잘 모른다고 느낀다.]
27. I feel a sense of pride in doing my job.
[나는 내 일을 하면서 일종의 자부심을 느낀다.]
28. I feel satisfied with my chances for salary increases.
[나는 내 급여가 인상될 가능성에 대해 만족한다.]
29. There are benefits we do not have which we should have.
[우리가 마땅히 누려야 할 복리후생제도가 없다.]
30. I like my supervisor.
[나는 내 상사를 좋아한다.]
31. I have too much paperwork.
[내가 해야 할 서류작업이 너무 많다.]
32. I don't feel my efforts are rewarded the way they should be.
[나는 내 노력에 대해 마땅히 받아야 할 보상을 못 받는다고 느낀다.]
33. I am satisfied with my chances for promotion.
[나는 내가 승진할 가능성에 대해 만족한다.]
34. There is too much bickering and fighting at work.
[일을 하는 데 너무 많은 갈등이 존재한다.]
35. My job is enjoyable.
[나는 내 일이 즐겁다.]
36. Work assignments are not fully explained.
[해야 할 일에 대한 충분한 설명이 부족하다.]

직무만족조사(JSS)의 신뢰도에 대해서는 3,067명에 대한 설문지 조사결과 내적 일관성 신뢰도를 측정하는 알파값이 문항별로 0.60에서 0.91까지로 보고하고 있으며, 검사-재검사 신뢰도는 43명에 대해 18개월의 시간적 차이를 두고 검사하였을 때 문항별로 0.37에서 0.74까지의 값을 보인 것으로 보고하고 있다(Spector, 1997 : 10-11). 타당도의 경우 다섯 요인, 즉 급여, 승진, 감독, 동료 및 직무자체를 Smith et al.(1969)의 직무서술지수(JDI)와 비교하였을 때 최소 0.61에서 최대 0.80까지의 높은 상관관계를 보이고 있었으며, Hackman & Oldham(1975)의 직무진단조사(JDS)와도 높은 상관관계를 보인다고 보고하고 있다.

또한 52개 표본의 8,113명을 대상으로 한 분석결과를 보면 전체 9개 요인의 평균값은 136.5였으며 표본 간의 표준편차는 12.1이었다. 가장 높은 평균값을 보인 요인은 직무자체와 감독으로 19.2였으며 가장 낮은 평균값은 급여 11.8이었다.

신뢰도의 하나인 내적 일관성을 보여주는 크론바흐 알파(Cronbach α)계수를 3,067명을 대상으로 분석한 결과 9개 요인에 대해 최소값은 0.60에서 최대값 0.91을 보여주고 있으며 검사-재검사 신뢰도계수도 43명으로 구성된 표본을 분석한 결과 각 요인에 대해 최소 0.37(복리후생)부터 최고 0.74(회사정책)의 값을 보이고 있다(Spector, 1997 : 11). 타당도를 검토하기 위해 급여, 승진, 감독, 동료, 그리고 직무자체 등 5개 요인에 대해 직무서술지수(JDI)의 구성요인들과 상관관계를 살펴보았다. 동료의 경우 0.61로 가장 낮았으며, 감독의 경우 0.80으로 가장 높은 상관계수를 보였다. 그 외에도 직무진단조사(JDS) 및 기타 인사관련 변수들과 의미있는 상관관계를 보여준 바 있다(Hackman & Oldham, 1975 ; Spector, 1985).

이 설문지를 활용한 최근의 연구로는 Cote & Morgan(2002)이 있으며 직무만족조사(JSS)는 학술적인 용도로는 무료로 사용할 수 있다(Spector, 1997 : 75-76).

3.3.8 조직건강인사관리지수(Index for Organization Health and Personnel Management, IOHPM)

조직건강인사관리지수(Index for Organization Health and Personnel Management, IOHPM)에서는 측정문항의 하나로 직무만족을 측정하는 데 직무자체, 직무성취감, 자기개발, 직무권한, 동료관계, 급여, 승진, 의사소통 등으로 측정하고 있다. 이렇게 다양하게 직무만족의 결정요인을 구분하고 있는데 이를 어떻게 활용할 것인가는 중요한 과제이다.

chapter 4

요인별 직무만족 측정도구

4.1 직무자체요인만족 측정도구

이제 직무만족 측정도구에서 협의의 직무에 대한 만족도를 어떻게 측정하고 있는지를 살펴보자. 여기서도 구분을 해보면 협의의 직무에 대해 묻고 있지만 그 내용을 구체적으로 구분하여 물어본 경우와 직무를 구분하지 않고 그에 대한 태도를 형용사적 표현으로 묻는 경우로 구분할 수 있다. 여기서는 먼저 직무에 대한 형용사적 표현에 대해 응답하도록 한 측정도구를 살펴보기로 한다.

4.1.1 형용사적 표현 — Brayfield & Rothe(1951)의 직무만족지수(JSI)

Brayfield & Rothe(1951)의 직무만족지수(Job Satisfaction Index, JSI)는 전체 18개 문항인데 대부분의 문항이 직무에 대한 흥미, 지겨움, 좋아함 등과 같이 직무와 직무수행에 대한 태도를 형용사적인 표현으로 측정하는 설문으로 구성되어 있다.[1] 내용은 앞의 '3.2.2 Brayfield & Rothe(1951)의 직무만족지수(JSI)'에서 제시되었지만 다시 한 번 여기에 제시하기로 한다. Cook, Hepworth, Wall & Warr(1981)의 pp. 18-19, Price(1997)의 pp. 471-472에서 인용한 원문의 내용은 다음과 같다.

> Some jobs are more interesting and satisfying than others. We want to know how people feel about different jobs. This blank contains 18 statement which best describes how you feel about your present job. There are no right or wrong answers. We should like your honest opinion on each one of the statements.
> [어떤 일들은 다른 일보다 더 흥미롭고 더 만족스럽습니다. 귀하가 자신의 일에 대해 어떻게 느끼는지를 알고 싶습니다. 다음에 제시된 18개의 표현은 귀하의 현재 하고 있는 일에 대해 느끼는 바를 가장 잘 표현하려는 내용들입니다. 따라서 이는 정답이 있는 서술내용이 아닙니다. 각 표현에 대해 솔직하게 자신의 의견을 답해 주시기 바랍니다.]

1) 특히, Fields(2002)의 p. 19에는 6개의 단축문항도 제시되어 있는데 이는 Agho, Price & Mueller(1992)에서 인용하여 제시한 것임.

(1) My job is like a hobby to me.
[내 일은 나에게 일종의 취미와 같다.]
(2) My job is usually interesting enough to keep me from getting bored.
[내 일은 항상 흥미로워서 나를 지겹게 만들지 않는다.]
(3) It seems that my friends are more interested in their jobs.
[내 친구들은 나보다 자신들의 일에 더 흥미로워하는 것 같다.]
(4) I consider my job rather unpleasant.
[나는 내 일이 즐겁지 않다고 생각한다.]
(5) I enjoy my work more than my leisure time.
[나는 내 여가시간보다 내 일을 더 즐긴다.]
(6) I am often bored with my job.
[나는 종종 내 일이 지겹다.]
(7) I feel fairly well satisfied with my present job.
[나는 현재 내 일에 대해 매우 만족한다.]
(8) Most of the time I have to force myself to go to work.
[나는 거의 매번 마지못해 내 일을 하러 간다.]
(9) I am satisfied with my job for the time being.
[나는 당분간은 내 일에 만족한다]
(10) I feel that my job is no more interesting than others I could get.
[나는 다른 일에서 얻을 수 있는 흥미보다 현재 일이 덜 흥미롭다.]
(11) I definitely dislike my work.
[나는 확실히 내 일을 싫어한다.]
(12) I feel that I am happier in my work than most other people.
[나는 다른 사람들보다 더 내 일에서 행복감을 느낀다.]
(13) Most days I am enthusiastic about my work.
[거의 매일 나는 내 일에 열정적으로 임한다.]
(14) Each day of work seems like it will never end.
[매일매일의 일은 끝이 보이지 않는다고 느껴진다.]
(15) I like my job better than the average worker does.
[나는 다른 평균적인 사람들보다 내 일을 더 좋아한다.]
(16) My job is pretty uninteresting.
[내 일은 별로 흥미롭지 않은 편이다.]
(17) I find real enjoyment in my work.
[나는 내 일에서 진정한 즐거움을 찾는다.]
(18) I am disappointed that I ever took this job.
[나는 현재 내가 하는 일을 맡고 있는 것이 실망스럽다.]

4.1.2 형용사적 표현 — Smith, Kendall & Hulin(1969)의 직무자체요인 만족 측정문항

다음으로 Smith, Kendall & Hulin(1969)이 개발한 직무서술지수(Job Description Index, JDI)는 직무, 급여, 승진, 감독 및 동료 등의 다섯 가지 요인으로 구분하고 72개 설문문항으로 측정하고 있는데, 직무(work)에 대해서는 앞의 Brayfield & Rothe(1951)의 직무만족지수(JSI)와 같이 18문항으로 측정하고 있다(Balzer et al., 1990). 그런데 이 직무서술지수(JDI)의 경우도 직무의 구체적인 내용에 대해서 측정하는 것이 아니라, 직무에 대해 환상적인(facinating), 반복적인(routine) 등과 같이 형용사적인 표현 18가지에 대해 '예', '아니오', 그리고 '잘 모르겠다'는 3가지로 응답하도록 되어 있다.

설문문항과 신뢰도 및 타당도는 '3.3.2 Smith, Kendall & Hulin(1969)의 직무서술지수((Job Description Index, JDI)'에 자세히 인용된 바 있으므로 여기서는 직무에 관련된 문항만 다시 인용하기로 한다.

Think of the work you do at present. How well does each of the following words or phrases describe your work?
[현재 하고 있는 일에 대해 생각해 보십시오. 다음의 단어나 구절이 귀하의 일을 얼마나 잘 설명하고 있습니까?]

Circle : 3 for "Yes" if it describes your work
[귀하의 일을 잘 설명하고 있는 경우인 '예(O)'라면 3에 표시해 주세요.]
0 for "No" if it does not describe it
[귀하의 일을 잘 설명하지 못하는 경우인 '아니오(X)'라면 0에 표시해 주세요.]
1 for "?" if you can not decide
[귀하가 잘 모르는 '?'라면 1이라고 표시해 주세요]

Work on present job [현재 직무에서 하는 일]

____ Fascinating [환상적, 매우 즐거운]
____ Routine [반복적인]
____ Satisfying [만족스러운]
____ Boring [지겨운]
____ Good [좋은]
____ Gives sense of accomplishment [성취감을 주는]

___ Respected [존경받는]
___ Exciting [흥미로운]
___ Rewarding [보상감을 주는]
___ Useful [유용한]
___ Challenging [도전적인]
___ Simple [단순한]
___ Repetitive [반복적인]
___ Creative [창의적인]
___ Dull [따분한]
___ Uninteresting [재미없는]
___ Can see results [결과를 예상할 수 있는]
___ Use my abilities [내 능력을 활용할 수 있는][2)]

4.1.3 형용사적 표현 — Ironson et al.(1989)의 직무자체요인만족 측정문항

Ironson et al.(1989)의 직무전반조사(Job In General, JIG)도 18개 문항으로 구성되어 있는데 자신의 직무에 대한 태도를 형용사적인 표현에 동의하는지로 묻고 있다. 예를 들면, 'pleasant(즐거운가)'에 대해서 '예' 또는 '아니오' 또는 '모르겠다'로 답하는 것이다. 그러나 모두 형용사적인 표현이라 직무수행에 대한 구체적인 내용에 대해서는 알 수가 없는 한계가 있다.

신뢰도 검정에 있어서 내적 일관성이 비교적 높고 다른 직무만족 측정도구와 상관관계가 높다고 보고되고 있다(Ironson et al., 1989 ; Price, 1997 : 479). 이 측정도구는 저작권이 Bowling Green State University에 있다. 이 측정도구에 대한 더 자세한 논의는 Price(1997 : 478-480)와 Spector(1997 : 18-19)를 참조하기 바란다. 여기서는 일부 예를 Price(1997, 479)와 Spector(1997, 18)에서 인용하여 다시 한 번 제시하기로 한다. 예에서 보는 대로 각 문항은 간단한 세 개의 형용사적 표현 중에 하나를 선택하도록 하고 있다.

2) Copyright 2009 Bowling Green State University, All Rights Reserved. Reproduced by written permission.

Think of your job in general. All in all, what is it like most of the time? In the blank beside each word or phrase below, write.
[현재 하고 있는 일에 대해 전반적으로 생각해 보십시오. 한마디로 말하자면 현재 하고 있는 일에 대해 대부분의 시간에 어떻게 생각하십니까? 다음의 단어나 구절에서 귀하의 일을 얼마나 잘 설명하고 있습니까? 다음의 단어를 단어나 구절 옆의 빈칸에 적어 주십시오.]

Circle : 3 for "Yes" if it describes your work
[귀하의 일을 잘 설명하고 있는 경우인 '예(O)'라면 3에 표시해 주세요.]
0 for "No" if it does not describe it
[귀하의 일을 잘 설명하지 못하는 경우인 '아니오(X)'라면 0에 표시해 주세요.]
1 for "?" if you can not decide
[귀하가 잘 모르는 '?'라면 1이라고 표시해 주세요]

Job in general [전반적인 직무]
____ Bad [형편없음]
____ Waste of time [별 의미 없는]
____ Undesirable [바람직하지 않은]
____ Worse than Most [다른 대부분 일보다 형편없는]
____ Disagreeable [유쾌하지 못한]
____ Inadequate [불충분한]
____ Rotten [끔직한]
____ Poor [열악한]

4.1.4 소문항—Bullock(1952)의 직무자체요인만족 측정문항

다음으로 간단하기는 하지만 직무를 다시 구분해서 몇 개의 구체적인 설문을 하는 경우이다. 먼저 Bullock(1952)의 직무만족 측정도구를 보면 10개의 문항에서 1, 2, 3, 6번 등이 구체적으로 직무에 대해 묻고 있으며 마지막 10번 문항에서는 전반적인 직무만족도를 묻고 있다. 여기에는 1, 2, 3, 6번만을 다시 인용하여 제시하기로 한다. 전체 문항과 본 측정도구에 대한 설명은 '3.2.3 Bullock(1952)의 전반적 직무만족 측정도구'를 참고하기 바라며 Cook et al.(1981)의 pp. 20-21에서 문항을 다시 여기에 인용한다.

1. Place a check mark in front of the statement which best tells how good a job you have.
   [귀하의 일에 대해 가장 잘 표현한 내용에 표시하세요.]
   The job is an excellent one, very much above the average.
   [내 일은 매우 훌륭해서, 평균수준의 일보다 매우 훌륭하다.]
   The job is a fairly good one.
   [내 일은 비교적 좋은 일이다.]
   The job is only average.
   [내 일은 보통수준이다.]
   The job is not as good as average in this kind of work.
   [내 일은 비슷한 종류의 일들 가운데 평균수준에 미치지 못한다.]
   The job is a very poor one, very much below the average.
   [내 일은 형편없어서, 평균수준에 훨씬 미치지 못한다.]
   scored 5 to 1 respectively.
   [5에서 1까지 적음.]
2. Place a check mark in front of the statement which best describes your feelings about your job.
   [귀하가 일에 대해 느끼는 감정을 가장 잘 표현한 내용에 표시하세요.]
   I am very satisfied and happy on this job.
   [나는 이 일에 대해 매우 만족하고 행복하다.]
   I am fairly well satisfied on this job.
   [나는 이 일에 대해 상당히 만족한다.]
   I am neither satisfied nor dissatisfied — it is just average.
   [나는 만족스럽지도 않고 불만스럽지도 않다 — 그저 평균수준이다.]
   I am a little dissatisfied on this job.
   [나는 이 일이 조금 불만스럽다.]
   I am very dissatisfied and unhappy on this job.
   [나는 이 일이 매우 불만스럽고 불행하다고 느낀다.]
   scored 5 to 1 respectively.
   [5에서 1까지 적음.]
3. Check one of the following statements to show how much of the time you are satisfied with your job.
   [귀하의 일에 대해 얼마나 많은 시간 만족하는지를 가장 잘 표현한 내용에

표시하세요.]

Most of the time

[대부분의 시간]

A good deal of the time

[상당한 시간]

About half of the time

[절반 정도]

Occasionally

[때때로]

Seldom

[거의 없음]

scored 5 to 1 respectively

[5에서 1까지 적음]

6. Place a check mark in front of the statement which best tells how you feel about the work you do on your job.

[귀하가 하는 일에 대해 느끼는 감정을 가장 잘 설명한 내용에 표시하세요.]

The work I do is very unpleasant — I dislike it.

[내가 하는 일이 매우 싫다 — 내 일을 싫어한다.]

The work I do is not pleasant.

[내가 하는 일이 즐겁지 않다.]

The work is just about average — I don't have any feelings about whether it is pleasant or not.

[내가 하는 일은 평균수준이다 — 즐거운지 아닌지에 대한 느낌이 없다.]

The work is pleasant and enjoyable.

[내가 하는 일이 기쁘고 즐겁다.]

The work is very enjoyable — I very much like to do the work called for on this job.

[내가 하는 일이 정말 즐겁다 — 이 직무에서 하는 일을 정말 좋아한다.]

scored 1 to 5 respectively.

[5에서 1까지 적음]

4.1.5 소문항 — Taylor & Bowers(1972)의 직무자체요인만족 측정문항

Taylor & Bowers(1972)의 조직설문조사(Survey of Organizations Questionnaire, SOQ)는 7개 문항으로 구성되어 있는데 직무에 대해서는 3번 문항 하나이며, 나머지는 외재적 요인에 대해 묻고 있다. '3.2.6 Taylor & Bowers (1972)의 전반적 직무만족 측정도구'에서 이미 자세한 설명을 하고 있지만 여기서 직무자체에 대한 문항을 다시 인용하여 제시한다. 설문문항은 Cook et al.(1981)의 p. 26에서 인용하였다.

3. All in all, how satisfied are you with your job?
[전반적으로, 귀하의 직무에 대해 얼마나 만족합니까?]

4.1.6 소문항 — Hackman & Oldham(1975)의 직무자체요인만족 측정문항

Hackman & Oldham(1975)의 직무진단조사(Job Diagnosis Survey, JDS) 측정도구는 5개 문항으로 구성되어 있는데 직무에 대한 설문은 3번 하나라고 할 수 있다. '3.2.7 Hackman and Oldham(1975)의 직무진단조사(Job Diagnosis Survey)'에 측정도구에 대한 전반적인 설명이 제시되어 있으므로 여기서는 해당 문항만을 다시 인용하여 제시하기로 한다. 설문문항은 Cook, Hepworth, Wall & Warr (1981)의 p. 28에서 인용하였다.

3. I am generally satisfied with the kind of work I do in this job.
[나는 이 직무에서 내가 하는 일에 대해 대체로 만족한다]

4.1.7 소문항 — Crammann et al.(1979)의 직무자체요인만족 측정문항

Cammann et al.(1979)의 미시간조직진단설문지(Michigan Organizational Assessment Questionnaire, MOAQ)의 직무만족 측정도구는 세 문항으로 구성되어 있는데, 직무에 대한 내용은 1번과 2번 정도라고 할 수 있다. Cook, Hepworth, Wall & Warr(1981, 31)에서 인용한 문항을 다시 제시한다.

1. All in all, I am satisfied with my job.
   [한마디로, 나는 내 직무에 만족한다.]
2. In general, I don't like my job(R).
   [전반적으로, 나는 내 직무를 좋아하지 않는다(역설문).]

4.1.8 소문항—Quinn & Staines(1979)의 직무자체요인만족 측정문항

Quinn & Staines(1979)의 고용의 질 조사(Quality of Employment Survey, QES) 직무만족 측정도구는 5개 문항으로 구성되어 있는데 직무에 대한 설문은 1번 문항정도라고 할 수 있다. '3.2.8 Quinn & Staines(1979)의 전반적 직무만족 측정도구'에 전체 측정도구에 대해 자세히 설명되어 있다. 여기에서는 Price(1997)의 p. 476에서 인용한 문항을 다시 인용하여 제시한다.

(1) All in all, how satisfied would you say you are with your job?
   [전반적으로, 귀하는 현재의 직무에 대해 얼마나 만족하십니까?]
   - very satisfied, somewhat satisfied, not too satisfied, or not at all satisfied; scored 5, 3, 1 and 1 respectively
   [매우 만족, 어느 정도 만족, 그렇게 만족하지 않음, 또는 전혀 만족하지 않음; 5, 3, 1, 1로 적음]

4.1.9 소문항—Warr, Cook & Wall(1979)의 직무자체요인만족 측정문항

Warr, Cook & Wall(1979)의 직무태도설문지(Work Attitude Questionnaire, WAQ)는 15개 문항으로 구성되어 있다. 이 15개 문항 가운데 Fields(2002)는 1번의 물리적 작업조건(physical work conditions), 2번의 자유로움(freedom), 3번 동료(fellow worker), 4번의 인정(recognition), 6번의 책임(responsibility), 8번의 기회(opportunities), 12번 관심(attention), 14번의 다양성(variety) 등 7개 문항이 내재적 직무요인이라고 설명하고 있다. Cook, Hepworth, Wall & Warr(1981, 33-34)에서 인용한 설문문항은 다음과 같다.

1. The physical work conditions
   [물리적 작업환경]
2. The freedom to choose your own method of working
   [작업방식을 선택할 수 있는 자유]
3. Your fellow workers
   [동료]
4. The recognition you get for good work
   [일에 대한 인정]
6. The amount of responsibility you are given
   [내가 책임져야 하는 수준]
8. Your opportunity to use your abilities
   [능력을 활용할 수 있는 기회]
12. The attention paid to suggestions you make
   [제안에 대한 관심]
14. The amount of variety in your job
   [직무의 다양성]

필자가 보기에는 1번 근로조건과 3번 동료관계는 외재적 요인으로 생각되지만 신뢰도와 타당도 분석결과를 인용하기 위해 언급한 대로 정하기로 한다. 이상의 7개 내재적 요인에 대한 크론바흐 알파(Cronbach α) 문항 간 일관성 신뢰도계수는 0.76으로 보고된 바 있다(Cordery, Vevastos, Mueller & Parker, 1993 ; Wright & Cordery, 1999).

4.2 다수문항으로 구성된 직무만족 측정도구

앞에서 설명한 대로 직무만족도를 측정하는 방법은 다양한데 여기서는 다수의 문항으로 직무만족을 측정하는 측정도구에 대해 살펴보기로 한다. 다만 여기서 소수문항인가 다수문항인가는 필자의 자의적인 판단임을 밝혀 둔다.

[나는 내가 하는 일의 결과에 대해 개인적으로 책임을 져야 한다고 느낀다.]

3. Whether or not this job gets done is clearly my responsibility.
   [이 일을 완수해야 하는 것은 확실하게 내 책임이다.]
4. It's hard on this job, for me to care very much about whether or not the work gets done right.
   [내가 이 일을 제대로 완수해야 하느냐에 대한 책임을 지는 것은 어렵다.]
5. Most people on this job feel a great deal of personal responsibility for the work they do.
   [이 일을 하는 대부분의 사람들은 자신의 일에 대해 상당히 높게 개인적인 책임감을 느낀다.]
6. Most people on this job have trouble figuring out whether they are doing a good or bad job.
   [이 일을 하는 대부분의 사람들은 자신들이 잘했는지 잘못했는지를 파악하는 데 어려움을 가진다.]

KNOWLEDGE OF RESULTS [결과에 대한 지식]

1. I usually know whether or not my work is satisfactory on this job.
   [나는 대부분 내 업무성과가 만족스러운지 아닌지를 안다.]
2. I often have trouble figuring out whether I am doing well or poorly on this job.
   [나는 종종 내가 이 일을 잘했는지 잘못했는지를 아는 데 어려움을 느낀다.]
3. Most people on this job have a pretty good idea of how well they are performing their job.
   [이 일을 하는 대부분의 사람들은 자신들이 일을 잘했는지를 잘 알고 있다.]
4. Most people on this job have trouble figuring out whether they are doing a good or bad job.
   [이 일을 하는 대부분의 사람들은 자신들이 일을 잘했는지를 아는 데 어려움을 느낀다.]

SOCIAL SCALE [사회적 측면]

1. The people I talk to and work with on my job.
   [내가 대화하고 함께 일하는 사람들]

2. The chance to get to know other people while on the job.
[일을 하면서 다른 사람들을 알게 되는 기회]
3. The chance to help other people while at work.
[일을 하면서 다른 사람들을 도울 수 있는 기회]

SUPERVISORY SCALE [감독관련 측면]

1. The degree of respect and fair treatment I receive from my boss.
[내가 상사로부터 받는 존경과 공정한 대우의 정도]
2. The amount of support and guidance I receive from my supervisor.
[내가 상사로부터 받는 지원과 지도의 정도]
3. The overall quality of the supervision I receive in my work.
[내가 일하면서 받는 감독의 전반적인 수준]

GENERAL SATISFACTION SCALE [전반적인 만족 측면]

1. Generally speaking I am very satisfied with this job.
[전반적으로 나는 내 일에 대해 매우 만족한다.]
2. I am generally satisfied with the kind of work I do on this job.
[나는 전반적으로 내가 직무에서 수행하는 일에 대해 만족한다.]
3. I frequently think of quitting this job.
[나는 자주 이 일을 그만둘 생각을 한다.]
4. Most people on this job are very satisfied with the job.
[이 일을 하는 많은 사람들은 이 일에 대해 매우 만족한다.]
5. People on this job often think of quitting.
[이 일을 하는 사람들은 자주 이직을 생각한다.]

SATISFACTION WITH GROWTH SCALE [성장에 대한 만족척도]

1. The amount of personal growth and development I get in my job.
[내가 이 일에서 가지는 개인적인 성장과 발전의 정도]
2. The feeling of worthwhile accomplishment I get from doing my job.
[내가 이 일에서 얻는 의미있는 성취에 대한 느낌]
3. The amount of independent thought and action I can exercise in my job.
[내가 이 일을 하면서 수행하는 독립적인 생각과 행동의 정도]
4. The amount of challenge in my job.
[내 일을 하면서 가지는 도전감의 정도]

이 직무진단조사(JDS)의 설문문항은 BT(1984 : 19.0(19)-19.0(34))에 제시되어 있고, Fields(2002)의 pp. 20-22에는 전반적 직무만족 5문항, 내적 동기부여 6문항 등이 제시되어 있다.

통계수치와 관련하여 전반적 직무만족, 내적 동기부여, 성장 등 3개 요인으로 구성하여 측정한 경우 요인 간의 크론바흐 알파(Cronbach α) 계수는 0.55에서 0.92로 보고되고 있으며(Adkins, 1995 ; Cook et al., 1981 : 64 ; Mannheim, Baruch & Tal, 1997 ; Munz, Huelsman, Konold & McKinney, 1996 ; Netemeyer, Johnston & Burton, 1990 ; Oldham, Hackman & Stepina, 1978 ; Pearson, 1992 ; Rothausen, Gonzalez, Clarke & O'Dell, 1998), 각각의 요인은 Cronbach α 문항 간 일관성 신뢰도계수가 0.77, 0.67 및 0.85로 보고되고 있다(Munz et al., 1996). 타당도의 경우 전반적 직무만족은 조직몰입, 조직시민행동, 상호역할조정(interrole facilitation) 등과 양의 상관관계를 보였으며 확인적 요인분석에서는 조직몰입 및 직무몰입과 구분되었다(Mathieu, Hoffman & Farr, 1991).

4.2.4 다수문항 — Smith(1976)의 직무자체요인만족 측정문항

Smith(1976)와 Dunham & Smith(1979)의 조직반응지수(Index of Organizational Reactions, IOR)는 8개 요인을 42개 문항으로 측정하는데, 일의 종류(kind of work) 요인 6개 문항과 일의 양(amount of work) 요인 4개 문항 등이 직무에 대한 문항으로 볼 수 있다.

먼저 조직반응지수(IOR) 측정도구의 전반적인 신뢰도에 있어서 Cronbach α 문항 간 일관성 신뢰도계수는 0.82-0.83으로 보고되고 있다(Lee & Johnson, 1991 ; McLain, 1995 ; Taylor, Tracy, Renard, Harrison & Carroll, 1995). 타당도에 있어서 Lee & Johnson(1991)은 작업장 만족도가 조직몰입과 양의 상관관계를 보인다고 했으며, Lee & Johnson(1991), McLain(1995) & Taylor et al.(1995) 등은 전반적인 만족도가 교육수준, 급여수준, 인지된 위험과 음의 상관관계가 보임을 밝혔다. 구체적인 설문내용은 Cook et al.(1981 : 41-45)에 제시되어 있다.

앞에서 제시되었지만 일의 종류 요인 6개 문항과 일의 양 요인 4개 문항을 다시 제시하기로 한다.

Kind of Work [일의 내용]

12. Work like mine : Discourages me from doing my best ; Tends to discourage me from doing my best ; makes little difference ; Slightly encourages me to do my best ; Greatly encourages me to do my best ; scored 1 to 5 respectively.
[내일처럼 일한다 : 내가 최선을 다하지 못하게 만든다 ; 내가 최선을 다하기 어렵게 만든다 ; 별 영향이 없다 ; 내가 최선을 다하도록 약간 도움이 된다 ; 내가 정말로 최선을 다하게 만든다 ; 1점에서 5점]
13. How often when you finish a day's work do you feel you've accomplished something really worthwhile? All of the time ; Most of the time ; About half of the time ; Less than half of the time ; Rarely ; scored 5 to 1 respectively.
[하루 일과를 끝냈을 때 얼마나 자주 무언가 의미있는 일을 했다고 느낍니까? 항상 ; 대부분 ; 절반 정도 ; 절반에 미치지 못함 ; 거의 없음 ; 5점에서 1점]
14. How does the kind of work you do influence your overall attitude toward your job? It has a very unfavourable influence ; It has a slightly unfavourable influence ; It has no influence ; It has a slightly favourable influence ; It has a very favourable influence ; scored 1 to 5 respectively.
[하는 일이 귀하의 직무에 대한 전반적인 태도에 미치는 영향은? 매우 부정적인 영향을 미친다 ; 약간 부정적인 영향을 미친다 ; 영향을 미치지 않는다 ; 약간 긍정적인 영향을 미친다 ; 매우 긍정적인 영향을 미친다 ; 1점에서 5점]
15. How many of the things you do on your job do you enjoy? Nearly all ; More than half ; About half ; Less than half ; Almost none ; scored 5 to 1 respectively.
[일의 내용 중에 즐기면서 하는 일은 어느 정도입니까? 거의 대부분 ; 절반 이상 ; 절반 정도 ; 절반에 미치지 못함 ; 거의 없음 ; 5점에서 1점]
16. How much of the work you do stirs up real enthusiasm on your part? Nearly all of it ; More than half of it ; About half of it ; Less than half of it ; Almost none of it ; scored 5 to 1 respectively.
[일을 하면서 스스로 얼마나 열정적으로 일을 합니까? 거의 모든 일 ; 절반 이상 ; 절반 정도 ; 절반에 미치지 못함 ; 거의 없음 ; 5점에서 1점]
17. How do you feel about the kind of work you do? Don't like it, would prefer some other kind of work ; It's OK, there's other work I like better ; I like it, but there is other work I like as much ; I like it very much ; It's exactly the kind of work I like best ; scored 1 to 5 respectively.

[귀하가 하는 일에 대해 어떻게 느낍니까? 좋아하지 않는다; 다른 일을 하고 싶다; 보통이지만 더 좋아하는 일이 있다; 좋아하지만 그 정도 좋아하는 다른 일이 있다; 매우 좋아한다; 정말 내가 제일 좋아하는 일이다; 1점에서 5점]

Amount of Work [일의 양]

18. I feel my workload is : Never too heavy ; Seldom too heavy ; Sometimes too heavy ; Often too heavy ; Almost always too heavy ; scored 5 to 1 respectively.
[내가 하는 일의 양은 : 많은 적이 없다 ; 많은 적이 거의 없다 ; 때로는 과중하다 ; 자주 과중하다 ; 거의 항상 과중하다 ; 5점에서 1점]
19. How does the amount of work you're expected to do influence the way you do your job? It never allows me to do a good job ; It seldom allows me to do a good job ; It has no effect on how I do my job ; It usually allows me to do a good job ; It always allows me to do a good job ; scored 1 to 5 respectively.
[일의 양이 일을 수행하는 방법에 미치는 영향은? 일을 잘하기 불가능하게 만든다; 일을 잘하기 어렵게 만든다; 일을 하는 방법에 영향을 미치지 않는다; 일을 잘하도록 만든다; 항상 일을 잘하도록 만든다; 1점에서 5점]
20. How does the amount of work you're expected to do influence your overall attitude toward your job? It has a very favourable influence ; It has a favourable influence ; It has no influence one way or the other ; It has an unfavourable influence ; It has a very unfavourable influence ; 5 to 1 respectively.
[일의 양이 귀하의 직무에 대한 전반적인 태도에 미치는 영향은? 매우 긍정적인 영향을 미친다; 긍정적인 영향을 미친다; 별 영향을 미치지 않는다; 부정적인 영향을 미친다; 매우 부정적인 영향을 미친다; 5점에서 1점]
21. How do you feel about the amount of work you're expected to do? Very dissatisfied ; Somewhat dissatisfied ; Neither satisfied nor dissatisfied ; Somewhat satisfied ; Very satisfied ; scored 1 to 5 respectively.
[일의 양에 대해 어떻게 느낍니까? 매우 불만이다; 어느 정도 불만이다; 불만도 아니고 만족도 아니다; 어느 정도 만족한다; 매우 만족한다; 1점에서 5점]

10개 문항을 기준으로 K-R 문항 간 일관성 신뢰도계수는 요인별로 차이는 있지만 최소한 0.77 이상으로 나타났으며 6주 간격으로 계산된 재검사 신뢰도계수도 최소 0.62에서 0.76으로 제시되고 있다(Dunham et al., 1977). 타당도에 있어서 수렴타당도에 대한 분석결과로, 직무서술지수(JDI)와 미네소타만족설문지(MSQ)와의 비교결과를 보면 요인별로 0.44에서 최대 0.70까지의 상관계수를 보이고 있었다(Dunham et al., 1977). 같은 연구에서 제시된 판별타당도에 있어서도 이 조직반응지표(IOR)가 가장 우수한 것으로 제시되고 있다.

6개 문항으로 물어본 일의 종류 요인에 대한 신뢰도계수는 0.87에서 0.91로 나타났으며, 타당도를 검정하기 위한 요인분석 결과 요인으로 묶였고, 직무서술지수(JDI)의 일에 대한 척도와의 상관관계는 0.51로 나타났다. 4개 문항으로 물어본 일의 양 요인에 대한 신뢰도계수는 0.68에서 0.85로 나타났고, 타당도의 경우 전체 요인에 대한 요인분석에서 4개 문항이 일의 양에 대한 요인으로 묶이는 등 타당도가 비교적 우수한 것으로 분석된 바 있다(BT, 1984 : 13.5(1)).

4.2.5 다수문항 — Spector(1985)의 직무자체요인만족 측정문항

Spector(1985)가 개발한 직무만족조사(Job Satisfaction Survey, JSS)는 전반적 직무만족도 외에 36개 문항으로 9개 요인(facet)을 측정한다. 이 직무만족조사(JSS)는 학술적인 용도로는 무료로 사용할 수 있는데 구체적인 설문내용은 Spector(1997 : 75-76)에 제시되어 있다. 직무에 대해서는 5번 문항의 인정(recognition), 8번 문항의 의미(meaningfulness), 14번 문항의 인정(appreciation), 17번 문항의 호감, 24번 문항의 일의 양, 27번 문항의 자부심(pride), 31번 문항의 일의 양, 35번 문항의 즐거움, 36번 문항의 직무모호성 등 9개의 문항이 있다.

5. When I do a good job, I receive the recognition for it that I should receive.
[내가 일을 잘했을 때 그에 상응한 인정을 받는다.]
8. I sometimes feel my job is meaningless.
[나는 때로 내가 하는 일이 의미가 없다고 느낀다.]
14. I do not feel that the work I do is appreciated.
[나는 내가 한 일에 대해 충분히 인정받지 못한다고 생각한다.]
17. I like doing the things I do at work.
[나는 내가 하는 일을 좋아한다.]
24. I have too much to do at work.
[나는 해야 할 일이 너무 많다.]
27. I feel a sense of pride in doing my job.
[나는 내 일을 하면서 일종의 자부심을 느낀다.]
31. I have too much paperwork.
[내가 해야 할 서류작업이 너무 많다.]
35. My job is enjoyable.
[나는 내 일이 즐겁다.]
36. Work assignments are not fully explained.
[해야 할 일에 대한 충분한 설명이 부족하다.]

본 문항만을 대상으로 한 신뢰도와 타당도 연구결과는 없으나, 전체 문항에 대한 신뢰도에 있어서 크론바흐 알파(Cronbach α) 문항 간 일관성 신뢰도계수는 9개 요인에 대해 최소값이 0.60에서 최대값 0.91을 보여주고 있으며, 재검사 신뢰도계수도 최소 0.37(복리후생)부터 최고 0.74(회사정책)의 값을 보이고 있다(Spector, 1997 : 11). 타당도에 있어서 직무서술지수(JDI)와 구성요인의 상관관계는 0.61(동료)부터 0.80(감독)으로 나타났다(Hackman & Oldham, 1975 ; Spector, 1985).

4.2.6 다수문항 — Quinn & Staines(1979)의 직무자체요인만족 측정문항

Quinn & Staines(1979)는 1977년에 시행된 고용의 질 조사(Quality of Employment Survey, QES)에서 33문항으로 구성된 요인종합 직무만족 측정도구를 활용하였다. 측정요인으로는 comfort, challenge, financial rewards, relations with co-workers, resource adequacy, promotions 등의 6개 요인이다.

이 중에서 challenge의 6문항 내용들이 직무에 대한 설문이라고 할 수 있다. 요인별 크론바흐 알파(Cronbach α) 문항 간 일관성 신뢰도계수는 0.69와 0.88로 개발자들에 의해 제시되고 있다.

Challenge [도전]

8. The work is interesting.
   [하는 일이 흥미롭다.]
9. I have an opportunity to develop my own special abilities. (A)
   [나의 특별한 능력을 개발할 수 있는 기회가 있다. (A)]
10. I can see the result of my work.
    [내가 한 일의 결과를 알 수 있다.]
11. I am given the chance to do the things I do best. (A, B)
    [내가 가장 잘 일할 수 있는 기회를 가진다. (A, B)]
12. I am given a lot of freedom to decide how I do my own work.
    [내가 어떻게 일할지를 결정할 수 있는 충분한 재량을 가진다.]
13. The problems I am expected to solve are hard enough. (A)
    [내가 해야 하는 일들은 상당히 어렵다. (A)]

지금까지 전반적 직무만족도를 측정하는 데 전반적으로 직무에 대한 만족도를 묻는 측정도구와 요인별로 구분하여 만족도를 측정하는 측정도구에 대해 살펴보았다. 언급된 측정도구들은 대체로 신뢰도와 타당도에 있어서 비교적 만족할 만한 수준으로 평가할 수 있다. 이하에서는 요인별로 구분하여 측정도구를 살펴보기로 한다.

다음은 직무자체요인에 대한 만족도 측정도구의 요약표이다.

표 4-1 직무자체요인 만족도 측정도구 요약

내 용		개발자	측정도구명	특 징
직무자체요인	형용사적 표현	Brayfield & Rothe(1951)	직무만족지수(Job Satisfaction Index, JSI)	• 전체 18개 문항
		Smith, Kendall & Hulin(1969)	직무서술지수(Job Description Index, JDI)의 직무자체요인	• 전체 5개 요인 72개 문항으로 측정하되 직무자체요인은 18문항
		Ironson et al.(1989)	직무전반조사(Job In General, JIG)	• 18개 문항으로 측정
	소수문항	Bullock(1952)		• 10개 문항 중에서 4개 문항이 직무에 대한 문항
		Taylor & Bowers(1972)	조직설문조사(Survey of Organizations Questionnaire, SOQ)	• 전체 7개 문항 중 1개 문항
		Hackman & Oldham(1975)	직무진단조사(Job Diagnostic Survey, JDS)	• 전체 5개 문항 중 1개 문항
		Crammann et al.(1979)	미시간조직진단설문지(Michigan Organizational Assessment Questionnaire, MOAQ)의 직무관련 요인	• 전체 3개 문항 중 2개 문항
		Quinn & Staines(1979)	고용의 질 조사(Quality of Employment Survey, QES)	• 전체 5개 문항 중 1개 문항
		Warr, Cook & Wall(1979)	직무태도설문지(Work Attitude Questionnaire, WAQ)의 내재적 직무요인	• 전체 15개 문항 중 내재적 요인 7개 문항
	다수문항	Warr & Routledge(1969)	관리자의견척도(Opinion Scale for Managers, OSM)의 직무요인	• 15개 문항
		Weiss et al.(1967)	미네소타만족설문지(Minnesota Satisfaction Questionnaire, MSQ)의 내재적 요인	• 20개 문항 설문지에서 12개 문항으로 내재적 요인 측정
		Hackman & Oldham(1975)	직무진단조사(Job Diagnostic Survey, JDS)의 직무자체관련 5개 요인	• 기술다양성, 과업정체성, 과업중요성, 자율성 및 피드백 등에 대해 각각 3개 문항
		Smith(1976)와 Dunham & Smith(1979)	조직반응지수(Index of Organizational Reactions, IOR)의 일관련 2개 요인	• 일의 종류 6개 문항 및 일의 양 4개 문항으로 측정
		Spector (1985, 1997)	직무만족조사(Job Satisfaction Survey, JSS)의 직무요인	• 전반적 직무만족도 외에 36개 문항으로 직무만족관련 9개 요인 측정
		Quinn & Staines(1979)	고용의 질 조사(Quality of Employment Survey, QES)의 도전관련 요인	• 33개 문항으로 요인종합 직무만족을 측정하는 데 Challenge(도전) 요인의 6개 문항이 직무자체와 관련

4.3 내재적 직무특성요인에 대한 만족도 측정도구

내재적 만족요인이라고 한다면 다음에 살펴볼 임금이나 승진과 같이 외재적 만족요인에 의해 만족을 느끼는 것이 아니라, 직무를 수행하는 과정에서 느껴지는 만족이라고 할 수 있다. 이에 대해서는 많은 학문적 논의가 있으나 여기서는 그에 대한 논의보다는 내재적 직무특성 만족요인을 어떻게 측정하는가에 제한하여 살펴보기로 한다.

직무와 관련하여 내재적 요인을 중심으로 만족도를 측정하는 측정도구에는 Warr, Cook & Wall(1979)의 직무태도설문지(Work Attitude Questionnaire, WAQ)와 Management Games Ltd의 심리적 만족척도가 있다.

4.3.1 내재적 직무특성—Hackman & Oldham(1975)의 직무진단조사(JDS)

내재적 직무특성 만족요인에 대해서는 여러 측정도구가 있으나 Hackman & Oldham(1975)의 직무진단조사(Job Diagnostic Survey, JDS)가 가장 종합적인 측정도구로 이용되고 있다. 이 직무진단조사에서는 직무특성모형에 따라 직무의 의미(meaningfulness)를 기술다양성(skill variety), 과업정체성(task identity), 과업중요성(task significance) 등으로 측정하고 자율성(autonomy)과 피드백(feedback) 등 3개 요인으로 측정하고 있다. 다만 상사로부터의 피드백은 외재적 요인이라고 할 수 있다.

직무진단조사(JDS)는 내재적 요인 외에 동료와의 관계(dealing with others), 성장에 대한 기회(opportunities for personal growth and development), 일에 대해 경험한 의미(experienced meaningfulness of work), 일의 결과(work outcomes)에 대해 경험한 책임(experienced responsibility for work outcomes), 결과(results)에 대해 경험한 지식(experienced knowledge of results) 등에 대한 설문내용이 있다. 그 외에 외재적 요인인 고용안정, 급여 및 보상, 동료, 감독에 대한 만족 문항도 있으며, 각각의 요인에 대한 신뢰도와 타당도는 BT(1984)의 19.0(7)-19.0(13)을 참조하기 바란다.

그러나 일반적인 구분은 직무와 관련된 내재적 만족요인으로는 기술다양성, 과업정체성, 과업중요성, 자율성, 직무자체로부터의 피드백 및 책임을 들 수 있다. 여기서 다시 한 번 인용하여 제시하기로 한다.

SKILL VARIETY [기술다양성]

1. How much variety is there in your job? that is, to what extent does the job require you to do many different things at work, using a variety of your skills and talents.
   [귀하의 직무는 얼마나 다양합니까? 즉, 귀하의 직무를 수행하는 데 있어서 얼마나 다양한 내용들, 기술이나 능력의 다양성을 요구합니까?]
2. How accurate is this statement in describing your job? : "the job requires a number of complex or high-level skills"
   ["직무는 매우 복잡하거나 높은 수준의 다양한 기술을 요구한다"는 내용이 귀하의 직무를 얼마나 정확하게 기술하고 있습니까?]
3. How accurate is this statement in describing your job? : "the job is quite simple and repetitive"
   ["직무는 매우 단순하고 반복적이다"라는 내용이 귀하의 직무를 얼마나 정확하게 기술하고 있습니까?]

TASK IDENTITY [과업정체성]

1. To what extent does your job involve doing a "whole and identifiable piece of work?" that is, is the job a complete piece of work that has an obvious beginning and end? Or is it only a small part of the overall piece of work, which is finished by other people or by automatic machines?
   [귀하의 직무는 어느 정도나 "전체적이고 파악이 가능한 일"을 포함하고 있습니까? 즉, 직무가 구체적으로 시작과 끝이 있는 일련의 일들로 구성됩니까? 아니면 단지 전체적인 일의 일부를 수행하고 다른 사람이나 기계에 의해 끝이 나는 일입니까?]
2. How accurate is this statement in describing your job? : "the job provides me with the chance to completely finish the pieces of work I begin"
   ["직무는 내가 시작한 일에 대해 완전히 끝나는 때까지 일할 기회를 부여합니까?"가 귀하의 직무를 얼마나 정확하게 기술하고 있습니까?]
3. How accurate is this statement in describing your job? : "the job is arranged so that I do not have a chance to do an entire piece of work from beginning to end"
   ["직무는 정리가 되어 있어서 내가 시작한 일을 끝까지 수행할 수 있는 기회가 별로 없다"라는 내용이 귀하의 직무를 얼마나 정확하게 기술하고 있

습니까?]

TASK SIGNIFICANCE [과업중요성]

1. In general, how significant or important is your job? that is, are the results of your work likely to significantly affect the lives or well being of other people? [전반적으로 귀하의 직무는 얼마나 중요합니까? 즉, 귀하가 수행한 일의 결과가 다른 사람들의 생활이나 복리에 얼마나 중요하게 영향을 미칩니까?]
2. How accurate is this statement in describing your job? : "this job is one where a lot of people can be affected by how well the work is done" ["이 직무는 일의 수행결과에 따라 많은 사람들이 영향을 받는다"라는 내용이 귀하의 직무를 얼마나 정확하게 기술하고 있습니까?]
3. How accurate is this statement in describing your job? : "the job itself is not very significant or important in the broader sense of things" ["직무자체는 넓은 의미로 볼 때 별로 중요하지 않다"라는 내용이 귀하의 직무를 얼마나 정확하게 기술하고 있습니까?]

AUTONOMY [자율성]

1. How much autonomy is there in your job? That is, to what extent does your job permit you to decide on your own how to go about doing things at work? [귀하의 직무는 얼마나 자율적입니까? 즉, 귀하의 직무는 일을 하는데 있어서 어느 정도 스스로 결정할 수 있습니까?]
2. How accurate is this statement in describing your job? : "the job gives me considerable opportunity for independence and freedom in how I do the work" ["직무는 나에게 일하는 방식에 대한 독립성과 자유에 대해 상당한 수준으로 기회를 제공한다"라는 내용이 귀하의 직무를 얼마나 정확하게 기술하고 있습니까?]
3. How accurate is this statement in describing your job? : "the job denies me any chance to use my personal initiative or judgement in carrying out the work" ["직무는 내가 일을 하는 데 개인적으로 주도권을 갖거나 판단하는 기회를 주지 않는다"라는 내용이 귀하의 직무를 얼마나 정확하게 기술하고 있습니까?]

FEEDBACK FROM THE JOB ITSELF [직무자체로부터의 피드백]

1. To what extent does doing the job itself provide you with information about your work performance? that is, does the actual work itself provide clues about how well you are doing — aside from any "feedback" co-workers or supervisors may provide? [귀하는 일의 성과에 대해 어느 정도의 정보를 제공받습니까? 즉, 일을 수

행하면 동료나 상사가 제공하는 피드백을 제외하고, 스스로 얼마나 잘했는지에 대한 결과를 알 수 있습니까?]

2. How accurate is this statement in describing your job? : "just doing the work required by the job provides many chances for me to figure out how well I am doing"
["직무를 수행하는 것만으로 나는 내가 얼마나 잘했는지에 대해 알 수 있는 기회를 제공한다"라는 내용이 귀하의 직무를 얼마나 정확하게 기술하고 있습니까?]
3. How accurate is this statement in describing your job? : "the job itself provides very few clues about whether or not I am performing well"
["직무를 수행하는 것만으로 나는 내가 얼마나 잘했는지에 대한 정보를 거의 제공받지 못한다"라는 내용이 귀하의 직무를 얼마나 정확하게 기술하고 있습니까?]

EXPERIENCED RESPONSIBILITY FOR WORK [수행한 일에 대한 책임]

1. I feel I have a very high degree or personal responsibility for the work I do on this job.
[나는 이 직무에서 내가 하는 일이 높은 수준의 개인적 책임이 있다고 느낀다.]
2. I feel I should personally take the credit or blame for the results of my work on this job.
[나는 내가 하는 일의 결과에 대해 개인적으로 책임을 져야 한다고 느낀다.]
3. Whether or not this job gets done is clearly my responsibility.
[이 일을 완수해야 하는 것은 확실하게 내 책임이다.]
4. It's hard on this job, for me to care very much about whether or not the work gets done right.
[내가 이 일을 제대로 완수해야 하느냐에 대한 책임을 지는 것은 어렵다.]
5. Most people on this job feel a great deal of personal responsibility for the work they do.
[이 일을 하는 대부분의 사람들은 자신의 일에 대해 상당히 높게 개인적인 책임감을 느낀다.]
6. Most people on this job have trouble figuring out whether they are doing a good or bad job.
[이 일을 하는 대부분의 사람들은 자신들이 잘했는지 잘못했는지를 파악하는 데 어려움을 가진다.]

4.3.2 내재적 직무특성—Warr, Cook & Wall(1979)의 직무태도설문지 (WAQ)

Warr, Cook & Wall(1979)의 직무태도설문지(Work Attitude Questionnaire, WAQ)는 내재적 직무특성(perceived intrinsic job characteristics)으로 직무다양성, 자율성, 책임, 과업중요성 및 피드백을 10개의 문항으로 측정하는데, 7번이 승진에 대한 내용인 것을 제외하고는 모두 내재적 요인을 측정하고 있다.

신뢰도는 크론바흐 알파(Cronbach α) 내적 문항 일관성 신뢰도계수가 0.86, 문항과 전체의 상관관계 평균은 0.56으로 보고되고 있다(Clegg & Wall, 1981). 타당도의 경우 구체적인 자료는 없으나 개발자들은 요인분석결과 7번과 8번을 제외하고는 한 요인으로 묶였으며 Clegg & Wall(1981)도 유사한 결과를 제시한 바 있다. 5개의 응답내용에 대해 1점에서 5점까지 기록했을 때 평균값은 28.61에서 40.67이었으며 표준편차는 4.92에서 8.39로 나타났다(BT, 1984 : 15.1(2)).

이 설문문항은 BT(1984)의 15.1(3)-15.1(4)에서 인용하였으며 자유롭게 이용할 수 있으나 저자들은 조사결과에 대한 결과를 받아보기를 원한다. 주소는 다음과 같다. MRC Social and Applied Psychology Unit, Department of Psychology, University of Sheffield, SHEFFIELD S10 2TN, UK. 설문문항은 다음과 같다.

1. The freedom to choose my own method of working.
   [내가 일하는 방법을 선택할 수 있는 자유]
2. The amount of responsibility I am given.
   [나에게 주어진 책임의 정도]
3. The recognition I get for good work.
   [일을 잘했을 때 받는 인정]
4. Being able to judge my work performance, right away, when actually doing the job.
   [내가 일을 했을 때 바로 일에 대한 성과를 판단할 수 있음]
5. The opportunity to use my abilities.
   [내 능력을 활용할 수 있는 기회]

6. The amount of variety in my job.
[내 일에서 다양성의 정도]
7. Chances of promotion in my job.
[내 일에서 승진할 수 있는 기회]
8. Attention paid to the suggestions I make.
[내가 제안한 내용에 대한 관심]
9. The feeling of doing something which is not trivial, but really worthwhile.
[사소한 것이 아니고 진정으로 의미있는 일을 했다는 느낌]
10. Doing a whole piece of work.
[업무를 전체적으로 수행함]

4.3.3 내재적 직무특성 — Management Games Ltd의 종업원설문조사

Management Games Ltd의 종업원설문조사에서 심리적 만족척도는 전반적으로 내재적 만족요인을 측정하고 있는데 80개 문항으로 8개 요인을 측정하고 있다. 이 중에서 심리적 만족요인을 측정하는 10개 문항 중에서 5개 문항은 내재적 만족요인을 측정하고 있으며 여기에는 즐거움, 인정, 능력활용, 자율성 및 책임 등이 포함된다. 그러나 아쉽게도 이 측정도구의 신뢰도와 타당도는 구체적으로 알려진 바가 없다. 이 측정도구의 설문문항은 Management Games Ltd, 11 Woburn Street, Ampthill, BEDFORD, MK45 3BR, UK를 통해 얻을 수 있다.

4.3.4 직무다양성(variety) — Weiss et al.(1967)의 미네소타만족설문지(MSQ)의 일부

좀 더 구체적으로 내재적 만족요인으로서 직무의 다양성에 대한 만족도를 측정하는 도구로는 미네소타만족설문지(Minnesota Satisfaction Questionnaire, MSQ)에서 일의 다양성(variety of work)과 창의성(creativity)에 대한 문항을 들 수 있다. 이 설문지는 일반에 공개되지 않기 때문에 여기서는 20문항 설문지를 기초로 관련된 문항을 선택하여 다시 제시한다.

On my present job, this is how I feel about
[현재의 직무에서 내가 느끼는 생각은]
(3) the chance to do different things from time to time
[때로 다른 일을 할 수 있는 기회]
(11) the chance to do something that makes use of my abilities
[내 능력을 사용하여 무언가를 할 수 있는 기회]
(15) the freedom to use my own judgement
[내가 스스로 판단할 수 있는 자유]
(16) the chance to try my own methods of doing the job
[일하는 데 내가 원하는 방법을 사용할 수 있는 기회][4)]

먼저 여기서는 제시하지 못했지만 일의 다양성에 대한 문항은 5개로 구성되어 있는데, 문항구성이 양적인 다양성 중심이고 질적인 다양성을 측정하는 데 한계가 있다는 비판을 받는다. 신뢰도의 경우 Hoyt 내적 문항 일관성 신뢰도계수가 중간값 0.86, 최소 0.59에서 최대 0.93으로 보고된 바 있으며, 재검사 신뢰도계수는 1주일 후에 0.80, 1년 후에 0.69로 보고되었고, 타당도의 경우도 비교적 우수한 것으로 보고되고 있다(BT, 1984 : 16.1(1)). '매우 불만족'을 1점으로 시작해서 '매우 만족'을 5점으로 기록했을 때 평균값은 15.1에서 21.5, 표준편차는 2.28에서 5.27로 보고되었다.

창의성을 측정하는 문항도 역시 5개 문항으로 구성되어 있는데 구체적으로는 직무를 수행하면서 창의적인 활동이 가능한 정도를 묻고 있다. 그러나 창의성만이 아니라 자아실현 및 다양성을 포함하여 측정한다는 비판도 있다. 신뢰도의 경우는 Hoyt 내적 문항 일관성 신뢰도계수의 중간값이 0.87, 최저 0.72, 최고 0.92라고 보고된 바 있으며 재검사 신뢰도계수는 1주일 후가 0.87, 1년 후가 0.66으로 보고된 바 있다(BT, 1984 : 16.2(1)). 타당도의 경우도 비교적 우수한 것으로 평가받고 있는데 미네소타만족설문지(MSQ)의 책임, 성취감, 능력활용, 인정, 다양성 등의 요인과 지나치게 높은 상관관계를 보여서 능력활용이나 책임 등과는 차별화된 요인으로 보기 어렵다는 주장도 있다(Katz & Van Maanen, 1977). 각 문항에 대해 '매우 불만족'을 1, '매우 만족'을 5점으로 기록했을 때 평균값은 15.6에서 21.8, 표준편차는 2.86

4) Copyright 1977 Vocational Psychology Research, University of Minnesota. All Rights Reserved. Reproduced by written permission.

에서 4.71로 보고되었다.

4.3.5 기술다양성(skill variety) — Hackman & Oldham(1975)의 직무진단조사조사(JDS) 일부

기술다양성(skill variety)에 대한 Hackman & Oldham(1975)의 직무진단조사(Job Diagnostic Survey, JDS)의 설문은 구체적으로 기술의 복잡한 정도에 대해 7점 척도 3개 문항으로 측정하고 있다. 문항 간 일관성 신뢰도계수의 중간값은 0.71로 보고되어 충분한 것으로 평가되고 있으며, 타당도의 경우도 상사의 평가결과와의 상관계수가 0.64로 나타나는 등 충분한 것으로 보고된 바 있다(BT, 1984 : 19.0(5)).

SKILL VARIETY [기술다양성]

1. How much variety is there in your job? that is, to what extent does the job require you to do many different things at work, using a variety of your skills and talents?
   [귀하의 직무는 얼마나 다양합니까? 즉, 귀하의 직무를 수행하는 데 있어서 얼마나 다양한 내용들, 기술이나 능력의 다양성을 요구합니까?]
2. How accurate is this statement in describing your job? : "the job requires a number of complex or high-level skills"
   ["직무는 매우 복잡하거나 높은 수준의 다양한 기술을 요구한다"는 내용이 귀하의 직무를 얼마나 정확하게 기술하고 있습니까?]
3. How accurate is this statement in describing your job? : "the job is quite simple and repetitive"
   ["직무는 매우 단순하고 반복적이다"라는 내용이 귀하의 직무를 얼마나 정확하게 기술하고 있습니까?]

직무진단조사(JDS)에서 내재적 만족요인의 하나인 의미에 포함되는 과업정체성에 대한 신뢰도는 0.59로 비교적 낮으며(Hackman & Oldham, 1975), 타당도는 상사의 평가결과와의 상관계수가 0.31-0.44 수준이고 조직에 대한 몰입과의 상관관계가 0.25로 나타나 평균수준으로 보고된 바 있다. 과업중요성에 대한 신뢰도에 대해서 Hackman & Oldham(1974)은 내적 신뢰도 상관계수를 0.66으로 보고하고 있고, 타당도의 경우는 상사와의 평과결과와는 0.48, 자율성 및 기타 내재적 요인과의 상관계수가 0.4 수준으로 비교적 낮은 것으로 평가된 바 있다.

4.3.6 기술다양성(skill variety) — 기타 측정도구

그 외에 직무의 다양성에 대한 만족도를 측정하는 도구로는 Dickson(1976), O'Brien & Dowling(1980), Sims, Szillagyi & Keller(1976) 등이 있다.

4.3.7 자율성(autonomy) — Weiss et al.(1967)의 미네소타만족설문지 (MSQ)의 일부

자율성(autonomy)이란 그 직무를 수행하는 과정에서 일을 수행하는 시간을 정하고 수행하는 과정을 결정하는 실질적인 자유, 독립성 등을 의미한다(Hackman & Oldham, 1974). 이 자율성에 대한 측정도구로는 미네소타만족설문지(MSQ)의 독립성(independence, working alone)에 대한 5개 측정문항과 Porter(1961, 1962, 1963a, 1963b)의 욕구만족설문지의 자율성 측정도구를 들 수 있다.

미네소타만족설문지(MSQ)의 5개 문항에 대한 신뢰도는 Hoyt 문항 간 일관성 신뢰도계수가 중간값이 0.85, 최저 0.73 최고 0.91로 보고된 바 있고, 재검사 신뢰도계수는 1주일 후가 0.25, 1년 후가 0.35로 보고된 바 있으나 타당도의 경우는 저자들에 따르면 구성타당도에 대해서 확실하게 답하지 못하고 있다(BT, 1984 : 17.1(1)-17.1(2)). '매우 불만'을 1점으로 시작해서 '매우 만족'을 5점으로 기록하는 경우 26개 직종에 대해 평균값은 18.2에서 21.0, 표준편차는 2.42에서 5.03으로 나타났다.

(2) the chance to work alone on the job
[직무를 혼자 수행할 수 있는 기회]
(15) the freedom to use my own judgement
[내가 스스로 판단할 수 있는 자유]
(16) the chance to try my own methods of doing the job
[일하는 데 내가 원하는 방법을 사용할 수 있는 기회][5)]

4.3.8 자율성(autonomy) — Porter(1963)의 욕구만족설문지

Porter(1963a, 1963b)의 욕구만족설문지(Needs Fulfillment Questionnaire, NFQ)의 경우는 자율성을 권위, 생각과 행동에 대한 독립성, 목표설정에 대한 참여기회, 방법과 절차 결정에 참여하는 기회 등의 4가지 속성으로 정하고 7점 척도로 측정하고 있는데 신뢰도는 미흡하지만 타당도는 비교적 충분한 것으로 보고되고 있다(Herman & Hulin, 1972). 실제 측정하는 경우에는 각 질문에 대해 현재 상태, 현재 바람직한 상태, 자신에게 중요한 정도 등 3개의 응답을 최저 1, 최고 7로 답하도록 되어 있다. 다음의 설문문항은 BT(1984)의 17.2(4)-17.2(5)에서 인용하였다.

1. How much authority is there now?
   [현재 권한은 어느 정도인가?]
2. How much authority should there be?
   [권한은 어느 정도이어야 하는가?]
3. How important is authority to you?
   [귀하에게 권한은 얼마나 중요한가?]
4. How much opportunity for independent thought and action is there now?
   [현재 독립적인 사고와 행동에 대한 가능성은 어느 정도인가?]
5. How much opportunity for independent thought and action should there be?
   [독립적인 사고와 행동에 대한 가능성은 어느 정도이어야 하는가?]
6. How important to you is the opportunity for independent thought and action?
   [귀하에게 독립적인 사고와 행동에 대한 가능성은 얼마나 중요한가?]
7. How much opportunity for participating in goal setting is there now?
   [현재 목표를 설정하는 데 참여할 가능성은 어느 정도인가?]
8. How much opportunity for participating in goal setting should there be?
   [목표를 설정하는 데 참여할 가능성은 어느 정도이어야 하는가?]
9. How important to you is the opportunity to participate in the goal setting?
   [귀하에게 목표를 설정하는 데 참여할 가능성은 얼마나 중요한가?]
10. How much opportunity is there to participate in determining work methods and procedures?
   [현재 작업방법과 절차를 결정하는 데 참여할 가능성은 어느 정도인가?]

5) Copyright 1977 Vocational Psychology Research, University of Minnesota. All Rights Reserved. Reproduced by written permission.

11. How much opportunity should there be to participate in determining work methods and procedures?
[작업방법과 절차를 결정하는 데 참여할 가능성은 어느 정도이어야 하는가?]
12. How important to you is the opportunity to participate in determining work methods and procedures?
[귀하에게 작업방법과 절차를 결정하는 데 참여할 가능성은 얼마나 중요한가?]

4.3.9 자율성(autonomy)—Hackman & Oldham(1975)의 직무진단조사(JDS) 일부

직무진단조사(Job Diagnostic Survey, JDS)에서 자율성에 대한 측정문항은 7점 척도 3개 문항으로 구성되어 있다. 신뢰도는 원래 문항을 이용한 Hackman & Lawler(1971)에 따르면 문항 간 일관성 신뢰도계수가 0.68-0.89로 보고된 바 있고, 수정된 현재의 문항에 대해서는 Hackman & Oldham(1975)이 0.66으로 보고하여 평균수준으로 평가되고 있다. 타당도의 경우는 상사의 평가결과와 0.58의 상관관계를 보이는 등 비교적 우수한 것으로 평가되고 있다.

AUTONOMY [자율성]

1. How much autonomy is there in your job? That is, to what extent does your job permit you to decide on your own how to go about doing things at work?
[귀하의 직무는 얼마나 자율적입니까? 즉, 귀하의 직무는 일을 하는 데 있어서 어느 정도 스스로 결정할 수 있습니까?]
2. How accurate is this statement in describing your job? : "the job gives me considerable opportunity for independence and freedom in how I do the work"
["직무는 나에게 일하는 방식에 대한 독립성과 자유에 대해 상당한 수준으로 기회를 제공한다"라는 내용이 귀하의 직무를 얼마나 정확하게 기술하고 있습니까?]
3. How accurate is this statement in describing your job? : "the job denies me any chance to use my personal initiative or judgement in carrying out the work"
["직무는 내가 일을 하는 데 개인적으로 주도권을 갖거나 판단하는 기회를 주지 않는다"라는 내용이 귀하의 직무를 얼마나 정확하게 기술하고 있습니까?]

[조직 내에서 감독업무는 귀하의 부하에 대한 가이드라인을 만드는 것이고, 부하들이 하는 일에 대해 책임을 지도록 하는 것이다.]

4. There is not enough reward and recognition given in this Organisation for doing good work.
   [이 조직은 일을 잘해도 충분한 보상을 하거나 인정하지 않는다.]
5. You will not get ahead in this Organisation unless you stick your neck out and take a chance now and then.
   [귀하가 조직 내에서 항상 관심을 가지고 신경쓰지 않는다면 승진하지 못할 것이다.]
6. Our philosophy would emphasise that people should solve their problems by themselves.
   [우리의 철학은 문제를 스스로 해결하여야 한다는 점을 강조하는 것이다.]

4.3.13 일(work)자체 — Cross(1973)의 근로자의견조사(WOS) 일부

Cross(1973)는 근로자의견조사(Worker Opinion Survey, WOS)에서 6개 요인 중 한 요인으로 직무자체(job itself)에 대해 8개 문항으로 묻고 있는데, 다양성, 단조로움 등을 포함하고 있다. 신뢰도는 K-R 문항 간 일관성 신뢰도계수가 0.68에서 0.78로 보고되고 있고, 문항-전체 상관계수는 중간값이 0.60이고 최저 0.41, 최고 0.67로 보고된 바 있다(BT, 1984 : 13.1(1)). 타당도도 충분하다고 보고된 바 있다. '예' 3점, '잘 모르겠다'는 2점, '아니오'는 1점으로 기록한 경우 평균값은 13.13에서 15.83, 표준편차는 5.48에서 6.44로 제시되고 있다. 다음의 설문문항은 BT(1984)의 13.1(3)에서 인용하였다.

1. The work is the same day after day.
   [이 일은 매일 똑같다.]
2. It is the wrong sort of job for me.
   [이 일은 나에게 맞지 않는다.]
3. The work is worthwhile.
   [이 일은 의미있는 일이다.]
4. The work is routine.
   [이 일은 반복적이다.]
5. Time passes quickly.

[시간이 빨리 흘러간다.]
6. The work is satisfying.
[이 일에 만족한다.]
7. The job is better than other jobs I have had.
[이 일은 전에 내가 했던 일보다 좋다.]
8. The work seems endless.
[이 일은 끝이 보이지 않는다.]

4.3.14 일(work)자체 — Hatfield, Robinson, and Hausman(1985)의 직무인식척도(JPS) 일부

Hatfield, Robinson, and Hausman(1985)는 직무인식척도(Job Perception Scale, JPS)를 개발하였는데 5가지 요인 중 하나로 일자체(work itself)에 대해, 형용사적인 표현으로 5문항을 사용해 만족도를 묻고 있다. 신뢰도계수는 21개 문항 전체로 0.87에서 0.93으로 보고된 바 있다(Miles, Patrick & King, 1996 ; Smith, Smits & Hoy, 1998). 13). 이 설문문항은 Fields(2002)의 p. 17에 제시되어 있다.

Choose a level from 1 to 5 that describes your present job using each pair of words as end-point anchors.
[귀하가 현재 수행하고 있는 직무에 대해 5점 척도로 응답해 주세요.]

Work Items [일관련 문항]
1. Exciting/Dull
[흥미로운/재미없는]
2. Pleasent/Unpleasent
[즐거운/즐겁지 못한]
3. Clear/Hazy
[명확한/혼란스러운]
4. Challenging/Unchallenging
[도전적인/도전적이지 않은]
5. Satisfying/Unsatisfying
[만족스러운/만족스럽지 못한]

4.3.15 일(work)자체 — 기타 측정도구

그 외에도 협의의 직무에 대한 만족도를 측정하는 도구로는 House & Rizzo(1972)의 직무압력(job pressure), Litwin & Stringer(1968)의 조직분위기 설문지(Organizational Climate Questionnaire, OCQ), 미네소타만족설문지(MSQ)의 직무와 관련된 활동(activity), 도덕적 가치, 직무의 사회서비스(social service) 수준 등이 있다.

표 4-2 직무자체에 대한 만족도 측정도구 요약

내용		개발자	측정도구명	특 징
내재적 직무특성요인	종합	Hackman & Oldham(1975)	직무진단조사(Job Diagnostic Survey, JDS)의 3개 요인	• 직무특성모형에 따라 직무의 의미(meaningfulness), 자율성(autonomy)과 피드백(feedback) 등 3개 요인으로 측정
		Warr, Cook & Wall(1979)	직무태도설문지(Work Attitude Questionnaire, WAQ)의 내재적 요인	• 직무다양성, 자율성, 책임, 과업중요성 및 피드백을 10개의 문항으로 측정하는데, 7번 승진을 제외하고는 내재적 요인을 측정
		Management Games Ltd.	종업원설문조사	• 80개 문항으로 8개 요인을 측정하는데, 심리적 만족요인의 10개 문항 중 5개 문항은 내재적 만족요인을 측정
내재적 직무특성요인	직무다양성	Weiss et al. (1967)	미네소타만족설문지(Minnesota Satisfaction Questionnaire, MSQ)의 일부	• 전체 20문항 중 일의 다양성을 5개 문항으로 측정
		Hackman & Oldham(1975)	직무서술조사(Job Description Survey, JDS)의 기술다양성 요인	• 기술다양성(skill variety)을 3개 문항으로 측정
		기타 측정도구		• Dickson(1976), O'Brien & Dowling (1980), Sims, Szillagyi & Keller(1976) 등이 있으며, 도전감(challenge)에 대한 만족도 측정도구로는 Ivancevich & McMahon(1977), Quinn & Staines(1979) 등이 있음.
	자율성	Weiss et al. (1967)	미네소타만족설문지(Minnesota Satisfaction Questionnaire, MSQ)의 독립성 요인	• 직무의 독립성을 5개 문항으로 측정

내재적 직무특성요인	자율성	Porter(1963a, 1963b)	욕구만족설문지(Need Fulfillment Questionnaire, NFQ)	• 자율성요인을 4가지 속성으로 구분하여 측정
		Hackman & Oldham(1975)의 직무진단조사(JDS)	직무서술조사(Job Description Survey, JDS)의 자율성 요인	• 자율성 요인을 3개 문항으로 측정
		기타 측정도구	• Dieterly & Schneider(1974)의 7개 문항의 개인 자율성 측정도구 • Prichard & Karasick(1973)의 9개 문항 자율성 측정도구 • Yukl & Kanuk(1979)의 자율성-위임 (delegation) 측정도구 등	
	책임	Weiss et al.(1967)	미네소타만족설문지(Minnesota Satisfaction Questionnaire, MSQ)의 책임요인	• 책임에 대한 대립적 개념은 자율성이라고 할 수 있으며, 직무에 대한 책임을 2개 문항으로 측정
		Litwin & Stringer(1968)	조직분위기 설문지(Organizational Climate Survey, OCS) 일부	• 전체 9개 요인 중 책임요인을 6개 문항으로 측정
	일자체	Cross(1973)	근로자 의견조사(Worker Opinion Survey, WOS)의 직무요인	• 6개 요인 중 한 요인으로 직무자체에 대해 8개 문항으로 측정
		Hatfield, Robinson & Hausman(1985)	직무인식척도(Job Perception Scale, JPS)의 일자체요인	• 5개 요인 중 하나로 일자체에 대해 5개 문항으로 측정
	기타 협의의 직무만족도 측정도구		• House & Rizzo(1972)의 직무압력(job pressure) • Litwin & Stringer(1968)의 조직분위기설문지(Organizational Climate Questionnaire, OCQ) • 미네소타만족설문지(MSQ)의 직무와 관련된 활동(activity), 도덕적 가치, 직무의 사회서비스(social service) 수준 등이 있음.	

4.4 보상관련요인만족 측정도구

먼저 직무만족의 구성요인으로 급여만족도를 측정하는 측정도구와 급여만족도를 별도로 측정하는 측정도구를 구분해서 살펴보기로 한다. 그리고 복리후생부분을 살펴본다. 먼저 전반적 직무만족도를 측정하는 데 보상관련 요인을 포함하는 측정도구를 살펴보면 다음과 같이 정리할 수 있다.

4.4.1 Hoppock(1935)의 보상요인만족 측정문항

Hoppock(1935)의 경우는 구체적으로 급여요인에 대한 설문은 없지만 직장이동과 관련해서 보상에 관련된 문항이 있다. 다음은 그 문항을 다시 인용한 것이다.

(3) Check the ONE of the following which best tells how you feel about changing your job.
[귀하가 일을 바꾸는 데 대해 느끼는 생각을 가장 잘 표현한 문장에 표시하세요.]

( ) I would quit this job at once if I could get anything else to do.
[나는 다른 일을 하게 되면, 이 일을 떠나겠다.]

( ) I would take almost any other job in which I could earn as much as I am earning now.
[나는 현재 버는 수입이 유지된다면, 다른 일을 할 것이다.]

( ) I would like to change both my job and my occupation.
[나는 현재 내가 하는 일과 직종까지 같이 바꾸고 싶다.]

( ) I would like to exchange my present job for another job in the same line of work.
[나는 비슷한 일이라면 현재 하는 일과 바꾸고 싶다.]

( ) I am not eager to change my job, but I would do so if I could get a better job.
[나는 현재 일을 바꾸고 싶지는 않지만, 더 좋은 일을 할 수 있다면 바꿀 것이다.]

( ) I cannot think of any jobs for which I would exchange mine.
[나는 내가 현재 하고 있는 일과 바꿀 수 있는 일을 생각할 수 없다.]

( ) I would not exchange my job for any other.
[나는 현재 하는 일을 어떤 일과도 바꾸지 않겠다.]

4.4.2 Weiss et al.(1967)의 미네소타만족설문지(MSQ) 내 보상만족 측정문항

Weiss et al.(1967)가 개발한 미네소타직무만족설문지(Minnesota Satisfaction Questionnaire, MSQ)에서는 6가지의 외재적 요인 중에 보상(compensation)요인을 포함하고 있으며, 보상요인에 대한 만족은 5개 문항으로 측정하고 있다. 중요한 점은 급여수준이 분명 불만요인이 아닌 만족요인이라는 점이며, 절대적인 수준과 함께 상대적인 수준이 매우 중요하게 작용한다는 점이다. 그 결과 미네소타만족설문지(MSQ)는 형평성 이론에 근거한 두 개의 문항과 사회적 비교이론에 근거한 세 개의 문항으로 구성되어 있다. 이 설문지는 문항을 인용할 수 없으며 관련된 문항은 아래와 같다.

On my present job, this is how I feel about
[현재의 직무에서 내가 느끼는 생각은]
(13) my pay and the amount of work I do
[내 급여와 내가 하는 일][7)]

신뢰도에 있어서 개발자들은 5개 문항에 대해 중간값이 0.91이며 최소 0.82에서 최대 0.95에 이른다고 보고하고 있으며 재검사 신뢰도계수는 0.79라고 보고하고 있다. Dunham et al.(1977)은 문항 간 일관성 신뢰도계수가 0.76이라고 보고하고 있다. BT(1994)는 타당도에 있어서는 평균에서부터 비교적 좋은 수준까지로 정리하고 있다.

4.4.3 Smith(1976)의 조직반응지수(IOR) 내 재무적 보상만족 측정문항

Smith(1976)의 조직반응지수(Index of Organizational Reactions, IOR)에서는 재무적 보상(financial rewards) 요인으로 5개 문항이 보상에 대해 측정하고 있으며 1개 문항에서는 급여와 복리후생을 포함하여 질문하고 있다. 다시 인용하면 다음과 같다.

7) Copyright 1977 Vocational Psychology Research, University of Minnesota. All Rights Reserved. Reproduced by written permission.

Financial Rewards [재무적 보상]

33. For the job I do, I feel the amount of money I make is : Extremely good ; Good ; Neither good nor poor ; Fairly poor ; Very poor.
[내가 하는 일에 대해 나에게 주어지는 보상수준은 : 매우 좋다 ; 좋다 ; 보통이다 ; 부족하다 ; 매우 부족하다.]
34. To what extent are your needs satisfied by the pay and benefits you receive? Almost none of my needs are satisfied : Very few of my needs are satisfied ; A few of my needs are satisfied ; Many of my needs are satisfied ; Almost all of my needs are satisfied
[귀하가 받는 급여와 복리후생은 귀하의 요구를 어느 정도 충족시킵니까? 거의 모든 요구가 충족되지 않는다 ; 일부만 충족된다 ; 어느 정도 충족된다 ; 대부분 충족된다 ; 거의 대부분 충족된다.]
35. Considering what it costs to live in this area, my pay is : Very inadequate ; Inadequate ; Neither inadequate nor adequate ; Adequate ; More than adequate.
[거주하는 지역의 생활비를 고려할 때 내 급여수준은 : 매우 부족하다 ; 부족하다 ; 충분하지도 부족하지도 않다 ; 충분하다 ; 매우 충분하다]
36. Does the way pay is handled around here make it worthwhile for a person to work especially hard? It definitely encourages hard work ; It tends to encourage hard work ; It makes little difference ; It tends to discourage hard work ; It definitely discourages hard work
[급여관리방식은 열심히 일하도록 하는 데 충분합니까? 확실히 열심히 일하게 만든다 ; 열심히 일하게 만든다고 생각한다 ; 별 영향력이 없다 ; 열심히 일하지 않도록 만든다고 본다 ; 확실하게 열심히 일하지 않도록 만든다.]
37. How does the amount of money you now make influence your overall attitude toward your job? It has a very favourable influence ; It has a fairly favourable influence ; It has no influence one way or the other ; It has a slightly unfavourable influence ; It has a very unfavourable influence
[현재의 급여수준이 당신의 직무에 대한 전반적인 태도에 어느 정도 영향을 미칩니까? 매우 긍정적인 영향을 미친다 ; 상당히 긍정적인 영향을 미친다 ; 별 영향이 없다 ; 어느 정도 부정적인 영향을 미치다 ; 매우 부정적인 영향을 미친다.]

4.4.4 Quinn & Staines(1979)의 금전적 보상만족 측정문항

Quinn & Staines(1979)의 고용의 질 조사(Quality of Employment Survey, QES)는 6개 요인 중에 한 요인으로 금전적 보상(financial rewards)에 대해 3개 문항으로 묻고 있는데 급여, 고용안정, 복리후생을 각각 1개 문항으로 측정하고 있다. 문항은 다음과 같다.

Financial Rewards [금전적 보상]
14. The pay is good.
[내 급여는 괜찮다.]
15. The job security is good. (A)
[고용안정성은 충분하다. (A)]
16. My fringe benefits are good. (A, B)
[내 복리후생은 괜찮다. (A, B)]

4.4.5 Porter(1961, 1962)의 급여만족 측정도구

다음으로 Porter(1961, 1962)의 급여만족 측정도구(Pay Satisfaction Questionnaire, PSQ)는 세 개로 구성된 단순한 측정도구이며 신뢰도는 높지 않지만, 타당도에 있어서는 이론적으로 매우 높다는 점에서 인정받고 있다. 아래의 설문문항에서 보는 바와 같이 [기대 급여(2번)－현재 급여(1번)]에 중요성(3번)을 곱하면 보상가치가 계산될 수 있다는 점이다. 실제로 활용하는 경우에는 기대수준(2)에서 현재수준(1)을 감하면 불만수준으로 활용할 수 있다. 설문내용은 아래와 같으며 척도는 최저 1에서 최고 7까지 응답할 수 있다. 아래의 설문문항은 BT(1984)의 4.4(3)에서 인용하였다.

1. How much pay is there now?
[현재 내 급여수준은 어느 정도입니까?]
2. How much pay should there be?
[내 급여는 어느 수준이 되어야 한다고 생각하십니까?]
3. How important is pay to you?
[급여는 귀하에게 어느 정도 중요합니까?]

4.4.6 Smith, Kendall & Hulin(1967)의 직무서술지수(JDI) 내 급여만족 측정문항

Smith, Kendall & Hulin(1967)의 직무서술지수(Job Description Index, JDI)에서는 현재 급여(present pay) 요인에 대해 9개의 형용사적 표현으로 급여에 대한 만족도를 묻고 있다. 그 내용을 다시 인용하면 다음과 같다.

Think of the pay you get now. How well does each of the following words or phrases describe your present pay? In the blank beside each word below, write.
[현재 귀하가 받는 급여에 대해 생각해 보십시오. 다음의 단어나 구절이 귀하의 일을 얼마나 잘 설명하고 있습니까? 다음의 단어를 단어나 구절 옆의 빈칸에 적어 주십시오.]

Y for "Yes" if it describes your work.
[귀하의 일을 잘 설명하고 있는 경우에 '예(O)'라고 적어 주세요.]

N for "No" if it does not describe it.
[귀하의 일을 잘 설명하지 못하는 경우에 '아니오(X)'라고 적어 주세요.]

? if you can not decide.
[귀하가 잘 모르겠으면 '?'라고 적어 주세요.]

Present Pay [현재의 급여]

___ Income adequate for normal expenses [일상적인 지출에 비해 급여가 적절한]
___ Satisfactory profit sharing [만족스러운 성과공유제도]
___ Barely live on income [수입으로 겨우 먹고사는]
___ Bad [나쁜]
___ Income provides luxuries [수입으로 높은 수준의 생활이 가능한]
___ Insecure [불안한]
___ Less than I deserve [내가 받아야 할 수준보다 낮은]
___ Highly paid [급여 수준이 높은]
___ Underpaid [급여 수준이 낮은]

Brodke et al.(2009)의 JDI & JIG Quick Reference Guide에 따르면 현재 수행하고 있는 급여에 대해 다음과 같이 수정해서 측정하고 있다.

Think of the work you do at present. How well does each of the following words or phrases describe your work?
[현재 하고 있는 일에 대해 생각해 보십시오. 다음의 단어나 구절이 귀하의 일을 얼마나 잘 설명하고 있습니까?]

Circle : 3 for "Yes" if it describes your work
[귀하의 일을 잘 설명하고 있는 경우인 '예(O)'라면 3에 표시해 주세요.]
0 for "No" if it does not describe it
[귀하의 일을 잘 설명하지 못하는 경우인 '아니오(X)'라면 0에 표시해 주세요.]
1 for "?" if you can not decide
[귀하가 잘 모르는 '?'라면 1이라고 표시해 주세요]

Present Pay [현재의 급여]

___ Income adequate for normal expenses [일상적인 지출에 비해 급여가 적절한]
___ Fair [공정한]
___ Barely live on income [수입으로 겨우 먹고사는]
___ Bad [나쁜]
___ Comfortable [풍족한]
___ Less than I deserve [내가 받아야 할 수준보다 낮은]
___ Well paid [잘 받고 있는 수준의 급여]
___ Enough to live on [생활하기에 충분한]
___ Underpaid [급여 수준이 낮은][8)]

4.4.7 Warr & Routledge(1969)의 급여만족 측정도구

급여에 대한 만족도를 별도로 측정하는 도구로는 Warr & Routledge(1969)의 관리자의견척도(Opinion Scale for Managers, OSM)를 들 수 있다. 이 측정도구는 특별히 관리자들을 대상으로 개발되었으며 신뢰도는 반분신뢰도계수가 0.74이지만, 타당도는 충분하다고 하기는 어렵다고 보고된 바 있다(BT, 1984 : 4.3(1)). 이 측정도구는 7개 문항으로 구성되어 있으며 앞에서와 마찬가지로 '예,' '잘 모르겠음' 및 '아니오'의 3점 척도에 답하도록 되어 있다. 이 설문문항은 BT(1984)의 4.3(3)에서 인용하였다.

8)

1. My pay is fairly satisfactory.
   [내 급여에 대해 상당히 만족스럽다.]
2. I am underpaid for what I do.
   [내 급여는 내가 한 일에 비해 낮다.]
3. There is enough difference between my income and that of my immediate subordinates.
   [내 급여와 내 직속부하의 급여와는 충분한 차이가 있다.]
4. My income is as good as that of similar managers of my own age.
   [내 급여는 내 나이수준의 비슷한 관리자의 급여만큼 된다.]
5. My pay is poor.
   [내 급여는 부족하다.]
6. I am quite highly paid.
   [나는 상당히 높게 급여를 받는다.]
7. My income is as good as that of my friends I mix with socially.
   [내 수입은 내가 사회적으로 만나는 친구들의 수입만큼은 된다.]

4.4.8 Cross(1973)의 근로자의견조사(WOS) 내 급여만족 측정문항

또 다른 급여만족도 측정도구로는 Cross(1973)가 개발한 근로자의견조사(Worker Opinion Survey, WOS)로 6개 요인 중 하나로 급여만족도를 측정하고 있다. 이 측정도구는 BT(1984)에서 급여만족도를 측정하는데 대표적인 측정도구로 제시하고 있다. 이 측정도구는 이하의 여덟 개의 문항에 대해 '예,' '아니오,' '잘 모르겠음' 등 3점 척도로 응답하게 되어 있다. 아래의 문항은 BT(1984)의 4.1(3)에서 인용하였다.

1. I am underpaid for what I do. (역설문)
   [나는 일한 만큼 받지 못한다.]
2. My pay is adequate for my needs.
   [내 급여는 내가 필요로 하는 수준에 비추어 충분하다.]
3. My pay is far too low. (역설문)
   [내 급여수준은 너무 낮다.]
4. I am quite highly paid.
   [내 급여는 꽤 높은 수준이다.]

5. My pay is fairly satisfactory.
[내 급여에 상당히 만족한다.]
6. My pay is poor. (역설문)
[내 급여수준은 매우 낮다.]
7. I am well paid.
[내 급여수준은 좋은 편이다.]
8. I am paid less than I deserve. (역설문)
[내 급여는 내가 받아야 할 급여수준에 미치지 못한다.]

이 측정도구는 신뢰도에 있어서 각 문항과 전체와의 상관관계가 평균 0.71이며 최소 0.63에서 최대 0.75로 비교적 충분한 것으로 보고되고 있다. K-R 문항 간 일관성 신뢰도계수도 0.86, 0.84 그리고 0.82로 보고되고 있다(BT, 1984 : 4.1(1)). 또한 타당도에 있어서는 전반적 만족도(Hoppock, 1935)와의 상관관계가 0.4 수준으로 보고되고 있고, 전체 근로자의견조사(Worker Opinion Survey)의 6개 요인에 대한 요인분석에서도 확실하게 한 요인으로 묶이는 것으로 보고되고 있다.

4.4.9 Warr, Cook & Wall(1979)의 직무태도설문지(WAQ) 내 급여수준에 대한 태도 측정문항

Warr, Cook & Wall(1979)의 직무태도설문지(Work Attitude Questionnaire, WAQ) 또는 글로벌직무만족(Global Job Satisfaction, GJS)에서는 15개 문항 중에 7번 문항이 급여수준에 대한 문항이다. 설문문항은 Fields(2002, 27)에서 재인용하였다.

7. Your rate of pay
[귀하의 임금률]

4.4.10 Hatfield, Robinson & Huseman(1985)의 직무인식척도(JPS) 내 급여만족 측정문항

Hatfield, Robinson & Huseman(1985)는 직무인식척도(Job Perception Scale,

JPS)에서 5가지 요인 중 하나로 급여(pay)에 대해 형용사적인 표현으로 4문항을 사용해 만족도를 묻고 있다. 응답자는 5점 척도로 다음의 양쪽 내용에 대해 응답하도록 되어 있다. 신뢰도계수는 21개 문항 전체로 0.87에서 0.93으로 보고된 바 있다(Miles, Patrick & King, 1996 ; Smith et al., 1998). 이 설문문항은 Fields(2002)의 p. 17에 제시되어 있다.

Pay Items [급여관련 문항]
6. Rewarding/Unrewarding [보상하는/보상하지 못하는]
7. Large/Small [많은/적은]
8. Right/Wrong [바른/잘못된]
9. Positive/Negative [긍정적인/부정적인]

4.4.11 Heneman & Schwab(1985)의 급여만족설문지(PSQ)

급여에 대한 만족도 측정도구로 Heneman & Schwab(1985)의 급여만족설문지(Pay Satisfaction Questionnaire, PSQ)가 있다. 급여수준, 최근 인상규모, 복리후생, 및 급여구조/관리의 4개 요소에 대한 만족도를 18개 문항으로 측정하고 있다. 원래 개발자들은 급여구조와 급여관리를 구분해서 5개 요소로 보았으나 요인분석 이후 4개 요인으로 축소하였다(Judge, 1993b).

전체 문항에 대한 크론바흐 알파(Cronbach α) 문항 간 일관성 신뢰도계수는 0.77-0.88이며 각 요소에 대한 크론바흐 알파(Cronbach α) 문항 간 일관성 신뢰도계수는 0.73-0.96이다(Blau, 1994 ; Carraher & Buckley, 1996 ; DeConinck, Stilwell & Brock, 1996 ; Huber, Seybolt & Venemon, 1992 ; Jones, Scarpello & Bergmann, 1999 ; Judge, 1993b ; Lee & Farh, 1999 ; Welbourne, 1998 ; Welbourne & Cable, 1995). 타당도에 있어서는 각 요소별 측정문항은 전반적 직무만족도와 양의 상관관계를 보였으며(Hurber et al., 1992), 요인분석결과 4개의 요인으로 묶임을 보였다(DeConinck et al., 1996 ; Judge, 1993b ; Shaw, Duffy, Jenkins & Gupta, 1999)). 타당도에 대한 더 자세한 내용은 Fields(2002 : 33-34)를 참조하기 바란다. 각 문항은 5점 리커트 척도이며, 문항은 Heneman & Schwab(1985)에서 인용하였다.

1. My take-home pay
[내가 집에 가져가는 가처분급여]
2. My benefit package
[나의 복리후생제도 패키지]
3. My most recent raise
[나의 최근 급여인상]
4. Influence my supervisor has on my pay
[내 상사가 내 급여에 미치는 영향력]
5. My current salary
[나의 현재 급여]
6. Amount the company pays towards my benefits
[내 복리후생에 회사가 부담하는 수준]
7. The raises I have typically received in the past
[내 급여가 과거에 평균적으로 인상된 수준]
8. The company's pay structure
[회사의 임금구조]
9. Information the company gives about pay issues of concern to me
[회사가 나에게 급여와 관련해 제공한 정보]
10. My overall level of pay
[내 급여의 전반적인 수준]
11. The value of my benefit
[내 복리후생의 가치]
12. Pay of other jobs in the company
[사내의 다른 직무들의 급여수준]
13. Consistency of the company's pay policy
[회사 급여정책의 일관성]
14. Size of my current salary
[내 현재 급여의 수준]
15. The number of benefits I receive
[내가 받는 복리후생제도의 수]
16. How my raises are determined
[내 급여가 결정되는 방식]
17. Differences in pay among jobs in the company
[사내에서 직무에 따른 급여의 차이]
18. How the company administers pay
[회사가 내 급여를 관리하는 방식]

이외에도 만족요인으로서의 급여(Porter & Lawler, 1968) 등에 대한 측정도구가 있다.

4.4.12 Spector(1985)의 직무만족조사(JSS) 내 급여만족 측정문항

Spector(1985)의 직무만족조사(Job Satisfaction Survey, JSS)에서는 36개 문항 중에서 1번, 10번, 23번, 28번, 32번 등 5개 문항이 급여에 대한 만족도를 측정하는 문항으로 볼 수 있다.

1. I feel I am being paid a fair amount for the work I do.
   [나는 내가 하는 일에 대해 내 급여가 적절하다고 생각한다.]
10. Raises are too few and far between.
   [급여인상이 너무 적고 또 오랜 기간 만에 이루어진다.]
23. There are few rewards for those who work here.
   [우리 회사는 일하는 사람들에 대한 보상이 미흡하다.]
28. I feel a satisfied with my chances for salary increases.
   [나는 내 급여가 인상될 가능성에 대해 만족한다.]
32. I don't feel my efforts are rewarded the way they should be.
   [나는 내 노력에 대해 마땅히 받아야 할 보상을 못 받는다고 느낀다.]

4.4.13 Smith(1976)의 조직반응지수(IOR) 내 복리후생만족 측정문항

Smith(1976)의 조직반응지수(Index of Organizational Reactions, IOR)에서는 8개 요인 42개 문항으로 전반적 직무만족도를 측정하면서, 재무적 보상에 관련된 5개 문항에서 1개 문항은 임금과 복리후생에 대한 만족도를 측정하고 있다.

Financial Rewards [재무적 보상]

34. To what extent are your needs satisfied by the pay and benefits you receive?
   Almost none of my needs are satisfied : Very few of my needs are satisfied ; A few of my needs are satisfied ; Many of my needs are satisfied ; Almost all of my needs are satisfied.

[귀하가 받는 급여와 복리후생은 귀하의 요구를 어느 정도 충족시킵니까? 거의 모든 요구가 충족되지 않는다; 일부만 충족된다; 어느 정도 충족된다; 대부분 충족된다; 거의 대부분 충족된다.]

4.4.14 Quinn & Staines(1979)의 복리후생만족 측정문항

Quinn & Staines(1979)의 고용의 질 조사(Quality of Employment Survey, QES)에서도 6개 요인을 33개 문항으로 측정하면서 재무적 보상 3개 문항 중에 1개 문항에서 복리후생에 대한 만족도를 구체적으로 측정하고 있다. 해당 문항을 다시 인용하면 다음과 같다.

Financial Rewards [금전적 보상]
16. My fringe benefits are good. (A, B)
[내 복리후생은 괜찮다. (A, B)]

4.4.15 Spector(1985)의 직무만족조사(JSS) 내 복리후생만족 측정문항

Spector(1985)의 직무만족조사(Job Satisfaction Survey, JSS)의 경우 36개의 측정문항 중 4번, 13번, 22번 등 3개 문항에서 구체적으로 복리후생(fringe benefits)에 대한 만족도를 측정하고 있다. 해당 문항을 다시 인용하면 다음과 같다.

4. I am not satisfied with the benefits I receive.
[나는 내가 받는 복리후생에 대해 만족하지 않는다.]
13. The benefits we receive are as good as most other organizations offer.
[우리가 받는 복리후생은 다른 회사가 제공하는 수준만큼은 된다.]
22. The benefit package we have is equitable.
[우리가 누리는 복리후생제도는 공평하다.]

지금까지 제시된 임금과 복리후생을 포함하는 보상관련요인에 대한 만족도 측정도구를 정리하면 다음과 같다.

표 4-3 **보상관련요인 만족도 측정도구 요약**

내용		개발자	측정도구	특 징
외재적 직무특성요인	보상관련요인	Hoppock(1935)		• 보상관련 1문항
		Weiss et al. (1967)	미네소타직무만족설문지(Minnesota Satisfaction Questionnaire, MSQ)의 보상요인	• 20개 요인 20개 문항 설문지에서는 1개 문항으로, 100문항 설문지에서는 5개 문항으로 보상요인을 측정
		Smith(1976)	조직반응지표(Index of Organizational Index, IOR)의 재무적 보상요인	• 전체 8개 요인 42개 문항 중 재무적 보상요인을 5개 문항으로 측정
		Quinn & Staines(1979)	고용의 질 조사(Quality of Employment Survey, QES)의 금전적 보상요인	• 전체 6개 요인 중 금전적 보상요인에 대해 3개 문항으로 측정
	급여요인	Porter(1961, 1962)	급여만족설문지(Pay Satisfaction Questionnaire, PSQ)	• 3개 문항
		Smith, Kendall & Hulin(1967)	직무서술지수(Job Description Index, JDI)의 급여요인	• 9개의 형용사적 표현으로 측정
		Warr & Routledge(1969)	관리자의견척도(Opinion Scale for Managers, OSM)의 급여요인	• 7개 문항
		Cross(1973)	근로자의견조사(Worker Opinion Survey, WOS)의 급여요인	• 전체 6개 요인 중 하나인 급여만족도를 8개 문항으로 측정
		Warr, Cook & Wall(1979)	직무태도설문지(Work Attitude Questionnaire, WAQ) 또는 글로벌직무만족(Global Job Satisfaction, GJS)의 급여수준요인	• 전체 15개 문항 중에 1개 문항으로 측정
		Hatfield Robinson & Haseman(1985)	직무인식척도(Job Perception Scale, JPS)의 급여요인	• 전체 5개 요인 21개 문항 중에 급여 요인은 4개 문항으로 측정
		Heneman & Schwab(1985)	급여만족설문지(Pay Satisfaction Questionnaire, PSQ)의 급여요인	• 급여관련 4개 요인에 대해 18개 문항으로 측정
		Spector(1985)	직무만족조사(Job Satisfaction Survey, JSS)의 급여요인	• 전체 36개 문항 중에서 1, 10, 23, 28, 32번 등 5개 문항이 급여관련 문항
	복리후생요인	Smith(1976)	조직반응지표(Index of Organizational Index, IOR)의 복리후생관련요인	• 전체 8개 요인 42개 문항 중 재무적 보상 요인의 3개 문항 중에 1개 문항에서 임금과 복리후생 만족도를 측정
		Quinn & Staines(1979)	고용의 질 조사(Quality of Employment Survey, QES)의 보상요인	• 전체 6개 요인 33개 문항 내 재무적 보상요인 3개 문항 중에서 1개 문항으로 측정
		Spector(1985)	직무만족조사(Job Satisfaction Survey, JSS)의 복리후생요인	• 36개 문항 중 4, 13, 22번 등 3개 문항으로 측정

4.5 고용안정(job security)만족 측정도구

고용안정(job security)에 대한 근로자들의 관심은 전통적으로 오랫동안 매우 중요한 요인으로 작용해 왔으며 최근 들어서는 직무에 대한 만족도를 결정짓는 요인으로 더욱 중요해지고 있다. 일부 직무만족 측정도구에서는 이직(changing job)에 대한 질문을 통해 근로자들의 만족도를 측정하는데 이는 자발적인 성격을 가지고 있다는 점에서 고용안정에 대한 만족도 측정과는 구분될 필요가 있다.

4.5.1 Weiss et al.(1967)의 미네소타만족설문지(MSQ) 내 고용안정만족 측정문항

Weiss et al.(1967)의 미네소타만족설문지(Minnesota Satisfaction Questionnaire, MSQ)에서는 20문항 중에 8번이 고용안정(steady employment)에 대한 설문이며 100문항 설문지에서는 고용안정에 대해 5개 문항으로 측정하고 있다. 5개 문항으로 측정하는 경우 신뢰도에 있어서는 26개 표본에 대한 Hoyt 문항 간 일관성 신뢰도계수가 중간값이 0.80이고 최소 0.64에서 최고 0.87이며, 재검사 신뢰도계수는 일주일 후가 0.70, 1년 후가 0.58로 보고된 바 있으며 타당도의 경우 대체로 적절한 것으로 평가된 바 있다. 다수 표본의 평균값은 '매우 불만족'을 1점, '매우 만족'을 5점으로 기록한 결과, 직종별로 차이가 있지만 대체로 18.3에서 21.7까지로 나타나고 있으며 표준편차는 2.40에서 6.05까지로 보고되고 있다.

4.5.2 Hackman & Oldham(1975)의 직무진단조사(JDS) 내 고용안정만족 측정문항

Hackman & Oldham(1975)의 직무진단조사(Job Diagnosis Survey, JDS)에서는 7점 척도로 2개 문항으로 고용안정에 대한 만족도를 측정하고 있다. 신뢰도와 타당도에 대한 평가결과는 특별한 내용이 없지만 표본을 바탕으로 자신에 대한 평균값은 4.76, 중간값은 4.76, 그리고 표준편차는 1.48로 나타났고 직무에 대한 평균값은 4.86, 중간값도 4.86, 그리고 표준편차는 0.96으로 나타났다(Oldham, Hackman & Stepina, 1978). 문항은 다음과 같다.

1. The amount of job security I have.
   [내 일에서 가지는 고용안정성 정도]
2. The amount of independent thought and action I can exercise in my job.
   [내 일에서 실행할 수 있는 독립적인 사고와 행동의 정도]

4.5.3 Quinn & Staines(1979)의 고용의 질 조사(QES) 내 고용안정 만족 측정문항

Quinn & Staines(1979)의 고용의 질 조사(Quality of Employment Survey, QES)에서는 6개 요인 33문항 중에 재무적 보상(financial rewards) 요인 3문항 중 1개 문항이 고용안정(job security)에 대한 설문이다.

Financial Rewards [금전적 보상]
16. My fringe benefits are good.
   [내 복리후생은 괜찮다.]

4.5.4 Warr, Cook & Wall(1979)의 직무태도설문지(WAQ) 내 고용안정 만족 측정문항

Warr, Cook & Wall(1979)의 직무태도설문지(Work Attitude Questionnaire, WAQ), 글로벌직무만족(Global Job Satisfaction, GJS)에서는 15개 문항 중에 마지막 15번 문항이 고용안정(job security)에 대한 설문이다.

15. Your job security
   [내 일의 고용안정성]

이상의 고용안정 만족도 측정도구에 대한 요약은 다음과 같다.

표 4-4 고용안정에 대한 만족도 측정도구 요약

		개발자	측정도구	특 징
외재적 직무특성요인	고용안정	Weiss et al. (1967)	미네소타만족설문지(Minnesota Satisfaction Questionnaire, MSQ)의 고용안정요인	• 20문항 설문지의 8번 문항, 100문항 설문지의 경우 5개 문항으로 측정
		Hackman & Oldham(1975)	직무진단조사(Job Description Survey, JDS)의 고용안정요인	• 고용안정요인을 2개 문항으로 측정
		Warr, Cook & Wall(1979)	직무태도설문지(Work Attitude Questionnaire, WAQ) 또는 글로벌직무만족(Global Job Satisfaction, GJS)	• 마지막 15번 문항
		Quinn & Staines(1979)	고용의 질 조사(Quality of Employment Survey, QES)	• 전체 6개 요인 33문항 중에 재무적 보상(financial rewards) 요인 3문항 중 1개 문항으로 측정

4.6 근로조건만족 측정도구

근로조건은 안전성 등에 있어서 상당한 차이를 보임에도 불구하고 매우 나쁜 경우에만 관심을 가지는 경향이 있어서 근로조건이 급격하게 변하는 경우에만 관심을 가지는 경우가 많다.

먼저 전반적인 직무만족도를 측정하면서 근무여건을 요인으로 포함한 경우를 살펴보면 다음과 같다.

4.6.1 Bullock(1952)의 근로조건만족 측정문항

Bullock(1952)은 10개 문항으로 전반적 직무만족도를 측정하면서 7번째 문항에 전반적인 근로조건에 대한 만족도를 묻고 있다.

이 측정도구에 대해 신뢰도의 경우 반분신뢰도가 0.86이고 문항-전체 상관관계는 0.50에서 0.76 수준으로 충분한 것으로 보고되고 있다. 타당도의 경우는 다속성다문항(multi-traits multi-matrix) 방법으로 구성타당도가 0.87로 보고되고 있다(BT, 1984 : 6.3(1)). '예', '모름', '아니오'를 각각 1, 2, 3점으로 기록하되 역설문은 2, 6, 8, 9 및 12번이다.

4.7.5 Taylor & Bowers(1972)의 상사만족 측정문항

전반적 직무만족 측정도구의 하나인 Taylor & Bowers(1972)는 7개 문항 중에서 2번에서 상사에 대한 만족도를 측정하고 있다.

2. All in all, how satisfied are you with your supervisor?
   [전반적으로, 귀하의 상사에 대해 얼마나 만족합니까?]

4.7.6 Cross(1973)의 구성원의견조사(WOS) 내 상사만족 측정문항

Cross(1973)의 구성원의견조사(Worker Opinion Survey, WOS)에서 요인 중의 하나로 직속상사에 대한 만족도를 측정하고 있는데 8개 문항으로 구성된 이 측정도구는 원래 영국의 블루칼라를 대상으로 개발되었다. 이 측정도구는 감독의 역량보다는 인간관계를 중심으로 구성된 특징을 보이며 예, 잘 모르겠음, 아니오 등의 3점 척도로 측정된다. 이 설문문항은 BT(1984)의 6.1(1)에서 인용하였다.

1. He/she lets you know where you stand.
   [상사는 내가 어디에 위치하는지를 알려준다.]
2. He/she does a good job.
   [상사는 일을 잘한다.]
3. He/she interferes too much. (역설문)
   [상사가 지나치게 간섭한다.]
4. He/she is always too busy to see you. (역설문)
   [상사는 내가 만나기에 항상 너무 바쁘다.]

5. He/she stands up for you. (역설문)
   [상사는 나를 위해 지원해 준다.]
6. He/she is quick tempered. (역설문)
   [상사는 성질이 급하다.]
7. You can discuss problems with him/her.
   [나는 상사와 문제에 대해 논의할 수 있다.]
8. He/she is hard to please. (역설문)
   [상사는 즐겁게 하기 어려운 사람이다.]

신뢰도의 경우 K-R 문항 간 일관성 신뢰도계수가 0.77에서 0.80 수준이며 문항-전체 간의 상관관계는 0.59에서 0.71 사이로 보고되고 있다. 타당도는 전반적 직무만족도와 상관관계가 0.25 수준이고 구성원의견조사(WOS)의 전체 설문에 대해 요인분석을 한 결과 한 요인으로 묶이고 다른 요인에는 높은 값이 부여되지 않은 것으로 보고된 바 있다(BT, 1984 : 6.1(1)). 평균값은 남성의 경우 15.81(표준편차는 6.66)이고 여성은 15.68(표준편차는 6.50)로 보고된 바 있다.

4.7.7 Hackman & Oldham(1975)의 직무진단조사(JDS) 내 상사감독만족 측정문항

Hackman & Oldham(1975)의 직무진단조사(Job Diagnostic Survey, JDS)에서는 14개 요인으로 전반적 직무만족도를 측정하고 있는데 상사의 감독에 대해서는 피드백(feedback from agents) 요인에서 구체화하여 피드백 관련 사항을 묻고 있고, 감독(supervisory scale) 요인에서 3개 문항으로 묻고 있다. 문항내용은 다음과 같다.

FEEDBACK FROM AGENTS [제3자로부터의 피드백]
1. To what extent do managers or co-workers let you know how well you are doing in your job?
   [관리자나 동료들은 내가 일을 잘 수행하고 있는지에 대해 어느 정도나 잘 알려줍니까?]
2. How accurate is this statement in describing your job? : "supervisors often let

me know how well they think I am performing the job"
["상사는 내가 일을 얼마나 잘 수행했는지에 자주 알려준다"라는 내용이 귀하의 직무를 얼마나 정확하게 기술하고 있습니까?]

3. How accurate is this statement in describing your job? : "the supervisors and co-workers on this job almost never give me any "feedback" about how well I am doing in my work"
["상사나 동료는 내가 일을 얼마나 잘 수행했는지에 대한 피드백을 전혀 해주지 않는다"라는 내용이 귀하의 직무를 얼마나 정확하게 기술하고 있습니까?]

SUPERVISORY SCALE [감독관련 측면]

1. The degree of respect and fair treatment I receive from my boss.
[내가 사장으로부터 받는 존경과 공정한 대우의 정도]
2. The amount of support and guidance I receive from my supervisor.
[내가 상사로부터 받는 지원과 지도의 정도]
3. The overall quality of the supervision I receive in my work.
[내가 일하면서 받는 감독의 전반적인 수준]

4.7.8 Smith(1976)의 조직반응지수(IOR) 내 상사감독만족 측정문항

Smith(1976)의 조직반응지수(Index of Organizational Reactions, IOR)에서는 8개 요인으로 구분하여 전반적 직무만족도를 측정하고 있는데 상사의 감독을 첫 번째 요인으로 보고 6개 문항으로 측정하고 있다. 문항내용은 다음과 같다.

Supervision [감독]

1. Do you ever have the feeling you would be better off working under different supervision?
[다른 감독하에서는 일을 더 잘할 수 있었을 것이라고 생각한 적이 있습니까?]
2. How do you feel about the supervision you receive?
[지금 받는 감독에 대해 어떻게 생각하십니까?]
3. How does the way you are treated by those who supervise you influence your

overall attitude toward your job?
[당신을 감독하는 방법이 당신이 일에 대해 가지는 전반적인 태도에 어떻게 영향을 미칩니까?]

4. How much do the efforts of those who supervise you add to the success of your organization?
[당신을 감독하는 감독자의 노력이 귀 조직의 성공에 얼마나 기여한다고 생각하십니까?]

5. The people who supervise me have : Many more good traits than bad ones ; More good traits than bad ones ; About the same number good traits as bad ones ; More bad traits than good ones ; Many more bad traits than good ones.
[나를 감독하는 감독자는 : 나쁜 점보다는 좋은 점이 매우 많다 ; 나쁜 점보다는 좋은 점이 많다 ; 나쁜 점과 좋은 점이 비슷하다 ; 좋은 점보다 나쁜 점이 많다 ; 좋은 점보다 나쁜 점이 매우 많다.]

6. The supervision I receive is the kind that : Greatly discourages me from giving extra effort ; Tend to discourage me from giving extra effort ; Has little influence on me ; Encourage me to give extra effort ; Greatly encourages me to give extra effort.
[내가 받는 감독은 : 더 노력하려는 나를 크게 실망시킨다 ; 더 노력하려는 나를 실망시키는 것 같다 ; 나에게 별 영향이 없다 ; 더 노력하게 만든다 ; 더욱더 나를 노력하게 만든다.]

4.7.9 Warr, Cook & Wall(1979)의 직무태도설문지(WAQ) 내 직속상사만족 측정문항

Warr, Cook & Wall(1979)의 직무태도설문지(Work Attitude Questionnaire, WAQ)에서는 15개 문항 중에 5번에서 직속상사에 대한 만족도를 묻고 있다.

5. Your immediate boss
[귀하의 직속상사]

4.7.10 Spector(1985)의 직무만족조사(JSS) 내 상사감독만족 측정문항

Spector(1985)의 직무만족조사(Job Satisfaction Survey, JSS)에서는 36개 문항 중에서 3번, 12번, 21번, 30번 등 4개 문항에서 상사의 감독에 대한 만족도를 묻고 있다.

3. My supervisor is quite competent in doing his/her job.
   [내 상사는 자신의 업무와 관련해 상당한 역량을 가지고 있다.]
12. My supervisor is unfair to me.
   [내 상사는 나에게 공정하지 못하다.]
21. My supervisor shows too little interest in the feelings of subordinates.
   [내 상사는 부하들의 감정에 대해 관심을 가지지 않는다.]
30. I like my supervisor.
   [나는 내 상사를 좋아한다.]

4.7.11 Hatfield, Robinson & Huseman(1985)의 직무인식척도(JPS) 내 상사만족 측정문항

Hatfiled, Robinson & Huseman(1985)은 직무인식척도(Job Perception Scale, JPS)를 개발하였는데 5가지 요인 중 하나로 상사(supervisor)에 대해 형용사적인 표현으로 4문항을 사용해 만족도를 묻고 있다. 신뢰도계수는 5개 요인 21개 문항 전체로 0.87에서 0.93으로 보고된 바 있다(Miles, Patrick & King, 1996 ; Smith et al., 1998). 이 설문문항은 Fields(2002)의 p. 17에 제시되어 있다.

Choose a level from 1 to 5 that describes your present supervisor using each pair of words as end-point anchors. [귀하의 현재 감독에 대해 5점 척도로 응답해 주세요.]

Supervisor Items **[감독관련 문항]**

14. Near/Distant
   [친밀한/거리감이 있는]

15. Sincere/Insincere
[진지한/진지하지 않은]
16. Friendly/Unfriendly
[친근한/친근하지 않은]
17. Qualified/Unqualified
[역량이 있는/역량이 부족한]

4.7.12 Scarpello & Vandenberg(1987)의 직속상사만족 측정도구

Scarpello & Vandenberg(1987)은 직속상사에 대한 만족도를 측정하는 도구를 개발했는데 18문항에 대해 5점 리커트 척도로 측정하고 있다. 이 설문문항은 Scarpello & Vandenberg(1987)의 p. 455 <Figure 1>에서 인용하였다.

1. The way my supervisor listens when I have something important to say
[내가 중요한 이야기를 할 때 상사가 듣는 방법]
2. The way my supervisor sets clear work goals
[내 상사가 구체적인 목표를 설정하는 방법]
3. The way my supervisor treats me when I make a mistake
[내가 실수를 했을 때 상사가 나를 대하는 방법]
4. My supervisor's fairness in appraising my job performance
[내 업무성과를 상사가 공정하게 평가하는 정도]
5. The way my supervisor is consistent in his/her behavior toward subordinates
[상사가 부하에 대해 행동하는 데 일관성의 정도]
6. The way my supervisor helps me to get the job done
[내가 일을 완수할 수 있도록 상사가 도와주는 정도]
7. The way my supervisor gives me credit for my ideas
[상사가 내 생각에 대해 신뢰하는 정도]
8. The way my supervisor gives me clear instruction
[내 상사가 나에게 명확하게 지시하는 정도]
9. The way my supervisor informs me about work changes ahead of time
[내 상사가 나에게 업무내용의 변화를 미리 알려주는 방법]

10. The way my supervisor follows through to get problems solved
[내 상사가 문제를 해결하기 위해 일하는 방법]
11. The way my supervisor understands the problems I might run into doing the job
[내 상사가 내가 업무에서 부딪칠 수 있는 문제를 이해하는 정도]
12. The way my supervisor shows concern for my career progress
[내 상사가 나의 경력개발에 대해 가지는 관심의 정도]
13. My supervisor's backing me up with other management
[내 상사가 다른 경영진과의 대화에서 나를 지원하는 정도]
14. The frequency with which I get a pat on the back for doing a good job
[내가 일을 잘했을 때 상사가 격려해주는 빈도]
15. The technical competence of my supervisor
[내 상사의 기술적인 역량]
16. The amount of time I get to learn a task before I'm moved to another task
[내가 새로운 일을 시작하기 전에 주어지는 시간의 정도]
17. The time I have to do the job right
[내가 일을 제대로 하기 위해 필요한 시간]
18. The way my job responsibilities are clearly defined
[내 업무상 책임이 명확하게 정의된 정도]

신뢰도에 대한 크론바흐 알파(Cronbach α) 문항 간 일관성 신뢰도계수는 0.95-0.96으로 보고되고 있고, 타당도에 있어서는 요인분석 결과 두 요인으로 묶이지만 요인 간의 상관관계는 0.60으로 매우 높고, 서로 교차하여 묶이는 문항들이 많아서 하나의 요인으로 보기에 큰 문제가 없다고 보고되고 있다(Jones et al., 1999 ; Scarpello & Vandenberg, 1987).

4.7.13 기타 감독만족 측정도구

Katzell, Ewen & Korman(1974)의 측정도구는 전체적으로는 33개 문항으로 구성되어 있는데 감독에 대한 문항이 12개 문항이다.

상사 및 감독에 대한 만족도 측정도구 요약 표 4-6

내 용			개발자	측정도구	특 징
외재적 직무특성요인	감독 및 상사	직무만족구성요인	Vroom(1960)		• 전체 3개 문항 중 2개 문항이 상사에 대한 만족도를 측정
			Weiss et al. (1967)	미네소타만족설문지(Minnesota Satisfaction Questionnaire, MSQ)의 상사감독요인	• 20개 문항 설문지에서는 5번과 6번 등 2개 문항, 100문항의 경우는 인간관계중심으로 5개 문항, 감독의 기술적 측면을 5개 문항으로 측정
			Smith, Kendall & Hulin(1969)	직무서술지수(Job Description Index, JDI)의 상사감독요인	• 전체 5개 요인 중 상사의 감독요인을 18개의 형용사적 표현으로 측정
			Warr & Routledge(1969)	관리자의견척도(Opinion Scale for Managers, OSM)의 상사만족요인	• 관리자대상 상사의 만족도를 13개 문항으로 측정
			Taylor & Bowers (1972)	조직설문조사(Survey of Organizations Questionnaire, SOQ)	• 전체 7개 문항 중 2번에서 상사만족을 측정
			Cross(1973)	구성원의견조사(Worker Opinion Survey, WOS) 직속상사요인	• 8개 문항으로 인간관계중심 직속상사 만족을 측정
			Hackman & Oldham(1975)	직무진단조사(Job Description Survey, JDS)의 피드백요인 및 감독요인	• 전체 14개 요인 중 피드백요인 3개 문항과 감독요인 3개 문항으로 측정
			Smith(1976)	조직반응지수(Index of Organizational Reactions, IOR)의 상사감독요인	• 전체 8개 요인 중 상사감독요인을 6개 문항으로 측정
			Warr, Cook & Wall(1979)	직무태도설문지(Work Attitude Questionnaire, WAQ)의 직속상사요인	• 전체 15개 문항 중에 5번에서 측정
			Spector(1985)	직무만족조사(Job Satisfaction Survey, JSS)의 상사감독 요인	• 전체 36개 문항 중 2, 12, 21, 30번 등 4개 문항에서 상사감독만족을 측정
			Hatfiled, Robinson & Huseman (1985)	직무인식척도(Job Perception Scale, JPS)의 상사요인	• 전체 5개 요인 중에서 상사요인을 형용사로 표현된 4개 문항으로 측정
		상사감독	Scarpello & Vandenberg(1987)		• 18개 문항으로 측정
			Katzell, Ewen & Korman(1974)		• 전체 33개 문항 중 감독을 12개 문항으로 측정

4.8 동료만족 측정도구

동료에 대한 만족도는 급여나 감독에 비해 상대적으로 연구결과가 많지 않다. 비록 동료와의 관계가 생산성이나 이직에 직접적인 영향을 미친다는 연구결과가 많지는 않지만, 그럼에도 불구하고 동료관계가 직무만족의 중요한 구성요인이라는 주장은 사회심리학을 중심으로 많은 연구결과에서 제시되고 있다.

4.8.1 Weiss et al.(1967)의 미네소타직무만족설문지(MSQ) 내 동료만족 측정문항

Weiss et al.(1967)의 미네소타직무만족설문지(Minnesota Satisfaction Questionnaire, MSQ)에서는 20문항 중에 18번에서 동료에 대한 만족도를 측정하고 있다.

On my present job, this is how I feel about
[현재의 직무에서 내가 느끼는 생각은]
(18) the way my coworkers get along with each other
[내 동료들이 서로 지내는 상황][12)]

100문항 설문지에서는 5개 문항으로 측정하고 있는데 Weiss(1967 : 14)는 문항 간 일관성 신뢰도계수의 중간값이 0.85 수준에, 최저 0.67에서 최고 0.93 수준으로 보고하고 있으며, Dunhamm et al.(1977)은 신뢰도계수가 0.79로, 일주일 후 재검사 신뢰도계수는 0.66, 1년 후 재검사 신뢰도계수는 0.40으로 보고하고 있다. 타당도의 경우는 Smith et al.(1969)가 개발한 직무서술지수(Job Description Index, JDI)의 동료관계요인과 0.49의 상관관계, Smith (1976)의 조직반응지수(IOR)의 동료관계요인과는 0.50의 상관관계를 보였다

12) Copyright 1977 Vocational Psychology Research, University of Minnesota. All Rights Reserved. Reproduced by written permission.

(Gillet & Schwab, 1975). 응답내용을 '매우 불만족'을 1로 시작해서 '매우 만족'을 5로 기록했을 때 직종별로 차이는 있지만 대체로 평균은 18~21점 사이였고 표준편차는 2~5점 수준을 보였다.

4.8.2 Smith, Kendall & Hulin(1969)의 직무서술지수(JDI) 내 동료만족 측정문항

Smith, Kendall & Hulin(1969)의 직무서술지수(Job Description Index, JDI)에서는 5개 요인 중에 하나의 요인으로 동료와의 관계에 대해서 묻고 있는데 18개의 형용사적 표현을 통해 동료에 대한 만족도를 측정하고 있다. 구체적인 설문 문항은 저작권 제한으로 여기에 제시할 수는 없으나 Smith, Kendall & Hulin(1969)의 p. 83에 원래 문항이 제시되어 있고, Fields(2002)의 p. 24에 수정된 문항이 제시되어 있다. 설문조사를 위한 설문지는 저작권자인 Bowling Green State University에서 구매해서 사용해야 한다. 여기에는 Brodke(2009)의 JDI & JIG Quick Reference Guide에 제시된 역설문 문항 10개만을 제시하기로 한다.

Think of the kind of coworker that you get on your job. How well does each of the following words or phrases describe this? In the blank beside each word below, write.
[현재 귀하가 일을 하면서 느끼는 동료에 대해 생각해 보십시오. 다음의 단어나 구절이 귀하의 일을 얼마나 잘 설명하고 있습니까? 다음의 단어를 단어나 구절 옆의 빈칸에 적어 주십시오.]

Y for "Yes" if it describes your work
[귀하의 일을 잘 설명하고 있는 경우에 '예(O)'라고 적어 주세요.]

N for "No" if it does not describe it
[귀하의 일을 잘 설명하지 못하는 경우에 '아니오(X)'라고 적어 주세요.]

? if you can not decide
[귀하가 잘 모르겠으면 '?'라고 적어 주세요.]

Coworker [동료]

___ Boring
[지겨운]

___ Slow
[느린]
___ Stupid
[어리석은]
___ Easy to make enemies
[쉽게 적을 만드는]
___ Rude
[무례한]
___ Lazy
[게으른]
___ Unpleasant
[즐겁지 않은]
___ Narrow Interests
[흥미가 편협된]
___ Frustrating
[실망시키는]
___ Stubborn
[고집이 센][13)]

4.8.3 Warr & Routledge(1969)의 관리자의견척도(OSM) 내 동료만족 측정문항

Warr & Routledge(1969)의 관리자의견척도(Opinion Scale for Managers, OSM)는 10개 문항으로 구성되어 있는데 역량, 혁신에 대한 태도, 개인적 특성 등을 균형되게 포함하고 있다. 신뢰도를 보면 반분신뢰도계수가 0.82, 문항-전체 간의 상관관계는 0.45에서 0.74로 보고되었고, 타당도의 경우는 특별한 보고는 없다. 응답내용을 '예', '잘 모르겠음', '아니오'에 대해 1, 2, 3으로 기록하는 경우 평균은 26.2점이고 표준편차는 3.9로 보고된 바 있다. 구체적인 설문내용은 다음과 같다. 이 설문문항은 BT(1984), 7.3(2)에서 인용하였다.

13) Copyright 2009 Bowling Green State University, All Rights Reserved. Reproduced by written permission.

1. Friendly
[친절하다]
2. Intelligent
[현명하다]
3. Very much likely myself
[나와 매우 비슷하다]
4. Do not have enough experience
[경험이 부족하다]
5. Too old-fashioned
[구식이다, 시대에 뒤떨어진다]
6. Most of them should not have got where they are
[대부분 현재 어디에 있는지 모른다]
7. Are unwilling to try out new ideas
[새로운 생각을 시도하기를 꺼려한다]
8. Snobbish
[도도하다]
9. Boring
[지루하다]
10. Some think they own the place
[일부는 자신들이 주인이라 생각한다]

4.8.4 Taylor & Bowers(1972)의 조직설문조사(SOQ) 내 동료만족 측정문항

Taylor & Bowers(1972)의 측정도구는 7개 문항 중에서 1번에서 동료에 대한 만족도를 측정하고 있다. 원래 미국 University of Michigan의 Institute for Social Research에서 조직설문조사(Survey of Organizations Questionnaire, SOQ)에 포함되어 있었으며 전반적 만족도보다는 요인별로 측정하여 합산하는 복합(composite)형이라고 할 수 있다. 여러 차례 수정을 거쳐 제시된 설문문항은 Cook et al.(1981)의 p. 26에서 인용하였다.

1. All in all, how satisfied are you with the persons in your work group?
[전반적으로, 귀하의 작업집단의 동료들에 대해 얼마나 만족합니까?]

4.8.5 Cross(1973)의 구성원의견조사(WOS) 내 동료만족 측정문항

Cross(1973)는 구성원의견조사(Worker Opinion Survey, WOS)에서 8개 문항으로 동료와의 관계에 대해 묻고 있는데 원래 블루칼라를 고려하고 개발되었기 때문에 전문가나 심리적 측면을 강조하는 경우에는 적절하지 않을 수 있다. 신뢰도는 K-R 문항 간 일관성 신뢰도계수가 0.71에서 0.80 수준으로, 문항-전체 간의 상관관계는 0.51에서 0.73 수준으로 보고되고 있다. 타당도의 경우는 전반적 만족도와는 상관관계가 비교적 낮지만, 요인분석에서는 하나의 요인으로 묶이는 것으로 보고되고 있다(BT, 1984 : 7.1(1)). 아래의 문항별로 '예'는 3점, '잘 모름'은 1점, '아니오'를 0점으로 기록하는 것을 기준으로 평균값은 18점, 표준편차는 5점에서 6점 사이로 보고된다.

1. Easy to make enemies (역설문)
[적을 만들기 쉽다]
2. Hard working
[열심히 일한다.]
3. Some of them think they run the place. (역설문)
[일부는 자기들이 ······ 한다고 생각한다]
4. Know their jobs
[자신들의 일을 알고 있다]
5. Work well as a group
[집단으로 일을 잘한다]
6. Stupid (역설문)
[어리석다]
7. Unpleasant (역설문)
[즐겁지 않다]
8. Do their share of work
[자신들이 맡은 일을 해낸다]

4.8.6 Smith(1976)의 조직반응지수(IOR) 내 동료만족 측정문항

Smith(1976)의 조직반응지수(Index of Organizational Reactions, IOR)에서는 8개 요인으로 구분하여 전반적 직무만족도를 측정하고 있는데 동료관계를 다섯 번째 요인으로 정하고 5개 문항으로 측정하고 있다.

Co-Workers [동료]

22. How do you generally feel abut the employees you work with? They are the best group I could ask for ; I like them a great deal ; I like them fairly well ; I have no feeling one way or the other ; I don't particularly care for them ; scored 5 to 1 respectively.
 [같이 일하는 동료에 대해 전반적으로 어떻게 느낍니까? 내가 요청할 수 있는 최고의 집단이다 ; 그들을 매우 좋아한다 ; 어느 정도 좋아한다 ; 별다른 생각이 없다 ; 특별히 그들을 고려하지 않는다 ; 5점에서 1점]
23. How is your overall attitude toward your job influenced by the people you work with? It is very favourably influenced ; It is favourably influenced ; It is not influenced one way or the other ; It is unfavourably influenced ; It is very unfavourably influenced ; scored 5 to 1 respectively.
 [같이 일하는 동료들이 귀하의 전반적인 직무태도에 미치는 영향은? 매우 긍정적인 영향을 미친다 ; 긍정적인 영향을 미친다 ; 별다른 영향을 미치지 않는다 ; 부정적인 영향을 미친다 ; 매우 부정적인 영향을 미친다 ; 5점에서 1점]
24. The example my fellow employees set ; Greatly discourages me from working hard ; Somewhat discourages me from working hard ; Has little effect on me ; Somewhat encourages me to work hard ; Greatly encourages me to work hard ; scored 1 to 5 respectively.
 [내 동료가 만들어낸 예로 인해 : 내가 열심히 일하는 데 상당한 방해가 된다 ; 내가 열심히 일하는 데 어느 정도 방해가 된다 ; 나에게 별 영향을 미치지 않는다 ; 내가 열심히 일하는 데 어느 정도 도움이 된다 ; 내가 매우 열심히 일하도록 만든다 ; 1점에서 5점]
25. How much does the way co-workers handle their jobs add to the success of your organization? It adds almost nothing ; It adds very little ; It adds only a little ; it adds quite a bit ; it adds a very great deal ; scored 1 to 5 respectively.
 [동료들이 일하는 방식이 어느 정도 회사의 성공에 도움이 되나요? 거의

도움이 되지 않는다; 별로 도움이 되지 않는다; 약간 도움이 된다; 상당히 도움된다; 매우 도움된다; 1점에서 5점]

26. In this organization, there is: A very great deal of friction; Quite a bit of friction; Some friction; Little friction; Almost no friction; scored 1 to 5 respectively.
[이 조직에는: 매우 심한 갈등이 있다; 상당한 갈등이 있다; 어는 정도 갈등이 있다; 갈등이 거의 없다; 갈등은 없다; 1점에서 5점]

4.8.7 Quinn & Staines(1979)의 동료만족 측정문항

Quinn & Staines(1979)의 고용의 질 조사(Quality of Employment Survey, QES) 측정도구는 6개 요인 33개 문항으로 전반적 직무만족도를 측정하고 있는데 동료관계요인에 대해서 3개 문항으로 측정하고 있다. 각 문항은 1에서 4까지 답하도록 되어 있는데 다시 한 번 인용제시하면 다음과 같다. 12개 문항으로 측정하는 경우에는 18번과 19번 문항 두 개 문항을 사용하며 7개 문항으로 측정하는 경우에는 동료만족에 대해 19번 문항 한 개로 측정한다.

Relations with Co-workers **[동료관계]**

17. The people I work with are friendly.
[내가 같이 일하는 동료들은 친근하다.]
18. I am given a lot of chances to make friends.
[내가 친구를 사귈 기회는 충분하다.]
19. The people I work with take a personal interest in me.
[내가 같이 일하는 동료들은 나에게 개인적인 관심을 가진다.]

4.8.8 Warr, Cook & Wall(1979)의 직무태도조사 내 동료만족 측정문항

Warr, Cook & Wall(1979)의 직무태도조사(Attitude Toward the Job)에서는 15개 문항 중에 3번에서 동료에 대한 만족도를 묻고 있다. 7점 리커트 척도로 측정하는 3번 문항은 다음과 같다.

3. Your fellow workers
   [동료]

4.8.9 Hatfiled, Robinson & Huseman(1985)의 직무인식척도(JPS) 내 동료만족 측정문항

Hatfiled, Robinson & Huseman(1985)은 직무인식척도(Job Perception Scale, JPS)에서 5가지 요인 중 하나로 동료(co-workers)에 대해 형용사적인 표현으로 4문항을 사용해 5점 척도로 만족도를 묻고 있다. 이 설문문항은 Fields (2002)의 p. 17에 제시되어 있다.

Choose a level from 1 to 5 that describes your present co-workers using each pair of words as end-point anchors.
[귀하의 현재 동료들에 대해 5점 척도로 응답해 주세요.]

Co-workers Items [감독관련 문항]

18. Careful/Careless
    [주의 깊은/산만한]
19. Loyal/Disloyal
    [애사심이 있는/애사심이 없는]
20. Pleasant/Unpleasant
    [즐거운/즐겁지 않은]
21. Boring/Interesting
    [지루한/흥미로운]

신뢰도는 21개 문항 전체로 0.87에서 0.93으로 보고된 바 있다(Miles, Patrick & King, 1996 ; Smith et al., 1998).

4.8.10 Spector(1985)의 직무만족조사(JSS) 내 동료만족 측정문항

Spector(1985)의 직무만족조사(Job Satisfaction Survey, JSS)에서는 36개 문항 중에서 7번, 16번, 25번 등 3개 문항에서 동료에 대한 만족도를 묻고

신뢰도계수는 21개 문항 전체로 0.87에서 0.93으로 보고된 바 있다(Miles, Patrick & King, 1996 ; Smith et al., 1998).

4.9.11 Spector(1985)의 직무만족조사(JSS) 내 승진가능성만족 측정문항

Spector(1985)의 직무만족조사(Job Satisfaction Survey, JSS)에서는 9개 요인 36개 문항 중에서 2번, 11번, 20번, 33번 문항에서 승진가능성에 대한 만족도를 묻고 있다. 각 문항은 6점 척도로 측정하며 학술적인 용도로는 무료로 사용할 수 있다(Spector, 1997 ; 75-76).

2. There is really too little chance for promotion on my job.
   [내가 하는 일에서 승진을 할 가능성은 거의 없다.]
11. Those who do well on the job stand a fair chance of being promoted.
   [일을 잘하는 사람들은 승진할 기회가 충분히 있다.]
20. People get ahead as fast here as they do in other places.
   [구성원들은 다른 직장에서 승진하는 속도로 승진한다고 생각한다.]
33. I am satisfied with my chances for promotion.
   [나는 내가 승진할 가능성에 대해 만족한다.]

4.9.12 기타 승진만족 측정도구

그 외에 승진 및 경력과 관련된 만족도 측정도구로는 Alutto & Vredenberg(1977)의 경력불만척도(Dissatisfaction with Career)가 있다.

승진 및 경력에 대한 만족도 측정도구 요약 표 4-8

내 용			개발자	측정도구	특 징
외재적 직무특성요인	승진 및 경력개발	직무만족구성요인	Weiss et al. (1967)	미네소타만족설문지(Minnesota Satisfaction Questionnaire, MSQ)의 승진요인	• 20개 문항 설문지에서는 14번 문항, 100문항의 경우는 5개 문항으로 측정
			Smith, Kendall & Hulin(1969)	직무서술지수(Job Description Index, JDI)의 승진요인	• 전체 5개 요인 중 승진가능성요인을 9개의 형용사적 표현으로 측정
			Warr & Routledge(1969)	관리자의견척도(Opinion Scale for Managers, OSM)의 승진요인	• 전체 7개 요인 중 승진요인을 8개 문항으로 구성
			Taylor & Bowers(1972)	조직설문조사(Survey of Organizations Questionnaire, SOQ)	• 전체 7개 문항 중 2개 문항으로 승진 및 경력개발 가능성 만족도 측정
			Cross(1973)	구성원의견조사(Worker Opinion Survey, WOS)의 승진요인	• 직속상사 요인을 8개 문항으로 측정
			Hackman & Oldham(1975)	직무진단조사(Job Description Survey, JDS)의 성장가능성 요인	• 전체 14개 요인 중 직장 내 성장가능성 요인에 대해 4개 문항으로 측정
			Smith(1976)	조직반응지표(Index of Organizational Reactions, IOR)의 향후경력요인	• 전체 8개 요인 중에 향후 경력만족을 5개 문항으로 측정
			Quinn & Staines(1979)	고용의 질 조사(Quality of Employment Survey, QES)의 승진요인	• 전체 6개 요인 33개 문항 중 승진요인을 3개 문항으로 측정
			Warr, Cook & Wall (1979)	직무태도설문지(Work Attitude Questionnaire, WAQ)의 승진가능성요인	• 전체 15개 문항 중 10번에서 측정
			Hatfiled, Robinson & Huseman(1985)	직무인식척도(Job Perception Scale, JPS)의 승진요인	• 전체 5개 요인 중 승진요인을 형용사적 표현 4개 문항으로 측정
			Spector(1985)	직무만족조사(Job Satisfaction Survey, JSS)의 승진요인	• 전체 9개 요인 36개 문항 중 2, 12, 21, 30번 등 4개 문항으로 승진가능성만족 측정
		경력	Alutto & Vredenberg(1977)	경력불만척도(Dissatisfaction with Career)	

4.10 조직수준요인만족 측정도구

조직수준의 요인에 대한 만족도는 과거에는 중시되지 않았으나 최근에는 회사의 다양한 정책이나 문화에 대한 만족도가 직무만족도를 결정하는 중요한 요인으로 여겨지고 있다.

4.10.1 Bullock(1952)의 조직만족 측정문항

Bullock(1952)은 10개 문항으로 전반적 직무만족도를 측정하면서 4번째 문항에 조직에 대한 만족도를 묻고 있다. 5점 척도로 측정하는데 다섯 개 중에서 선택하도록 되어 있다. 설문문항은 Cook, Hepworth, Wall & Warr (1981)의 pp. 20-21에서 인용하였다.

4. Place a check mark in front of the statement which best tells what kind of an organization it is to work for.
[귀하가 일하는 회사에 대해 가장 잘 설명한 내용에 표시하세요.]
It is an excellent organization to work for – one of the best organizations I know of.
[이 회사는 일하기에 매우 좋은 회사이다 – 내가 아는 최고의 직장 중 하나다.]
It is a good organization to work for, but not one of the best.
[이 회사는 일하기에 좋은 회사이지만, 최고는 아니다.]
It is only an average organization to work for – many others are just as good.
[이 회사는 일하기에 평균적인 수준이며, 비슷한 수준에 많은 회사들이 있다.]
It is below average as an organization to work for – many others are better.
[이 회사는 일하기에 평균수준 이하이며, 더 좋은 회사가 많이 있다.]
It is probably one of the poorest organizations to work for that I know of.
[이 회사는 내가 아는 한 일하기에 가장 나쁜 회사 중 하나다.]
scored 5 to 1 respectively.
[5에서 1까지 적음]

4.10.2 Weiss et al.(1967)의 미네소타직무만족설문지(MSQ) 내 회사정책만족 측정문항

Weiss et al.(1967)의 미네소타직무만족설문지(Minnesota Satisfaction Questionnaire, MSQ)에서는 20개 요인 중에 한 요인인 회사정책(Company Policies)으로 정하고 20문항 중에 12번에서 한 문항으로 묻고 있다. 20문항 설문지에서 12번 문항에 대한 내용은 다음과 같다. 일반적인 측정도구와는 달리 만족하지 않음(Not Satisfied), 약간 만족함(Somewhat Satisfied), 만족함(Satisfied), 매우 만족함(Very Satisfied), 정말로 만족함(Extremely Satisfied) 등의 5점 척도를 사용한다.

> On my present job, this is how I feel about
> **[현재의 직무에서 내가 느끼는 생각은]**
> (12) the way company policies are put into practice
> [회사의 정책이 실제로 시행되는 상황][16]

100문항 설문지에서는 5개 문항으로 회사의 정책이 집행되는 과정과 관행에 대한 만족도를 측정하고 있는데 모든 문항이 긍정적인 방향으로 묻고 있어서 역설문이 없다.

신뢰도의 경우 Hoyt 문항 간 일관성 신뢰도계수가 중간값이 0.90이며 최저 0.80에서 최고 0.93으로 보고된 바 있으며(Weiss, 1967, 14), Dunham et al. (1977)는 문항 간 일관성 신뢰도계수를 0.63으로 보고하여 비교적 높은 수준으로 평가받고 있다. 타당도의 경우도 Smith(1976)의 조직반응지수(IOR)의 회사의 정책요인과 0.56과 0.70의 상관관계를 보이고(Dunham et al., 1977), 요인분석에서도 대부분 하나의 요인으로 묶여서 비교적 높은 것으로 평가받고 있다. 응답내용을 '매우 불만'을 1점으로 시작해서 '매우 만족'을 5점으로 기록하는 경우 직종에 따라 다르지만 대체로 평균값이 16-19점 수준이고 표준편차는 3.5-5.6점으로 보고된 바 있다(BT, 1984 : 9.3(2)).

이 미네소타만족설문지(MSQ)도 저작권이 인정되고 있으며 Psychology Department, University of Minnesota에서 구입해서 사용할 수 있다. 1997년 기준

16) Copyright 1977 Vocational Psychology Research, University of Minnesota. All Rights Reserved. Reproduced by written permission.

으로 짧은 양식은 100매에 39달러, 긴 양식은 100매에 66달러이다(Spector, 1997).

4.10.3 Warr & Routledge(1969)의 관리자의견척도(OSM) 내 회사만족 측정문항

Warr & Routledge(1969)의 관리자의견척도(Opinion Scale for Managers, OSM) 측정도구는 15개 문항으로 구성되어 있는데 대체로 회사에 대한 태도를 묻고 있으나 다만 참여나 사회적 가치에 대해서는 구체적인 문항이 포함되어 있지 않다. BT(1984), 9.1(3)에서 인용한 설문문항은 다음과 같다.

1. My firm's too big. (negative)
 [우리 회사는 너무 크다. (역설문)]
2. You feel you belong in your firm.
 [나는 회사에 소속되어 있다는 느낌을 가진다.].
3. My firm has a good reputation.
 [우리 회사는 훌륭한 명성을 가지고 있다.]
4. My firm is go-ahead.
 [우리 회사는 진취적이다.]
5. My firm needs some fresh people at the top. (negative)
 [우리 회사는 경영진에 새로운 사람들이 영입될 필요가 있다. (역설문)]
6. The higher management keep us in the dark about things we ought to know. (negative)
 [최고경영층은 우리가 알아야 할 사항에 대해 알려주지 않는다. (역설문)]
7. My firm is efficient.
 [우리 회사는 효율적으로 운영된다.]
8. There is too much class distinction in my firm. (negative)
 [우리 회사에는 지나치게 직급 간 구분이 심하다. (역설문)]
9. The firm looks after its employees well.
 [우리 회사는 종업원들을 잘 챙겨준다.]
10. There is insufficient co-ordination between departments. (negative)
 [사내 부서 간에 협조가 부족하다. (역설문)]
11. It is a good firm to work for. (negative)
 [우리 회사는 일하기 좋은 회사이다. (역설문)]

신뢰도의 경우를 보면 반분신뢰도계수는 0.80, K-R 문항 간 일관성 신뢰도계수는 0.42-0.71로 비교적 충분한 것으로 보고되고 있고, 타당도의 경우는 충분히 검증되지 않아서 비교적 낮은 것으로 평가되고 있다(BT, 1984 : 9.1(1)). 예를 들어, 회사에 대한 만족도와 관리자에 대한 만족도는 0.14 수준으로 낮은 편이다. 점수는 '예'가 3점, '잘 모르겠음'이 2점, '아니오'를 1점으로 했을 때 평균이 29.4, 표준편차는 4.9로 보고된 바 있다(BT, 1984 : 9.1(2)).

4.10.4 Taylor & Bowers(1972)의 조직설문조사(SOQ) 내 조직만족 측정문항

Taylor & Bowers(1972)의 조직설문조사(Survey of Organizations Questionnaire, SOQ)는 7개 문항 중에서 4번에서 회사에 대한 전반적인 만족도를 측정하고 있다. 5점 리커트 척도로 측정하는데 Cook et al.(1981)의 p. 26에서 인용한 문항은 다음과 같다.

4. All in all, how satisfied are you with this organization, compared to most others?
[전반적으로, 다른 회사와 비교할 때 현재 회사에 대해 얼마나 만족합니까?]

4.10.5 Smith(1976)의 조직반응지수(IOR) 내 조직정체성만족 측정문항

Smith(1976)의 조직반응지수(Index of Organizational Reactions, IOR)에서는 8개 요인 42개 문항으로 구분하여 전반적 직무만족도를 측정하고 있는데, 조직에 대한 정체성(company identification)을 두 번째 요인으로 구분하고 5개 문항으로 회사가 어떻게 구성원을 격려하고 대우하는지에 대해 측정하고 있다. 설문문항은 Cook et al.(1981 : 41-45)에서 인용하였다.

Company Identification [회사에 대한 정체성]

7. There is something about working for this organization that : Greatly encourages me to do my best : Definitely encourages me to do my best ; Only slightly encourages to do my best ; Tends to discourage me from doing my best ;

Definitely discourages me from doing my best; scored 5 to 1 respectively.

[이 회사는 조직을 위해 일하도록 만드는 데 있어서; 내가 최선을 다하도록 크게 격려해준다; 내가 최선을 다하도록 확실하게 격려해준다; 내가 최선을 다하는 데 조금 도움이 된다; 내가 최선을 다하려는 노력을 떨어뜨리는 경향이 있다; 내가 최선을 다하려는 노력을 크게 떨어뜨린다; 순서대로 5점에서 1점]

8. From my experience, I feel this organization probably treats it's employees: Poorly; Somewhat poorly; Fairly well; Quite well; Extremely well; scored 1 to 5 respectively.

[내 경험에 따르면 회사는 종업원을 다음과 같이 대한다고 느낀다: 미흡하게; 어느 정도는 미흡하게; 상당히 잘; 매우 잘; 정말 매우 잘; 1점에서 5점]

9. How does working for this organization influence your overall attitude toward your job? It has a very unfavourable influence; It has an unfavourable influence; It has no influence one way or the other; It has a favourable influence; It has a very favourable influence; scored 1 to 5 respectively.

[이 회사를 위해서 일한다는 것이 당신이 하는 일에 대한 전반적인 태도에 미치는 영향은? 매우 부정적인 영향을 미친다; 부정적인 영향을 미친다; 영향을 미치지 않는다; 긍정적인 영향을 미친다; 매우 긍정적인 영향을 미친다; 1점에서 5점]

10. How do you describe this organization as a company to work for? Couldn't be much better; Very good; Fairly good; Just another place to work; Poor; scored 5 to 1 respectively.

[이 회사를 기꺼이 일하려는 조직으로 평가한다면? 더 좋을 수 없다; 매우 좋다; 보통이다; 그저 하나의 일터이다; 매우 아니다; 5점에서 1점]

11. I think this organization, as a company, considers employee welfare; Much less important than sales and profits; Less important than sales and profits; About as important as sales and profits; More important than sales and profits; Much more important than sales and profits; scored 1 to 5 respectively.

[이 회사가 종업원의 복리후생에 가지는 생각은; 매출이나 이익에 비해 매우 덜 중요하게; 매출이나 이익에 비해 덜 중요하게; 매출이나 이익만큼 중요하게; 매출이나 이익보다 중요하게; 매출이나 이익보다 매우 중요하게; 1점에서 5점]

신뢰도의 경우는 0.81-0.83 수준, 타당도의 경우는 요인분석에서 정확하게 두 개의 요인으로 묶였으며, Smith, Kendall & Hulin(1969)의 직무서술지수(JDI)와 Weiss et al.(1967)의 미네소타만족설문지(MSQ)의 해당 요인과 높은 상관관계를 보였다는 점에서 신뢰도와 타당도가 모두 좋은 것으로 보고된 바 있다(Dunham, Smith & Blackburn, 1977).

4.10.6 Warr, Cook & Wall(1979)의 직무태도설문지(WAQ) 내 조직수준요인만족 측정문항

Warr, Cook & Wall(1979)의 직무태도설문지(Work Attitude Questionnaire, WAQ)에서는 15개 문항 중에 두 개의 문항에서 조직차원의 요인에 대해 만족도를 묻고 있는데 하나는 9번의 회사의 노사관계이고 다른 하나는 11번 회사의 관리방식이다.

4.10.7 Spector(1985)의 직무만족조사(JSS) 내 조직수준요인만족 측정문항

Spector(1985)의 직무만족조사(Job Satisfaction Survey, JSS)에서는 36개 문항 중에서 6번에서는 회사의 정책과 규정이 업무수행을 어렵게 하는지를 묻고 있으며, 9번 조직 내 의사소통, 18번 조직목표의 명확성, 26번 조직관리, 34번 조직 내 분위기 등에 대해서 묻고 있다.

6. Many of our rules and procedures make doing a good job difficult.
[회사의 규정과 절차는 내가 업무를 효과적으로 수행하는 데 방해가 된다.]
9. Communications seem good within this organization.
[사내의 커뮤니케이션은 괜찮다고 생각한다.]
18. The goals of this organization are not clear to me.
[나에게는 우리 회사의 목표가 명확하지 않다.]
26. I often feel that I do not know what is going on with the organization.
[나는 종종 회사가 어떻게 돌아가고 있는지 잘 모른다고 느낀다.]
34. There is too much bickering and fighting at work.
[일을 하는 데 너무 많은 갈등이 존재한다.]

4.10.8 기타 조직수준요인만족 측정도구

그 외에 회사에 대한 만족도 측정도구로는 King(1960)의 회사에 대한 종업원 태도(employees attitude towards their company), Stogdill(1965), Litwin & Stringer(1968)의 조직분위기설문지(Organizational Climate Questionnaire) 등의 측정도구가 있다.

표 4-9 조직수준요인에 대한 만족도 측정도구 요약

내용		개발자	측정도구	특 징
외재적 직무특성요인	조직 차원	CAT		• 10개 문항 중 4번째 문항으로 조직만족 측정
		Weiss et al. (1967)	미네소타만족설문지(Minnesota Satisfaction Questionnaire, MSQ)의 회사정책요인	• 20개 문항 설문지에서는 12번 문항, 100문항의 경우는 5개 문항으로 측정
		Warr & Routledge(1969)	관리자의견척도(Opinion Scale for Managers, OSM)의 회사요인	• 전체 7개 요인 중 회사요인을 8개 문항으로 구성
		Taylor & Bowers(1972)	조직설문조사(Survey of Organizations Questionnaire, SOQ)	• 전체 7개 문항 중 4번에서 측정
		Smith(1976)	조직반응지표(Index of Organizational Reactions, IOR)의 조직정체성요인	• 전체 8개 요인 42개 문항 중에 조직정체성요인을 5개 문항으로 측정
		Warr, Cook & Wall (1979)	직무태도설문지(Work Attitude Questionnaire, WAQ)의 조직수준요인	• 전체 15개 문항 중 조직수준요인으로 회사의 노사관계 9번 및 회사의 관리방식 11번에서 측정
		Spector(1985)	직무만족조사(Job Satisfaction Survey, JSS)의 조직수준요인	• 전체 9개 요인 36개 문항 중 6번 회사의 정책과 규정, 9번 의사소통, 18번 조직목표의 명확성, 26번 조직관리, 34번 조직 내 분위기 등으로 조직수준요인 측정
		King(1960)	회사에 대한 종업원 태도(Employees Attitude towards their Company)	
		Stogdill(1965)		
		Litwin & Stringer(1968)	조직분위기 설문지(Organizational Climate Questionnaire)	

4.11 기타 요인만족 측정도구

이상의 요인들 외에도 측정도구에 따라 다양한 요인들을 측정하고 있다. 먼저 사회적 지위(Social Status)에 대한 만족도를 측정하는 도구로는 Weiss at al.(1967)의 미네소타만족설문지(MSQ)로 100문항 중에 5개 문항으로 사회적 지위를 측정하고 있다.

(4) the chance to be "somebody" in the community
[지역사회에서 "누군가"가 될 수 있는 기회][17]

신뢰도는 Hoyt 문항 간 일관성 신뢰도계수가 중간값 0.89 최소값 0.92, 최대값 0.71로 보고되고 있고, 재검사 신뢰도계수는 1주일 후가 0.80, 1년 후가 0.63으로 보고된 바 있으며 타당도도 좋은 것으로 평가받고 있다. 평균값의 경우를 보면 '매우 불만족'을 1점으로 해서 '매우 만족'을 5점으로 기록한 경우 직종에 따라 다르지만 평균값이 16.5에서 20.3까지, 표준편차는 2.04에서 3.62로 보고된 바 있다. 이 미네소타만족설문지(MSQ)도 저작권이 인정되고 있으며 Psychology Department, University of Minnesota에서 구입해서 사용할 수 있다. 1997년 기준으로 짧은 양식은 100매에 39달러, 긴 양식은 100매에 66달러이다(Spector, 1997).

17) Copyright 1977 Vocational Psychology Research, University of Minnesota. All Rights Reserved. Reproduced by written permission.

직무만족 측정현황과 문제점

chapter 5

5.1 직무만족 측정에 대한 혼란

직무만족에 대한 조작적 정의나 측정은 종합적인 검토 없이 학문적 접근이나 이용목적에 따라 차별적으로 접근되어 기존 연구결과에 대한 비교가능성이 낮고 문제점이 많은 상태이다. 다음은 현재 직무만족에 대한 연구가 일관성이나 비교가능성을 가지는지 알아보기 위한 표본조사의 결과이다.

예를 들어, 경영학 관련 학술지들의 경우를 보면 다음과 같이 큰 차이를 보이고 있다. 민경호 · 조국행(2002)의 경우를 보면 Brief & Robinson의 직무인식척도(Job Cognition Scale, JCS)를 이용하여 9개 요인에 대해 9개 설문문항으로 직무만족도를 측정하고 있다. 박우성 · 노용진(2002)의 비정규직의 직무만족에 관한 연구에서는 미네소타만족지수(Minnesota Satisfaction Questionnaire, MSQ)를 참조하여 임금, 고용안정성, 직무내용, 근무환경, 개인의 발전가능성, 의사소통 및 인간관계 등 6개 요인을 6개 설문문항으로 측정하고 있다. 이희영(2002)의 경우에는 직무서술지수(Job Description Index, JDI)를 이용하고, 이지만(2001, 295)은 Brayfield & Rothe(1951)가 개발한 직무만족지수(Job Satisfaction Index, JSI)를 수정한 Price & Muller(1981)의 측정도구를 이용하여 '노동자들이 인식하는 자신의 직무에 대한 전반적인 정서상태'로 정의하고 4개 요인 5개 문항으로 측정하고 있다.

아쉽게도 다수의 연구에서는 직무만족에 대한 측정에 대한 설명이 없는 경우도 있다. 우석봉(1995)의 연구에서는 조작적 정의에 대한 설명은 있으나 어떠한 설문을 이용해서 측정했는지는 설명되어 있지 않다. 국내에서 1985년 이후 2002년까지 경영학 관련 학술지에 게재된 직무만족에 대한 연구논문은 다음의 <표 5-1>에 요약 · 제시되어 있다.

경영학관련 학술지 중심 직무만족에 대한 기존 연구(1985-2002) 표 5-1

저자	발표학술지 권(호),(연도)	직무만족 측정을 위한 원자료	측정 요인	설문 문항	설문대상	분석 표본수
민경호 조국행	인사관리연구 26(3) (2002)	Brief & Robinson의 Job Cognition Scale	9	9	기업체 근로자	404
박우성 노용진	인사관리연구 26(1) (2002)	한국노동패널데이터 (MSQ참조)	6	6	경제활동참가자	171
이희영	인사관리연구 26(2) (2002)	JDI	5	5	D쇼핑 근로자	154
이지만	인사조직연구 9(2) (2001)	Price & Muller(1981)	4	5	현대자동차 생산직 노동자	313
김정원	인사관리연구 25(1) (2001)	Hackman & Oldham(1980)	-	15	두 개의 섬유화학 기업	510
김남현 외	인사관리연구 23(1) (1999)	Williams & Anderson(1991)	2	7	병원조직근로자	276
박영배 김명숙	인사관리연구 23(1) (1999)	JDI	5	5	간호사	594
송경수 외	인사조직연구 7(2) (1999)	Organ & Konovsky(1989) ; Scholl, Cooper & McKenna (1987) ; Watson & Tellegan (1985)	2	13	병원조직근로자	847
유병주 안상윤	노사관계연구 10 (1999)	JDI	5	11	7개 기업 근로자	624
이도화 강인중	노사관계연구 9 (1998)	JDI를 이용한 Quinn & Staines(1977)	-	15	11개 기업 근로자	418
임준철 윤정구	경영학연구 27(1) (1998)	Price & Muller(1986)	1	9	S전자 근로자	1,456
정연앙	경영학연구 27(2) (1998)	MSQ	-	-	6개 제조회사	10,136
서재현	경영학연구 26(3) (1997)	MSQ	20	20	서비스산업 종사자	204
이지우	인사조직연구 5(1) (1997)	JDI	5	5	100개 기업 근로자	1,362
김정한	인사조직연구 4(1) (1996)	Hackman & Oldham(1980)	7	-	7개 노동조합 조합원	873
정종찬	인사관리연구 20(1) (1996)	Alderfer(1972) 참고	1	6	전자업종 근로자	360
김성국 박성연	산업관계연구 5 (1995)	JDI	5	20	D그룹의 계열사 중간관리자	352

송경수, 최만기, 박봉규(1999)/ 인사조직연구	수정 : Organ & Konovsky(1989) Scholl, Cooper, McKenna(1987) Watson & Tellegan(1985)	13문항 7점척도	병원종사원/ 847명	요인분석 (보고)	크론바흐 알파 : .94
김남현, 이주호 (1997)/인사조직	수정 : Aldefer(1972)	4문항 7점척도	기업체/ 미보고	요인분석 (보고)	크론바흐 알파 : .76
강정애(1996)/ 인사조직연구	미상	8문항 7점척도	기업체/ 620명	요인분석 (보고생략)	크론바흐 알파 : .94
민승기, 고종식 (1994)/인사관리연구	미상	4문항 5점척도	기업체 관리자/145명	요인분석 (보고)	크론바흐 알파 : .80
이천기(1994)/ 인사관리연구	Scarpello & Cambell(1983)	1문항 5점척도	기업체/ 532명	-	-
전찬열(1994)/ 인사관리연구	Scarpello & Cambell(1983)	1문항 5점척도	기계산업/ 1,135명	-	-
오병덕(1991)/ 석사학위	Smith, Kendall & Hulin(1969) : JDI 72문항/ 예, 아니오,?	32문항 (5개 차원) 예, 아니오,?	정부출연연구소/458명	미언급	크론바흐 알파 : 5개 차원 : .64 - .83
한승훈(2000)/ 석사학위	Smith, Kendall & Hulin(1969) : JDI 72문항/ 예, 아니오,?	32문항 (5개 차원) 예, 아니오,?	금융기관 등 /171명	미언급	미언급
성우제(2001)/ 석사학위	Smith, Kendall & Hulin(1969) : JDI 72문항/ 예, 아니오,?	15문항 (5개 차원) 5점척도	군대/308명	미언급	크론바흐 알파 : .71
이준구(2001)/ 석사학위	Smith, Kendall & Hulin(1969) : JDI 72문항/ 예, 아니오,?	20문항 (5개 차원) 3점척도	군대/375명	요인분석 (보고)	크론바흐 알파 : 5개 차원 : .59 - .75

자료 : 송계충(1999), 2. 직무만족 표준설문지의 우리말 번역 활용 현황을 인용함.

먼저 전반적 직무만족도를 몇 개의 설문문항으로 측정하였는지 그리고 측정도구의 개발은 기존의 측정도구를 활용했는지, 수정해서 활용했는지 아니면 자체적으로 개발해서 활용했는지를 살펴보았다. 설문문항수를 보면 전체 연구 31편에서 19편이 한 개의 문항으로 측정하고 있어서 가장 많았으며 그 다음으로는 4개의 문항으로 측정한 연구가 5편이었다.

	인간관계	30	30	19.0	13.2	7	9
	고용안정성	24	15	15.2	6.6	9	12
	회사이미지	13	32	8.2	14.0	11	8
	업무량	15	15	9.5	6.6	10	12
기타 요인	직무관련	80	90	50.6	39.5	-	3
	인정	35	6	22.2	2.6	-	14
	기타	29	-	18.4	-	-	-

요인을 구분해서 직무만족도를 측정한 경우 요인별 직무만족도를 어떻게 종합하여 전체적인 직무만족도로 변환해야 하는지에 대해 고민할 필요가 있다. 요인에 대해 단순하게 합을 사용하는 경우는 그 가중치를 고려할 수 없기 때문이다. 그럼에도 불구하고 논문에서 구체적으로 요인별 만족도를 전체적인 직무만족도로 전환하는 과정에 대해 구체적으로 언급한 논문은 많지 않았다.

최근 들어 국내 기업의 근로자들도 고용불안에 고민하고 있으며 그에 따라 고용안정성이 직무만족에서 차지하는 비중은 매우 크다고 할 수 있다. 그럼에도 불구하고 대부분의 직무만족에 대한 측정도구는 오래 전에 개발되어서 조사대상 논문의 일부에서만 직무안정성을 직무만족의 하위요인으로 고려하고 있었다.

5.2.4 설문조사

일반적으로 설문조사를 하여 자료를 수집하는 경우 예비조사가 필수적인 과정으로 인식되고 있다. 물론 설문조사가 아닌 방법으로 자료를 수집할 수 있다. 설문지조사가 아닌 면접조사를 통해 자료를 수집한 경우는 박정화・김홍범(1997), 서창적・신호준(2000) 등이 있다.

5.2.4.1 예비조사와 검토

1차 분석의 결과 예비조사를 시행했다는 언급이 없는 논문의 비율이 77.4 %에 달해 대부분의 연구가 예비조사를 시행하지 않았거나 연구의 중요사항으로 고려하지 않고 있음을 알 수 있다. 예비조사를 시행한 경우에도 대

How satisfied are you with your overall job?
[귀하는 전반적인 직무에 어느 정도 만족하십니까?]

Lewig and Dollard(2003)도 역시 한 문항으로 다음과 같이 묻고 있었다.

Taking everything into consideration how do you feel about your job as a whole?
[귀하는 직무와 관련해 모든 점을 고려할 때 어떻게 생각하십니까?]

다음으로 Muhonen and Torkelson(2004)도 한 문항으로 다음과 같이 묻고 있다.

On the whole are you satisfied with your job?
[귀하는 직무에 대해 전반적으로 만족하십니까?]

영국의 패널조사(BHPS)에서는 다음과 같이 묻고 있었다.

All things considered, how satisfied or dissatisfied are you with your present job overall?
[귀하는 모든 점을 고려할 때 현재의 직무에 어느 정도 만족하십니까?]

그리고 Terpstra and Honoree(2004)의 1문항은 다음과 같다

In general, how satisfied are you with your job?
[귀하는 전반적으로 직무에 어느 정도 만족하십니까?]

Huang, Chen, Rogers, and Krauss(2003)의 2개 문항은 다음과 같다.

1. I like working for this company and expect to be working here longer than two years from now.
   [나는 현재의 직장에서 일하는 것을 좋아하고 지금부터 2년 이상은 일할 것으로 기대한다.]
2. I recommend this company as an employer to people I know.
   [나는 내가 아는 사람들에게 이 회사에서 일할 것을 추천한다.]

다음으로 Barling, Kelloway & Iverson(2003)의 경우 3개 문항은 다음과 같다.

1. I am satisfied with management treatment.
   [나는 회사의 경영관리에 만족한다.]
2. This is a good place to work.
   [이곳은 일하기에 좋은 곳이다.]
3. I am often think about leaving this job.
   [나는 종종 이 직무를 떠날 것을 생각한다.]

Happelll, Martin, and Pinikahana(2003)의 5개 문항은 다음과 같다.

1. I am satisfied with current situations at work.
   [나는 일을 하는 데 있어서 현재의 상황에 만족한다.]
2. I am satisfied with my present level of involvement in decision-making at work.
   [나는 일을 하면서 현재의 의사결정 참여수준에 만족한다.]
3. I am satisfied with the degree of support I receive in my job.
   [나는 내가 일하면서 지원받는 수준에 만족한다.]
4. I seldom think about finding another job (within nursing).
   [나는 (현재하는 간호사 업무를 전제로) 다른 일을 찾겠다고 생각해 본 적이 거의 없다.]
5. I seldom think about finding an occupation (other than nursing).
   [나는 (현재하는 간호사 업무를 벗어나서) 다른 일을 찾아보겠다고 생각해 본 적이 거의 없다.]

마찬가지로 5개 문항으로 구성된 Kornradt, Hertel, and Schmook(2003)의 설문 중에서 처음 2개 문항은 다음과 같다. 그 이하 문항은 확인이 되지 않았다.

1. How satisfied are you with your job in general?
   [귀하는 현재의 직무에 대해 전반적으로 얼마나 만족하십니까?]
2. My job is not ideal, but it could be worse.
   [현재 수행하는 직무가 이상적인 수준은 아니지만, 더 나쁜 상황이 될 수도 있다.]

1. Generally speaking, I am very satisfied with this job.
   [전반적으로 볼 때 나는 지금 하는 일에 매우 만족한다][5)]
2. I frequently think of quitting this job. (R)
   [나는 자주 이 일을 떠날 생각을 한다] (역설문)
3. I am generally satisfied with the kind of work I do in this job.
   [나는 내가 지금하고 있는 일의 내용에 대해 대체로 만족한다]
4. Most people on this job are very satisfied with the job.
   [나와 같은 일을 하고 있는 대부분의 사람들은 매우 만족해한다]
5. People on this job often think of quitting. (R)
   [나와 같은 일을 하는 사람들은 자주 떠날 생각을 한다] (역설문)

이 측정도구의 경우는 상대적으로 간결해서 응답자가 쉽게 답할 수 있으며 역설문도 포함되어 있고, 기존의 매우 많이 활용되고 있다는 특징이 있다. 또한 이전에는 앞의 세 문항만이 사용된 경우도 있어서 필요하다면 세 문항만을 사용할 수도 있을 것이다. 내용을 살펴보면 4번과 5번의 문항은 동료들을 통해 나를 평가하는 방식이 이용되고 있음을 알 수 있다. 다음은 Quinn and Staines(1979)의 측정도구이다.

1. All in all, how satisfied would you say you are with your job?
   [대체로 현재의 일에 대해 어느 정도 만족하십니까?]
   - very satisfied
     [매우 만족] (5점)
   - somewhat satisfied
     [어느 정도 만족] (3점)
   - not too satisfied
     [만족하는 편이 아님] (1점)
   - or not at all satisfied
     [전혀 만족하지 못함] (0점)
2. If you were free to go into any type of job you wanted, what would your choice be?
   [만약에 원하는 대로 일의 내용을 바꿀 수 있다면 어떻게 하겠습니까?]

5) 이하, 제시된 번역문은 검증 없이 필자가 편의적으로 번역한 것이다. 따라서 참고용이며 실제 설문으로 활용하기 위해서는 신뢰도와 타당도에 대한 검정이 필요함을 밝힌다.

- would want the job you have now
  [현재 하는 일을 계속 원함] (5점)
- would want to retire and not work at all
  [퇴직하고 다시 일을 하지 않음] (3점)
- would prefer some other job to the job you have now?
  [다른 일을 선호함] (1점)

3. Knowing what you know now, if you had to decide all over again whether to take the job you now have, what would you decide?
   [현재 하는 일을 다시 선택할 수 있는 기회가 주어진다면 어떻게 하겠습니까?]
   - Would you decide without any hesitation to take the same job
     [주저 없이 현재 하는 일을 다시 선택함] (5점)
   - would you have some second thoughts, or
     [다시 한 번 생각해 봄] (3점)
   - would you decide definitely not to take the same job?
     [절대로 현재 하는 일을 선택하지 않음] (1점)
4. In general how well would you say that your job measures up to the sort of job you wanted when you took it?
   [현재 하는 일과 이 일을 하기 시작했을 때 원했던 일과 얼마나 비슷하다고 할 수 있습니까?]
   - Would you say it is very much like
     [매우 비슷함] (5점)
   - somewhat like
     [어느 정도 비슷함] (3점)
   - or not very much like the job you wanted when you took it?
     [비슷하지 않음] (1점)
5. If a good friend of yours told you he or she was interested in working in a job like yours in a job like yours for your employer, what would you tell (him/her)?
   [만약에 친구가 지금 자신이 하고 있는 일에 관심을 가지면 뭐라고 말하겠습니까?]
   - Would you strongly recommend this job
     [적극적으로 추천함] (5점)
   - would have doubts about recommending it
     [약간 망설임] (3점)
   - or would you strongly advise(him/her) against this sort of job?
     [적극적으로 말림] (1점)

이 측정도구의 경우는 비교적 문장이 길어서 상대적으로 응답자가 불편을 느낄 수 있을 것이다. 또한 선택해야 하는 내용도 읽어보아야 하는 문제점이 있다. 결과적으로 내용 파악에 시간이 소비되고 설문지도 길어지는 문제점이 있다. 또한 많이 사용되고 있지만 타당도에 대한 검정이 약한 편이다.

세 번째로 MOAQ(1982) 측정도구이다.

1. All in all, I am satisfied with my job.
   [대체로 나는 내가 하는 일에 만족한다.]
2. In general, I don't like my job. (R)
   [전반적으로, 나는 내가 하는 일을 좋아하지 않는다.]
3. In general, I like working here.
   [전반적으로 나는 현재 여기서 일하는 것이 좋다.]

이 측정도구의 경우는 너무 단순하다는 느낌이 든다. 하지만 현재 한국노동패널조사(KLIPS)설문지가 매우 길어서 효과적으로 사용될 수 있다.

chapter 6

직무만족 측정 및 향후 연구방향

면에 최근의 환경변화에 적절하게 변경되지 못한 문제점이 있다. 이는 기존의 측정도구를 충실하게 활용하여야 한다는 점과 상치되는 측면이 있으나 이를 고려하여 연구자가 최근의 변화를 반영하는 측정도구로 일부 변경하거나 일부 추가하는 방향으로 응용하여 사용할 수 있을 것이다.

이 경우에는 기존의 설문문항을 그대로 유지하면서 환경변화를 반영해야 하기 때문에 설문내용이 늘어날 수밖에 없다는 점을 유의할 필요가 있다. 새로운 문항을 추가한다고 해서 기존의 문항수를 줄이는 경우에 기존의 신뢰도와 타당도를 유지할 수 없기 때문에, 기존의 문항은 유지하고 별도로 연구자의 목적에 따른 설문문항을 추가하는 것이 안전한 접근법이다.

이와 관련한 사항으로는 직무만족을 구성하는 요인에 대한 검토이다. 기존에 활용되고 있는 직무만족 측정도구들은 대부분 1960년대 이후 1980년대까지 개발되고 이후 수정을 거쳐서 활용되고 있다. 그러나 경영환경의 변화는 그 후로도 계속되었고 특히 조직의 구성원들이 느끼는 직무만족의 구성요인에 대한 변화를 적극적으로 반영하지 못하고 있다는 문제점이 있다. 예를 들면, '고용안정'요인이다. 이는 특히 우리나라의 경우 지난 1990년대 후반 외환위기를 거치면서 '보상'이나 '복리후생'요인보다 더욱 중시되고 있지만 기존의 직무만족 측정도구는 이러한 변화를 제대로 반영하지 못하고 있다.

6.1.2 설문조사 유의사항

일부 문헌에서는 직무만족도를 면접을 통해서 조사하는 경우도 있었지만 대부분의 경우는 설문지를 이용해 직무만족도를 측정하고 있었다.

6.1.2.1 직무만족 측정 모집단과 표본선정

직무만족을 측정하기 위한 설문조사 대상자를 선정하는 경우에 모집단을 구체적으로 명시하고 표본집단을 선정해서 집단 내에서 설문대상을 무작위로 선정했음을 구체적으로 명시한 문헌은 거의 없었다. 경영학의 관심대상이 주로 기업이라고 하지만 기업이 속한 업종, 기업의 특성, 대상자의 개인적 특성이나 직무관련 특성이 매우 다양하기 때문에 표본선정에 있어서 주의를 기울여야 할 필요가 있다. 일부 문헌에서는 교육훈련에 참여한 대상자들로 설문조사를 시행하는 경우를 보였다. 하지만 병원을 대상으로 조사하는 경우 병동을 구분하고 교대제를 구분하여 설문대상자를 선정하여 최소한의 대표성을 확보하려는 노력이 보인 경우도 있었으며, 특정 지역 내이기는 하지만 지역 내의 모든 대상기업이나 조직을 전수로 조사하는 경우도 있었다.

일반기업의 근로자들을 대상으로 하는 경우에는 큰 문제가 아닐 수 있지만 연구대상이 학교의 교사들이나 병원의 의사, 간호사인 경우에는 별도의 직무만족 측정도구가 이미 맞춤형으로 개발되어 활용되고 있다. 그러한 경우에는 본 연구에서 제시된 측정도구가 아니라 별도로 개발된 측정도구를 활용하여 타당도를 제고할 필요가 있다. 또한 연구대상자들이 학력이 높지 않거나 필요한 경우에는 형용사적인 표현으로 구성된 측정도구가 효과적으로 사용될 수 있을 것이다.

6.1.2.2 표본의 크기결정

또한 표본의 크기를 결정하는 데 있어서도 표본의 대표성을 고려하여 최소한의 규모 이상의 설문조사대상자를 선정할 필요가 있다. 그리고 조사대상이 특정한 업종이나 기업, 또는 특정 직종이나 직급이라면 이러한 논의를 구체적으로 언급할 필요가 있다.

6.2 표준화된 측정도구의 개발 필요성

6.2.1 측정도구 개발의 필요성

새로운 측정도구를 활용하는 경우는 많지 않았지만 대부분 다양한 기존의 측정도구를 바탕으로 자의적인 선택과정을 통해 측정도구를 만드는 경우가 많아서 실질적으로는 새로운 측정도구라고 말하기는 어려운 경우가 대부분이었다. 이러한 상황을 극복하기 위해서는 국내에서도 엄격한 기준을 가지고 표준화된 설문지를 개발할 필요가 있다. 외국의 경우에는 교사나 간호사 등에 대한 별도의 측정도구가 개발되어 활용되고 있으며, 국내에서

이 가장 중요한 결정요인으로 제시하고 있다. Ritter & Anker(2002)는 일자리의 좋고 나쁨을 판단하는 데 임금, 부가급여, 일의 성격, 자율성과 독립성, 승진가능성과 기술향상 가능성 등 6개 요인을 포함하는 총괄적 직무만족도(Total Job Satisfaction Score)를 이용하고 있다.

또한 '괜찮은 일(decent job)'이라는 개념도 활용되고 있는데 여기서는 사회경제적 평등이라는 포괄적인 개념하에서 고용기회와 임금 및 노동시간과 같은 일자리자체의 특성뿐만이 아니라 여성과 사회의 안전망 수준까지 고려하는 11개의 지표 및 28개의 세부문항을 기준으로 통계적인 측정을 시도하고 있다(Anker, Chernyshev, Mehran & Ritter, 2002). 이러한 개념들은 경영학의 전통적인 직무에 대한 만족도와는 다른 개념이지만 최근 들어 비금전적인 측면과 고용안정성을 고려하고 있는 추세를 볼 수 있다.

6.2.4 통계청이나 패널조사 그리고 기업에서의 직무만족 측정

통계청의 사회통계국 사회통계과에서는 매년 사회통계조사를 실시하고 있는데 노동과련 부문을 살펴보면 근로여건에 대한 만족도를 조사하고 있다(http ://www.nso.or.kr). 임금근로자에 대한 측정문항을 보면 하는 일, 인사관리, 임금, 복리후생, 직장에서의 장래성, 근무환경, 인간관계, 근로시간 및 직장에서의 성희롱 방지노력 등 9개 문항을 측정하고 있다. 그러나 문제점은 이러한 문항들이 어떠한 이론적 근거를 바탕으로 선택되었는지에 대한 상세한 설명은 없다. 이러한 내용이 대외비로 관리될 수도 있지만 이론적 근거를 제시하고 상황변화에 따른 수정방안도 구체적으로 모색될 필요가 있을 것이다. 이러한 상황은 최근 한국노동연구원에서 시행되고 있는 노동패널조사에서 일자리에 대한 만족도를 측정하는 경우에도 비슷하다. 대체적으로는 앞에서 언급된 미네소타만족지수(MSQ)나 직무서술지수(JDI) 등을 기초로 작성되었지만 좀 더 구체적인 이론적 배경이 보완되어야 할 것이며, 이러한 작업은 기존의 경제학이나 사회학적인 접근뿐만이 아니라 경영학적인 관점도 충분히 반영되어야 할 것이다.

6.2.5 설문지의 한 부분으로서 직무만족 측정도구안

여기서는 한국노동패널의 직무만족 측정에 제시된 내용을 하나의 대안으로 제시해 보고자 한다. 하지만 이는 특정한 상황의 경우이므로 이를 고려해서 검토할 필요가 있다.

첫째, 한국노동패널조사에서는 이미 설문조사에서 직무만족 외에 매우 많은 문항을 포함하고 있으므로 가능한 한 설문문항수는 제한적으로 유지할 필요가 있다. 둘째, 기존의 설문문항에 대해 이미 개발된 측정도구와의 연계성을 확보할 필요가 있다. 이를 위해서는 가능한 한 기존의 측정도구를 그대로 가져갈 수 있어야 한다. 셋째, 신규요인을 포함하되 이는 문항을 추가하는 방법을 취한다. 이상의 내용들을 중심으로 측정도구의 개선방향을 세우면 다음과 같이 정리할 수 있다.

6.2.5.1 전반적 직무만족 측정문항

우선 전반적인 만족도와 요인별 만족도를 포함하여 측정할 필요가 있다. 전반적인 만족도의 측정은 다양한 측정도구가 개발되어 있으나 여기서는 기본적으로 5개 이내의 설문문항으로 구성되어 있으며 원래의 측정도구에서 예/아니오 식이 아닌 5점 척도를 이용한 측정도구를 살피고, 문구내용을 수정해 보기로 한다.

Hoppock(1935)의 설문은 등간척도가 아닌 형태이며, Brayfield & Rothe (1951)의 경우는 18개의 설문으로 구성되어 있다. Bullock(1952)의 경우는 10개의 설문으로 구성되어 있지만 서열척도가 아닌 묘사된 문장 중에 하나를 선택하도록 되어 있다. MSQ의 경우는 20개의 문항으로 구성되어 있고 사실상 각각의 요인들에 대한 설문으로 볼 수 있다. Taylor & Bowers(1972)의 경우는 7개 문항으로 구성되어 있고, Quinn & Staines(1979)의 설문은 다섯개의 문항이지만 역시 셋 중의 하나의 문장을 선택하도록 되어 있다. Warr, Cook & Wall(1979)의 측정도구도 15개 문항에 대해 7점 척도로 답하게 되어 있다. 이상의 측정도구는 설문문항수가 많거나 측정이 서열척도가 아닌 서술식 문장 중에서 선택하도록 되어 있는 등 현재의 제약조건을 고려할 때 그렇게 바람직한 측정도구라고 하기는 어렵다.

현 상황에 맞는 측정도구로는 다음을 들 수 있다. Hackman & Oldham

김미경 · 노정희, 2008, 호텔기업 종사원의 내부 서비스환경 지각이 직무만족과 조직몰입에 미치는 영향, 「호텔경영학연구」(한국호텔외식경영학회), 17(4) : 57-71.

김미량 · 전혜자, 2007, 상업 스포츠센터 조직구성원의 직무만족과 조직동일시 및 인적 서비스품질의 인과모형, 「한국여성체육학회지」(한국여성체육학회), 21(1) : 105-116.

김미연, 2004, 호텔종업원들의 부서별 직무만족도 연구, 「관광정책학연구」(한국관광정책학회), 10(1) : 1-17.

김미향, 1996, 대구지역 관광호텔 조리종사원 실태와 직무만족에 관한 연구, 「한국조리과학 회지」(한국조리과학회), 12(2) : 138-145.

김범식, 1989, 스포츠의 직접 참여가 직장인의 직장만족에 미치는 효과, 「국체육학회지」(한국체육학회), 28(1) : 103-127.

김병숙, 1993, 주부 및 주부근로자의 진로행태와 직무만족결정요인분석, 「직업교육연구」(한국직업교육학회), 12(1) : 34-48.

김보환, 2001, 경찰공무원의 직무만족에 관한 연구(비간부 경찰관을 중심으로), 「한국공안행 정학회보」(한국공안행정학회), 11(1) : 39-69.

김상구 · 오일영, 1992, 사회체육 지도자의 직무만족요인에 관한 연구－서울시를 중심으로, 「한국체육학회지」(한국체육학회), 31(1) : 211-218.

김상균 · 원유석, 2004, 호텔기업의 조직가치, 서비스 지향성, 종업원 만족과 직무성과의 관계, 「문화관광연구」(한국문화관광학회), 6(1) : 259-281.

김상욱 · 유홍준, 2002, 직무만족과 이직의사의 행태학적 결정요인－전국 패널 자료를 사용한 GLM 및 GEE추정, 「한국사회학」(한국사회학회), 36(1) : 51-81.

김상진 · 한진수, 2006, 호텔/외식산업경영, 호텔의 사회자본이 직무만족, 조직몰입에 미치는 영향, 「호텔경영학연구」(한국호텔외식경영학회), 15(2) : 41-63.

김상철 · 이현수, 2002, 의료기관의 서비스 지향성, 종업원 직무만족, 고객지향성이 경영성과에 미치는 영향, 「품질경영학회지」(한국품질경영학회), 30(2) : 11-25.

김상표 · 김태열, 2004, 조직의 사회화전략과 신입사원의 선도적 행위가 사회화결과들에 미치는 효과에 관한 연구, 「인사 · 조직연구」(한국인사조직학회), 12(1) : 175-212.

김상회 · 김은숙 · 이성희, 2004, 관광호텔종사원의 직무스트레스에 따른 직무만족의 관계분석, 「호텔관광연구」(한국호텔관광학회), 6(2) : 27-48.

김성국 · 박성연, 1995, 역할갈등 및 역할모호성이 직무만족에 미치는 영향에 관한 연구, 「산업관계연구」(한국노사관계학회), 5 : 227-243.

김성국, 1990, 우리나라 해외지사 주재원의 직무만족에 관한 실증적 연구－독일지사 주재원들을 중심으로－, 「90년 춘계학술연구발표논문집」(한국경영학회), 5-18.

김성국, 1992, 종업원의 영향력 변화가 직무만족과 스트레스에 미치는 효과, 「경영논총」(이화여자대학교 경영연구소), 10.

김성국 · 박성연, 1995, 역할갈등 및 역할모호성이 직무만족에 미치는 영향에 관한 연구, 「산업관계연구」(한국노사관계학회), 5, 227-244.

김성근 · 유경민, 2008, 관광호텔 CEO의 리더십이 종사원 직무만족에 미치는 영향, 「한국조리학회지」(한국조리학회), 14(3) : 85-95.

김성수 · 서성무, 2000, 국내 대형할인점의 농산물 바이어직무만족도에 관한 연구, 「2002년 동계학술대회 발표논문집」(한국유통학회), 53-78.

김성실 · 권동연, 1998, 산업간호사의 업무수행과 직무만족도에 관한 연구, 「한국보건간호학회지」(대한간호학회), 12(1) : 37-54.
김성완, 1993, 커뮤니케이션의 만족변인들이 직무만족 및 정신전력에 미치는 영향관계, 「한국커뮤니케이션학」(한국커뮤니케이션학회), 1(1).
김성필 · 이준엽, 2007, 항공사 종업원이 지각하는 “승진장벽(glass ceiling)”이 조직몰입, 직무만족 및 이직의도에 미치는 영향에 관한 연구, 「관광연구」(대한관광경영학회), 22(3) : 65-87.
김성혁 · 권상미 · 양현교, 2008, 관광기업에서 직속상관의 괴롭힘이 직원 직무수행, 직무만족, 이직의도에 미치는 영향-직무 스트레스를 매개변수로-, 「관광학연구」(한국관광학회), 32(2) : 233-254.
김성혁 · 원융희, 1992, 직무만족과 서비스제공수준에 관한 연구-서울지역 8개 특1급 호텔을 중심으로, 「관광연구」(한국관광학회), 16 : 17-32.
김소인, · 차선경 · 임지영, 2001, 병원간호조직의 내부마케팅요인과 간호사의 직무만족, 조직몰입과의 관계연구, 「한국보건간호학회지」(한국보건간호학회), 15(1) : 42-56.
김소정, 2008, 사회복지근로자의 성이 직무만족에 영향을 미치는 경로, 「사회복지정책」(한국사회복지학회), 35, 87-110.
김수곤, 1982, 한 · 미 · 일 종업원의 이직성향과 직장만족도, 「한국개발연구」(한국개발연구원), 4(1).
김수현, 2008, 프로배구선수의 직무만족, 조직몰입이 팀성적에 미치는 영향, 「한국사회체육학회지」(한국사회체육학회), 32 : 327-342.
김순기 · 조춘봉 · 채병숙, 2008, 호텔주방종사원 고용형태에 따른 주방관리시스템과 직무만족에 관한 연구, 「서비스경영학회지」(서비스경영학회), 9(2) : 151-169.
김시영 · 도운섭, 1999, 지방정부조직문화와 직무만족도 간의 상관관계 고찰, 「새마을 지역개발연구」(영대학교지역발전연구소), 25.
김양구 · 전호문 · 하지원, 2001, 스포츠센터 종사자의 직무만족도 및 직무심리상태와 고객만족도와의 관계, 「한국스포츠산업경영학」(한국스포츠산업경영학회), 6(2) : 145-158.
김양순 · 노병의, 2002, 메이크업 종사자들의 직무만족도에 영향을 미치는 요인에 관한 연구, 「대한보건협회학술지」(대한보건협회), 28(1) : 106-116.
김영국 · 김홍식 · 김현철, 2000, 호텔기업에서 의사소통, 집단 응집성 및 직무만족이 조직시민 행동에 미치는 영향, 「호텔경영학연구」(한국호텔경영학회), 9(1) : 231-246.
김영란, 1999, 경기도 지역사회정신보건센터의 실무자의 직무만족에 관한 연구, 「정신보건과 사회사업」(한국정신보건과 사회사업학회), 8 : 49-78.
김영재, 1991, 근로자의 성과배분참가와 조직유효성 간의 관계에 관한 실증적 연구, 「노사관계연구」(서울대학교 경영대학) 2 : 179-210.
김영학 · 박연정, 2006, 검도지도자의 리더십유형이 임파워먼트와 직무만족에 미치는 영향, 「무도연구소지」, 17(1) : 1-17.
김옥경, 2002, 호텔기업의 서비스지향성에 관한 연구-종사원 직무만족과 조직성과를 중심으로, 「관광정보연구」(한국관광정보학회), 12 : 39-64.
김왕상, 1995, 호텔종사원의 직무만족과 서비스품질제공 간의 관계에 관한 연구, 「관광품질시스템연구」(관광품질시스템학회), 1(2) : 17-39.
김용석 · 이영면, 1999, 파견근로자와 정규직 근로자의 직무만족 결정요인에 관한 연구,

여름 : 182-203.

신창규 · 정학균 · 임선아, 2001, 치의원에서 근무하는 진료보조인력의 직무만족도에 관한 연구, 「구강생물학연구」(조선대학교 구강생물학연구소), 25(1) : 191-200.

신택현, 1990, 인사관리제도 및 조직구조가 개인 간 갈등과 직무만족에 미치는 영향, 「인사관리연구」(한국인사관리학회), 14 : 285-306.

신현석, 1997, 대학 교직원의 직무만족요인에 관한 비교연구, 「고등교육연구」(한국고등교육학회), 9(1) : 119-145.

신형섭, 1999, 호텔종사원의 직무만족요인 프로파일에 관한 연구, 「호텔경영학연구」(한국 호텔경영학회), 8(2) : 213-229.

신형섭 · 허용덕, 2007, 호텔 구성원의 직무만족 요인의 프로파일에 관한 연구, 호텔리조트카지노연구(한국리조트카지노산학회), 6(1) : 19-36.

신혜숙, 2008, 내부마케팅이 직무만족 및 고객지향성에 미치는 영향에 관한 연구, 「호텔경영학연구」(한국호텔외식경영학회), 17(3) : 103-115.

심상신, 1997, 유아캠프 지도자의 직무만족에 관한 연구, 「여가레크리에이션연구」(한국여가레크리에이션학회), 14(1) : 39-45.

심상신 · 이승철, 1998, 스키지도자의 직무만족이 직업적 선택에 미치는 영향, 「한국체육학회지」(한국체육학회), 37(4) : 152-159.

심숙영, 1999, 유아교사의 직무만족이 이직에 미치는 영향, 「열린유아교육연구」(열린교육학회), 4(2) : 159-171.

심영국 · 류재숙, 2006, 호텔의 인사정책공정성과 임금만족도가 직무만족 및 조직몰입에 미치는 영향－서울 시내 특급호텔을 중심으로－, 호텔관광연구(한국호텔관광학회), 8(4) : 15-34.

심재훈 · 김윤신 · 윤태형, 2008, 물리치료사의 임파워먼트와 직무만족, 조직몰입과의 관계, 「한국전문물리치료학회지」(한국전문물리치료학회), 15(3) : 70-79.

안경모 · 주현식, 2006, 컨벤션산업에서 Meet Planner의 직무도전성, 자아효능감, 직무만족, 참여행동에 미치는 영향, 「호텔경영학연구」(한국호텔외식경영학회), 15(5) : 137-152.

안관영, 1992, 인적특성, 직무특성, 및 조직특성에 따른 이직관리방안에 관한 연구, 인하대학교 대학원 박사학위논문.

안근석, 1990, 직무특성과 직무만족과의 연계성, 「사회과학연구」(충남대학교 사회과학연구소), 1 : 83-113.

안상봉 · 이복숙 · 최낙순, 2007, 세무공무원의 직무스트레스 요인이 직무스트레스 수준과 직무만족에 미치는 영향에 관한 연구, 「재정정책논집」(한국재정정책학회), 9(2) : 161-191.

안세길, 2007, 호텔 종사원의 임금 만족 및 인사 공정성이 직무만족과 조직몰입에 미치는 영향, 「한국조리학회지」(한국조리학회), 13(4) : 151-163.

안영미 · 박재순, 2005, 간호인력배치유형에 따른 수술실 간호사의 업무수행능력 및 직무만족, 「여성건강간호학회지」(여성건강간호학회), 11(2) : 169-175.

안영철, 1999, 호텔프론트 종사원의 직무만족과 서비스 제공수준의 관련성 연구, 「여행학연구」(한국여행학회), 10(1) : 83-102.

안희남, 1991, 직무만족－직무불만족 이론의 연구경향과 평가－Herzberg 이론의 지지와 비판, 「대구 · 경북 행정학회보」(대구 · 경북행정학회), 3 : 127-147.

양병화 · 황혜연 · 오세진 · 이재일, 2001, 비정규 계약직 근로자와 정규직 근로자의 조직몰입과 직무만족에 대한 연구, 「한국심리학회지 산업 및 조직」(한국심리학회), 14(2) : 73-93.

양 수 · 이경주 · 유숙자, 2004, 병원과 지역사회 정신보건간호사의 직무만족도, 「정신간호학회지」(정신간호학회지), 13(4) : 487-495.

양일선 · 명미선 · 이소정 · 이해영, 2004, 직무유형에 따른 특급호텔 조리 · 식음료 종사원의 직무만족도가 이직의사 견해에 미치는 영향 분석, 「한국식품조리과학회지」(한국식품조리과학회), 20(2) : 151-157.

양일선 · 이진미 · 차진아 · 윤정신, 1997, 병원, 학교, 사업체 급식소 영양사의 직무만족, 직무특성 및 조직몰입성 상관관계분석, 「대한영양사회 학술지」(대한영양사협회), 3(1) : 9-22.

양일선 · 함선옥, 1993, 학교급식 영양사의 직무만족도와 그에 영향을 미치는 직무특성 요인 분석, 「한국식생활문화학회지」(한국식생활문화학회), 8(1) : 11-19.

양창식 · 김정국, 2005, 카지노업체 종사원의 직무만족 요인에 관한 연구 -제주지역 호텔카지노업체를 중심으로, 「관광연구」(대한관광경영학회), 19(1) : 211-227

양춘희 · 권용만. 2005, 직무스트레스에 따른 조직몰입과 직무만족, 「관광연구저널」 (한국관광연구학회), 19(3) : 229-241.

양태석 · 박인수 · 이용천, 2008, 호텔 조리사의 직무 스트레스 반응과 직무만족 분석, 「한국조리학회지」(한국조리학회), 14(2) : 1-17.

양혜련, 2002, 상사의 변혁적, 거래적 리더십이 비서의 직무만족 및 조직몰입에 미치는 영향, 「비서학논총」(한국비서학회), 11(1) : 77-99.

어금숙 · 허혜경 · 김기경 · 조용자 · 김은희 · 김순자, 2004, 병원 임상간호사의 직무특성 및 직무만족과 이직의도와의 관계, 「임상간호연구」(병원간호사회), 9(2) : 81-92.

여운승, 2007, 취사병들의 직무에 대한 인식과 직무만족 영향요인에 관한 연구, 「대한영양사협회학술지」(대한영양사협회), 13(3) : 217-227.

여운승, 2000, 「다변량행동조사」, 서울 : 민영사.

오경택 · 이철진, 2008, 호텔/관광경영, 중저가호텔 종사원의 서비스 실패 귀인과 직무만족, 조직몰입의 관계 연구, 「관광경영학연구」(관광경영학회), 69-93.

오문환, 1996, 감정이입이 직무만족에 미치는 영향에 관한 연구, 「호텔경영학연구」(호텔경영학회), 5(1) : 137-154.

오문환, 1997, 여가만족과 직무만족 간의 관계에 관한 연구, 「관광 · 레저연구」(한국관광레저학회), 9(1) : 135-143.

오병덕, 1991, 직무만족과 조직몰입, 조직변화 호응도의 관계에 대한 연구, 충남대학교 경영대학원 석사학위논문.

오석태, 2007, 호텔 조리사 조직의 임파워먼트 인식정도의 직무만족, 조직몰입, 경영성과와의 상관관계 연구, 「한국조리학회지」(한국조리학회), 13(1) : 11-23.

오연풍 · 조송현 · 김재원, 2001, 체육조직구조와 직무만족의 관계, 「한국체육학회지」(한국체육학회), 40(2) : 439-447.

오영섭, 2008, 외식업 조리종사자의 참여적 작업시스템이 셀프리더십, 직무만족, 조직몰입에 미치는 영향, 「한국조리학회지」(한국조리학회), 14(2) : 193-204.

이영면, 2004, 국내실증연구문헌에서 나타난 측정도구 사용방법 및 절차적 문제에 대한 분석 : 직무만족도를 중심으로, 「인사 · 조직연구」(한국인사조직학회), 12(3) : 33-85.

이영면, 2007, 직무만족의 측정도구에 대한 개요와 활용방안, 「인사 · 조직연구」(한국인사 · 조직학회), 15(3) : 123-186.

이영면, 2008, 요인별 직무만족 측정도구의 개요와 활용방안, 「인적자원관리연구」(한국인적자원관리학회), 15(4) : 147-185.

이영면 · 나인강, 2001, 노동조합가입이 직무만족 및 이직성향에 미치는 영향에 관한 연구, 「인사조직연구」, 9(1) : 1-22.

이영면 · 백승규, 2008, 여가만족이 직무만족 및 조직몰입에 미치는 영향, 한국경영학회, 통합학술대회, 8월, 제주도.

이요행 · 김성회 · 강배근, 2008, 재택고용 장애인의 고용조건과 직무만족 간의 관계, 「장애와 고용」(한국장애인고용촉진공단 고용개발원), 18(1) : 75-91.

이용기 · 유동근 · 이대홍, 1997, 호텔 기업의 시장지향성과 성과 : 직무만족과 조직몰입의 매개역할, 「관광학연구」(한국관광학회), 21(1) : 49-65.

이용식 · 김종필 · 오연풍, 1997, 체육조직 구성원의 직무스트레스가 직무만족에 미치는 영향, 「한국체육학회지」, 36(4) : 25-435.

이용운, 1997, 조직몰입 측정도구의 개발에 관한 실증적 연구, 「인사 · 조직연구」(한국인사 · 조직학회), 5(1) : 165-192.

이용운, 2000, 임금만족 측정도구의 타당성 평가, 「산업관계연구」(한국노사관계학회), 10(1) : 85-103.

이용운 · 황규대, 1995, 임금만족 측정도구의 개발과 타당성 검증, 「노사관계연구」(서울대학교 경영대학 노사관계연구소), 6 : 243-261.

이용탁, 2004, 변혁적 리더십과 직무만족과의 관계에 임파워먼트가 미치는 영향, 「대한경영학회지」(대한경영학회), 17(5) : 2139-2160.

이윤섭 · 박지홍, 2002, 관광호텔의 연봉제 평가공정성이 임금만족, 직무만족에 미치는 영향, 「여행학연구」, 16 : 149-167.

이윤영, 2000, 호텔 종사원의 인사고과의 인식이 직무만족에 미치는 영향에 관한, 「관광경영학연구」, 9 : 124-146.

이은수, 2005, 호텔산업의 과잉교육, 불완전취업과 직무만족, 「관광학연구」(한국관광학회), 29(2) : 465-486.

이은수, 2006, 레스토랑 직원의 지각된 불완전취업과 직무만족 : 정규직과 비정규직의 비교분석, 「외식경영연구」(한국외식경영학회), 9(4) : 71-91.

이은용 · 박수진 · 이수범, 2006, 기내 승무원의 교육훈련과 자기개발 인식이 자긍심, 직무만족 및 조직몰입에 미치는 영향-국내 항공사를 중심으로-, 「호텔관광연구」(한국호텔관광학회), 8(4) : 77-92.

이은희, 2001, 유교적 근로가치가 직무관여, 직무만족 및 조직몰입에 미치는 영향, 「한국심리학회지 : 산업 및 조직」, 14(1) : 1-25.

이인석, 2002, 갈등 및 갈등관련 연구에 관한 분석 : 서술적, 주제별, 방법론적, 「인사조직연구」, 10(2) : 35-63.

이재관 · 김선희, 2005, 중소기업 전문상담직의 직무만족 및 몰입요인에 관한 실증적 연구, 「중소기업연구」(한국중소기업학회), 27(3) : 33-50,

이재규 · 조영대, 1994, 직무적합성이 직무만족과 갈등관리방법에 미치는 영향, 「경영학연구」, 23(3) : 313-338.

이재연 · 차동옥, 2003, 신뢰의 영향요인 및 결과에 관한 연구, 「인사관리연구」(한국인사관리학회), 27(3) : 251-280.

이재형 · 오석윤 · 윤진영, 2006, 호텔조직에서의 상사의 서번트리더십이 신뢰 및 직무만족에 미치는 영향, 「호텔경영학연구」(한국호텔외식경영학회), 15(2) : 285-302.

이재훈 · 최익봉, 2004, 조직공정성, 신뢰, 조직유효성 간의 관련성에 관한 연구, 「인사조직연구」(한국인사조직학회), 12(1) : 93-132.

이정란 · 이경국, 2006, 항공사종사원의 심리적 임파워먼트가 직무만족, 조직몰입과 친사회적 행동에 미치는 영향, 「호텔관광연구」(한국호텔관광학회), 8(3) : 147-161.

이정실, 2005, 호텔 식음료 종사원의 조직 커뮤니케이션, 조직지원, 조직몰입 그리고 직무만족과의 관계, 「관광연구」(대한관광경영학회), 19(1) : 35-53.

이정자 · 최철호, 2004, 백두산 지역 관광호텔 내부서비스 품질과 종사원 직무만족에 관한 연구, 「호텔경영학연구」(한국호텔외식경영학회), 13(4) : 1-18.

이정화 · 한성현 · 이명근 · 안경혁, 1996, 중소규모 산업장 여성근로자들의 작업환경에 대한 인식이 직무만족에 미치는 영향, 「한국산업위생학회지」, 6(2) : 281-291.

이종길 · 김동건 · 이문숙, 2007, 완전 주 40시간 근무제 실시에 따른 여가시간 및 여가활동 패턴의 변화가 여가만족, 직무만족, 생활만족의 변화에 미치는 영향, 「한국체육학회지」(한국체육학회), 46(2) : 301-316.

이종두, 1997, 조직문화와 직무만족의 관련성에 관한 연구, 「산업과 경영」, 321-363.

이종복, 1997, 경찰관의 지원동기와 직무만족과의 관계에 관한 조사연구, 「한국공안행정학회보」, 6 : 253-294.

이종호, 2008, 서울과 부산지역 특급호텔 조리사 직무만족 요인들의 비교분석, 「한국조리학회지」(한국조리학회), 14(2) : 262-272.

이준구, 2001, 육군 임무형 지휘에서의 임파워먼트 특성이 조직구성원 태도에 미치는 영향연구, 충남대학교 경영대학원 석사학위논문

이준혁 · 김동기 · 박기호, 2005, 호텔기업 종사원의 변혁적 리더십이 직무만족과 조직 동일시에 미치는 영향에 관한 연구, 「마케팅과학연구」(마케팅과학회), 15(2) : 27-48.

이준혁 · 서동구, 2000, 인터널 마케팅 요인을 통한 직무만족도, 이직의도, 조직세분화, 「관광연구」(대한관광경영학회), 15(2) : 327-347.

이준호, 2001, 여행사 종사원의 직무만족도가 서비스제공수준에 미치는 영향에 관한 실증연구, 「관광품질시스템연구」(관광품질시스템학회), 7(1/2) : 127-148.

이준호, 2003, 우리나라 조직구성원들의 인지된 문화적 가치관이 팀제에 대한 저항과 조직성과에 미친 영향, 「인사관리연구」(한국인사관리학회), 27(4) : 25-57.

이지만, 2001, 품질몰입의 예측변인 : 린 생산체제에서 직무만족의 매개효과 검증, 「인사 · 조직연구」(한국인사 · 조직학회), 9(2) : 281-312.

이지우, 1997, 직무특성과 종업원 태도 사이의 관계에 대한 직무몰입의 매개역할, 「인사조직연구」, 5(1) : 87-122.

이지우 · 김종우, 2002, 고용형태에 따른 직무특성과 조직몰입의 관계, 「인사 · 조직연구」(한국인사 · 조직학회), 10(1) : 1-26.

이진규 · 박상로, 1995, 경력정체인식과 통제위치에 따른 직무만족과 경력만족 및 이직

의 인과모형 연구, 「한국영유아보육학」(한국영유아보육학회), 49 : 21-39.

정효선 · 윤혜헌, 2008, 기업의 윤리적인 가치와 종사원의 개인조직적합성, 직무만족도, 이직의도 및 조직성과의 인과관계에 관한 연구, 「한국식생활문화학회지」(한국식생활문화학회), 23(2) : 139-151.

제갈돈, 2002, 지방공무원의 직무만족 결정요인, 「한국행정학보」, 36(4) : 263-280.

조경숙 · 이해종 · 정설희, 1999, 병원직원들의 직무만족도 요인 및 결과, 「병원경영학회」, 4(1) : 190-207.

조경욱, 2002, 직장인의 여가활동과 직무만족에 관한 연구, 「Tourism Research」(한국관광산업학회), 16 : 187-206.

조계숙 · 장윤희, 1997, 상사의 리더십에 따른 비서직 직무만족, 조직몰입, 충성심에 관한 연구, 「비서학논총」, 5 : 223-246.

조남춘 · 남철현, 2000, 개발약사와 병원약사의 건강생활 및 직무만족도와 관련요인 연구, 「대학보건협회학술지」, 26(1) : 116-134.

조만태, 1999, 스포츠지도자의 사회적 지원과 직무만족의 관계, 「한국사회체육학회지」, 12 : 1219-1226.

조선배 · 권형섭, 2007, 변혁적 리더십이 호텔종사원의 임파워먼트와 직무만족 및 조직몰입에 미치는 영향, 「호텔경영학연구」(한국호텔외식경영학회), 16(5) : 63-76.

조성호 · 김영태 · 김광수 · 이원봉, 2008, 패밀리 레스토랑 조직구성원의 심리적 임파워먼트가 직무만족과 조직몰입 및 이직의도에 미치는 영향, 「한국조리학회지」(한국조리학회), 14(3) : 223-237.

조영아, 2006, 회의 기획가의 직무만족 요인, 「관광연구저널」(한국관광연구학회), 20(1) : 183-198.

조우현, 1994, 노동자의 이직성향과 직무만족도, 「노동경제논집」(한국노동경제학회), 17 : 27-48.

조윤기, 1997, 노동조합이 직장만족도 및 고착성에 미치는 효과분석, 「산업관계연구」(한국노사관계학회), 7 : 357-380.

조윤주, 2007, 초등학교실과 교사의 교사효능감이 노력과 직무만족에 미치는 영향, 「한국실과교육학회지」(한국실과교육학회), 20(2) : 47-61.

조임현, 1999, 호텔종사원의 직무만족과 고객만족의 관계, 「호텔경영학연구」, 8(1) : 159-174.

조재훈, 2006, 장애인복지관 체육 및 운동치료 종사자의 직무만족에 관한 연구, 「한국사회체육학회지」(한국사회체육학회), 28 : 487-496.

조춘봉 · 김용길 · 채병숙, 2006, 호텔경영방식에 따른 주방시스템이 주방종사자의 직무만족에 미치는 영향에 관한 연구, 「외식경영연구」(한국외식경영학회), 9(2) : 129-148.

조춘봉, 신용모, 2000, 호텔연회서비스의 직무만족과 업무의 효율화 방안, 「외식경영연구」, 3(1) : 179-198.

조혜선, 2001, 사회적 성역할과 노동태도의 형성 : 직무만족도와 조직몰입을 중심으로, 「한국사회학」, 35(3) : 139-168.

조혜정 · 장희정, 2000, 여행사 종사원의 직무만족에 관한 연구, 「관광 · 레저연구」, 12(2) : 85-105.

주나미 · 전희정. 1999, 노인복지시설 급식생산성분석 제3보 노인복지시설 급식종사원의,「한국조리과학회지」, 15(4) : 358-362.

주온주 · 김경선 · 이현옥, 2007, J지역 치과위생사의 직무만족과 이직의 상관관계 분석,「치위생과학회지」(한국치위생과학회), 7(4) : 251-256.

주현식, 2002, 내부서비스 품질이 컨벤션종사원의 직무만족과 참가자 만족에 미치는 영향관계,「관광 · 레저연구」, 14(1) : 165-182.

주현식 · 윤승현 · 김화경, 2007, 컨벤션센터 종사원의 직무특성이 조직몰입, 직무만족, 조직시민행동에 미치는 영향,「관광연구」(대한관광경영학회), 21(4) : 43-60.

차동옥 · 김현철, 2000, 커뮤니케이션 만족, 집단응집성 및 직무만족이 조직시민행동에 미치는 영향에 관한 연구,「경상논집」, 20 : 229-253.

채수경, 2003, 비서직의 근로여건과 생활여건을 통한 직무만족도와 생활만족도,「비서학논총」, 12(1) : 85-105.

채재성, 2005, 생활체육지도자의 개인적 특성과 근무지역의 직무만족에 미치는 영향,「한국사회체육학회지」(한국사회체육학회), 25 : 111-120.

천명섭 · 이정용 · 김경규, 1990, 직무태도와 이직의사,「인사관리연구」, 14.

천순덕 · 이은용 · 이승곤 · 이수범, 2006, 직무스트레스 요인이 상사-부하 교환관계와 직무만족, 조직몰입 및 이직의도에 미치는 영향에 관한 연구,「관광연구저널」(한국관광연구학회), 20(1) : 17-34.

최광신, 1999, Followship이 직무만족과 조직몰입에 미치는 영향 : 임파워먼트의 조절효과를 중심으로,「한국정보전략학회지」, 2(1) : 202-221.

최남희, 2001, IMF구조조정 상황에 따른 지방공무원의 직무만족 수준 변화와 영향요인 분석,「충북개발연구」, 12(2) : 195-212.

최명옥 · 유태용, 2005, 개인-조직, 개인-직무, 개인-상사 부합이 조직몰입, 직무만족, 이직의도에 미치는 영향 : 부합들 간의 상호작용효과를 중심으로,「한국심리학회지」(한국심리학회), 18(1) : 139-162.

최병우, 2004, 중소기업에 있어 직무특성과 조직몰입이 직무만족에 미치는 영향,「중소기업연구」(한국중소기업학회), 26(4) : 55-77.

최병우, 2004, 직무만족에 있어 조직 · 직무특성, 대인적 환경특성의 영향,「산업경제연구」(한국산업경제학회), 17(4) : 1195-1214.

최병호 · 유행주 · 이기국, 2004, 호텔종사원의 직무특성에 의한 직무만족이 이직의도에 미치는 영향연구 : 서울 특1급호텔을 중심으로,「호텔관광연구」(한국호텔관광학회), 6(2) : 234-254.

최소빈, 2003, 무용단의 조직분위기가 임파워먼트 및 직무만족에 미치는 영향,「한국사회체육학회지」, 19 : 655-669.

최수찬 · 백지애, 2006, 비동거가족 근로자의 직장-가정 갈등이 스트레스와 직무만족에 미치는 영향에 관한 연구,「가족과 문화」(한국가족학회), 18(4) : 157-182.

최순연 · 남은우, 2000, 병원조직에 팀제도입이 팀직무만족과 팀조직 몰입에 미치는 영향병원,「경영학회지」, 5(1) : 232-271.

최우석, 2008, 미용산업 조직구성원들의 직무만족 결정요인에 관한 실증적 연구,「산업경제연구」(한국산업경제학회), 21(2) : 805-823.

최우성 · 김진강, 2008, 호텔기업 고객접점 종사원의 직장-가정 갈등이 서비스회복성과와 직무만족에 미치는 영향, 「관광연구저널」(한국관광연구학회), 22(2) : 189-205.

최유리 · 박신자 · 변정우, 2001, 서비스 훈련 담당자의 직무만족에 관한 연구, 「호텔관광연구」, 7 : 373-406.

최은미 · 김영훈 · 윤병준 · 김윤신, 2003, 보건정보관리자로서의 역할인식과 직무만족 및 조직몰입에 관한 연구, 「한국보건통계학회지」, 28(1) : 78-89.

최은용 · 최종진, 2007, 업무용단원들의 직무만족 및 조직몰입이 기술개발노력 및 무용활동성과에 미치는 영향, 「한국사회체육학회지」(한국사회체육학회), 30 : 371-381.

최인섭 · 초의수, 2002, 사회복지전담공무원의 직무만족과 직무성과에 미치는 요인에 대한 연구, 「대한사회복지정책」(한국사회복지정책학회), 13 : 282-311.

최정환, 2004, 고객유형에 의한 카지노 조직의 문화적 특성이 직무만족에 미치는 영향, 「호텔관광연구(한국호텔관광학회), 6(2) : 255-269.

최정환 · 곽강희, 2004, 호텔 카지노 딜러의 직무만족과 재무성과 비교연구, 「호텔관광연구」(한국호텔관광학회), 6(3) : 272-287.

최종진, 2003, 골프지도자의 직업태도가 직무만족에 미치는 영향연구, 「한국스포츠산업경영학회지」, 8(2) : 17-33.

최학수, 2006, 우리나라 카지노 종사원의 근로가치관이 직무만족과 조직몰입에 미치는 영향, 「관광연구」(대한관광경영학회), 21(3) : 147-166.

최현정, 2008, 일-가족 갈등(WFC)의 다차원 척도가 서비스회복행동, 직무만족, 그리고 이직의도에 미치는 영향연구－호텔의 고객접점 직원을 대상으로, 한국호텔외식경영학회, 추계학술대회.

하계용 · 정용만, 1996, 농촌지도요원의 직무만족에 관한 연구, 「한국농촌지도학회지」, 3(1) : 83-93.

하나선 · 최정, 2002, 간호관리자의 리더십 유형과 직무만족, 조직몰입, 이직의도와의 관계연구, 「대한간호학회지」, 32(6) : 812-822.

하용규, 2000, 관광호텔 노사관계유형이 종사원 직무만족에 미치는 상관성에 관한 실증분석, 「관광경영연구」, 9 : 254-273.

하헌국, 1998, 가족기능이 직무만족에 미치는 영향에 관한 연구, 「관광연구」(대학관광경영학회), 10(1) : 255-271.

하헌국, 2001, 호텔기업에서 가치에 의거한 교육훈련이 직무만족에 미치는 영향, 「관광레저연구」, 13(2) : 25-44.

한광현, 1998, 변혁적 리더십과 조직시민행동의 관계에 있어서 리더만족, 과업만족, 정서적 몰입의 매개역할, 「인사관리연구」(한국인사관리학회), 22(2) : 169-197.

한국노동연구원, 2003, 「한국노동패널 기초분석보고서(IV)」.

한금희, 1998, 항공사 기내승무원의 직무만족에 관한 실증연구－국적항공사를 중심으로, 「관광경영학연구」, 3 : 69-196.

한기수, 2002, 농협 직원의 직무만족도와 직장애착도에 관한 연구－목포지역을 중심으로－, 「인적자원관리연구」(한국인적자원관리학회), 5 : 133-165.

한기훈 · 유원용 · 문승귀, 2004, 공공스포츠 조직구성원의 직무만족, 조직동일시 및 조직헌신과 이직의도의 관계, 「한국체육학회지」(한국체육학회), 43(6) : 723-735.

한승훈, 2000, 명예퇴직의사의 영향요인과 결과요인에 관한 연구, 충남대학교 경영대학원 석사학위논문.

한인섭, 2000, 지방공무원과 지방공기업 종사자의 직무만족도 비교, 「한국사회와 행정연구」, 12(4) : 27-41.

한주희 · 정진철, 2000, 상사몰입과 조직몰입이 직무만족과 계속근무의향에 미치는 영향에 관한 연구, 「생산성논집」, 14(3) : 141-162.

한진수 · 김은정, 2005, 호텔 기업의 내부마케팅활동이 종사원의 직무만족, 조직몰입 및 고객지향성에 미치는 영향, 「호텔경영학연구」(한국호텔외식경영학회), 14(3) : 191-213.

허갑수, 2003, 의료기관 행정직원의 직무만족과 직장애착에 관한 실증적 연구, 「인적자원관리연구」(한국인적자원관리학회), 7 : 31-62.

허명숙 · 천면중, 2007, 플로우(Flow)의 구성요인, 조직몰입, 지식공유와 직무만족과의 관계에 대한 실증연구, 「정보시스템연구」(한국정보시스템학회), 16(4) : 1-31.

허선영, 2006, 교사가 지각한 학교장의 직무헌신도와 교사 직무만족도의 구조분석, 「열린교육연구」(한국열린교육학회), 14(2) : 225-242.

허용덕 · 원철식, 2000, 관광관련학과 산학협동 현장실습생들의 직무만족에 관한 실증적 연구, 「관광경영학연구」, 7(1) : 371-395.

허희영 · 오정숙 · 성진효 · 김동기, 2002, 지역사회 구강진료기관 치위생사집단의 직무만족에 관한 조사, 「구강생물학연구」(조선대학교 구강생물학연구소), 26(2) : 259-275.

현승범, 2000, 관광호텔 조직유효성 제고방안-직무만족요인을 중심으로-, 「관광경영학연구」, 10 : 245-265.

홍부길 · 김성국, 1994, 직무만족과 고객지향성 간의 관계에 관한 실증연구, 「경영논총」(이화여자대학교 경영연구소), 12 : 25-39.

황규대 · 김양열, 1994, 교대근무스케줄이 조직구성원 태도에 미치는 영향에 관한 측정도구의 개발 및 실증적 검증, 「노사관계연구」(서울대학교 경영대학), 5 : 51-65,

황미구, 2001, 통제소재, 직무스트레스 및 대처전략이 직무만족에 미치는 영향, 「진로교육연구」, 14 : 165-184.

황영호, 2006, 공공부문 조직에서 심리적 계약위반이 직무만족, 조직몰입, 조직시민행동 및 이직의도에 미치는 영향, 「정치정보연구」(한국정치정보학회), 9(2) : 95-118.

황영호, 2001, 조직몰입, 직무관여, 직무만족 개념측정의 타당성 분석, 「한국정책과학학회보」, 5(1) : 223-240.

황윤용 · 정진철, 2005, 심리적 임파워먼트가 직무만족에 미치는 영향력에 대한 직무몰입의 조절역할-호텔 서비스 종업원을 중심으로-, 「산업경제연구」(한국산업경제학회), 18(4) : 1541-1564.

Adams, J. S. 1963. Toward an Understanding of Inequality, *Journal of Abnormal and Social Psychology*, 67 : 422-436.

Adams. J. S. 1965. Inequality in Social Exchange, in Berkowitz, L.(ed.), *Advance in Experimental Social Psychology*, 2, New York : Academic Press, 267-299.

Adkins, C. L. 1995. Previous work experience and organizational socialization : A longitudinal examination. *Academy of Management Journal*, 38(3) : 839-863.

Agho, A. O., Mueller, C. W., and Price, J. L. 1993. Determinants of employee job satisfaction : An empirical test of a casual model. *Human Relations*, 46(8) : 1007-1020.

Agho, A. O., Price, J. L., and Mueller, C. W. 1992. Discriminant validity of measures of job

Their Jobs and How It Affects Their Performance. New York : Lexington Books.

Cranny, C. J., Smith, P. C., and Stone, E. F. 1992. *Job Satisfaction : How People Feel about Their Jobs and How It Affects Their Performance*, New York, NY : Lexington Books.

Crisp Publications, Inc. 1994. *Achieving Job Satisfaction : A Crisp Assessment Profile*. Lanham, MD : National Book Networks, Inc.

Cronbach, L. J. 1949. *Essentials of Psychological Testing*. NY : Harper & Row.

Cropanzano, R. and James, K. 1990. Some methodological considerations for the behavioral genetic analysis of w of attitudes. *Journal of Applied Psychology*. 75 : 433-439.

Cropanzano, R., James, K., and Konovsky, M. A. 1993. Dispositional affectivity as a predictor or work attitudes and job performance. *Journal of Organizational Behavior*, 14 : 595-606.

Cross, D. 1973. The Worker opinion survey : A measure of shop-floor satisfaction. *Occupational Psychology*, 47 : 193-208.

Curry, J. P., Wakefield, D .S., Price, J. L., and Mueller, C. W. 1986. On the causal ordering of job satisfaction and organizational commitment. *Academy of Management Journal*, 29(4) : 847-858.

Davidson, H., Folcarelle, P. H., Crawford, S., et al., 1997. The effects of health care reforms on job satisfaction and voluntary turnover among hospitla-based nurses. *Medical Care*, 35 : 634-645.

Davis-Blake, A. and Pfeffer, J., 1989. Just a mirage : the search for dispositional effects in organizational management. *Academy of Management Review*, 14 : 385-400.

Davis-Blake, A., and Uzzi, B. 1993. Determinants of employment externalization : a study of temporary workers and independent contractors. *Administrative Science Quarterly*, 38 : 195-223.

DeConinck, J. B., Stilwell, C. D., and Brock, B. A. 1996. A construct validity analysis of scores on measures of distributive justice and pay satisfaction. *Educational and Psychological Measurement*, 56(6) : 1026-1036.

DeLoach, Roenia and Monroe, Jacquelyn. 2004. Job satisfaction among hospice workers. *The Health Care Manager*, 23(3) : 209-219.

Dickson, J. W. 1976. The reaction of individual search activity to subjective job characteristics. *Human Relations,* 29 : 911-928.

Dieterly, L. D. and Schneider, B. 1974. The effect of organizational environment on perceived power and climate : A laboratory. *Organizational Behavior and Human Performance*, 11 : 316-337.

Doef, M. V. D. 2002. Teacher-specific quality of work vs general quality of work assessment : a comparison of their validity regarding burnout, (psycho)somatic well-being and job satisfaction. *Anxiety, Stress, and Coping*, 15(4) : 327-344.

Donovan, D. Todd, Brown, Tom J., and Mowen, John C. 2004. Internal benefits of service-worker customer orientation : Job satisfaction, commitment, and organizational citizenship behaviors. *Journal of Marketing*, 68 : 28-146.

Duffy, M. K., Ganster, D. C., and Shaw, J. D. 1998. Positive affectivity and negative outcomes : The role of tenure and job satisfaction. *Journal of Applied Psychology*, 83(6) : 950-959.

Dunham, R. B. and Herman, J. B. 1975. Determinants of a female faces scale for measuring job satisfaction. *Journal of Applied Psychology*, 60 : 629-631.

Dunham, R. B., Smith, F. J., and Blackburn, R. S. 1977. Validation of the index of organizational reactions with the JDI, the MSQ, and face scales. *Academy of Management Journal*, 20(3) : 420-432.

Dunham, R. B. and Smith, F. J. 1979. *Organizational surveys*. Glenview, IL : Scott, Foresman.

Dunne, E. J., Stahl, M. J. and Melhart, L. J. 1978. Influence sources of project and functional managers in matrix organizations. *Academy of Management Journal*, 21 : 235-140.

Eberhardt, B. C. and Shani, A. B. 1984. The effects of full-time vs part-time employment status on attitudes toward specific organizational characteristics and overall job satisfaction. *Academy of Management Journal*, 27 : 893-900.

Egan, Marcia and Kadushin, Goldie. 2004. Job satisfaction on home health social workers in the environment of cost containment. *Health and Social Work*, 29(4) : 287-296.

Egbule, Patrick E. 2003. Factors related to job satisfaction of academic staff in Nigerian Universities. *Journal of Further and Higher Education*, 27(2) : 157-166.

Eisenstat, R. A. and Felner, R. D. 1984. Toward a differentiated view of burnout : personal and organizational mediators of job satisfaction and stress. *American Journal of Community Psychology*, 12(4) : 411-430.

Ellingson, J. E., Gruys, M. L, and Sackett, P. R. 1998. Factors related to the satisfaction and performance of temporary employees. *Journal of Applied Psychology*, 83 : 913-921.

Ernst, Mary E., Messmer Patricia R., Franco, Michelle, and Gonzalez, Jacqueline L. 2004. Nurses' job satisfaction, stress, and recognition in a pediatric. *Pediatric Nursing*, 30(3) : 219-227.

Escriba-Aquir V. 1992. Nurses attitudes towards shift work and quality of life. *Scandinavian Journal of Social Medicine*, 20(2) : 115-118.

Evans, M. G. 1969. Convergent and discriminant validities between the Cornell Job Descriptive Index and a measurement of goal attainment. *Journal of Applied Psychology*, 53(2) : 102-106.

Evans, M. G. 1970. The effects of supervisory behavior on the path-goal relationship. *Organizational Behavior and Human Performance*, 16 : 21-32.

Feather, N. T. and Rauter, Kartin A. 2004. Organizational citizenship behaviours in relation to job status, job insecurity, organizational commitment and identification, job satisfaction and work values. *Journal of Occupational and Organizational Psychology*, 77 : 81-94.

Feryberg, H. A. 1988. Differences in Job Satisfaction of NCAA Women's Athletic Directors. Unpublished doctoral dissertation, Temple University.

Fields, D. L. 2002. *Taking the Measure of Work*. Thousand Oaks : SAGE Publications.

Fraser, T. M. 1983. *Human Stress and Work and Job Satisfaction*. Occupational Safety and Health Series 50. Geneva : International Labour Office.

Hulin, C. L. and Glomb, T. M. 1999. Contingent employees : individual and organizational considerations. in Ilgen D. R. and Pulakos, E. D., (eds), *The Changing Nature of Performance : Implications for Staffing, Motivation, and Development*, Jossey-Bass : San Francisco, CA.

Hunt, J. G., Osborn, R. N. and Schuler, R. S. 1978. Relations of discretionary and nondiscretionary leadership to performance and satisfaction in a complex organization. *Human Relations*, 31 : 507-523.

Ibrahim, Mohamed E., Sejini, Sabri Al, and Al Qassimi, Omaima Abdul Aziz 2004. Job satisfaction and performance of government employees in UAE. *Journal of Management Research*, 4(1) : 1-12.

Imparato, N., 1972. Relationship between Porter's need satisfaction : questionnaire and the job descriptive index. *Journal of Applied Psychology*, 56(5) : 397-405.

Insel, P. M. and Moos, R. H. 1974. *The Work Environment Scale*. Stanford University, Social Ecology Laboratory, Palo Alto, California.

Ironson, G. H., Smith, P. C., Brannick, M. T., Gibson, W. M., and Paul, K. B. 1989. Construction of the Job in General Scale : A Comparison of global, composite, and specific measures. *Journal of Applied Psychology*, 74 : 193-200.

Ivancevich, J. M. and Donnelly, J. H. 1974. A study of role clarity and need for clarity for three occupational groups. *Academy of Management Journa*l, 17 : 28-36.

Ivancevich, J. M. and McMahon, J. T. 1977. A Study of task-goal attributes, higher order need strength and performance. *Academy of Management Journal*, 20(4) : 552-563.

Janssen, Onne and Van Yperen, Nico W. 2004. Employees' goal orientations, the quality of leader-member exchange, and the outcomes of job performance and job satisfaction. *Academy of Management Journal*, 47(3) : 368-384.

Jencks, C., Perman, L. and Rainwater, L. 1988. What is a good job? A new measure of labor-market success. *American Journal of sociology*, 93(6) : 1322-1357.

Jex, S. M. and Gudanowski, D. M. 1992. Efficacy beliefs and work stress : An exploratory study. *Journal of Organizational Behavior*, 13 : 509-517.

Johnson, G. J. and Johnson, W. R. 2000. Perceived overqualification, positive and negative affectivity, and satisfaction with work. *Journal of Social Behavior and Personality*, 15(2) : 167-85.

Johnson, S. M., Smith, P. C. and Tucker, S. M. 1982. Response formet of the Job Descriptive Index : assessment of reliability and validity by the multi-trait, multi-method matrix, *Journal of Applied Psychology*, 67 : 500-505.

Johnson, T. W. and Stinson, J. E. 1975. Role ambiguity, role conflict and satisfaction : Moderating effects of individual differences. *Journal of Applied Psychology*, 60 : 329-333.

Jones, F. F., Scarpello, V., and Bergmann, T. 1999. Pay procedures-what makes them fair? *Journal of Occupational & Organizational Psychology*, 72(2) : 129-145.

Judge, Locke, E. A., Durham, C. C., and Kluger, A. N. 1998. Dispositional effects on job and life satisfaction : The role of core evaluations. *Journal of Applied Psychology*,

83(1) : 17-34.

Judge, T. A. 1993a. Does affective disposition moderate the relationship between job satisfaction and voluntary turnover? *Journal of applied psychology*, 78(3) : 395-401.

Judge, T. A. 1993b. Validity of the dimensions of the pay satisfaction questionnaire : Evidence of differential prediction. *Personnel Psychology*, 46(2) : 331.

Judge, T. A. and Hulin, C. L. 1993. Job satisfaction as a reflection of disposition : A Multiple source casual analysis. *Organizational Behavior and Human Decision Processes*, 56 : 388-421.

Judge, T. A., Boudreau, J. W., and Bretz, R. D., Jr. 1994. Job and life attitudes of male executives. *Journal of Applied Psychology*, 79(5) : 767-782.

Judge, T. A., Locke, E. A., Durham, C. C., and Kluger, A. N. 1998. Dispositional effects on job and life satisfaction : The role of core evaluations. *Journal of Applied Psychology*, 83(1) : 17-34.

Jung, K. G., Dalessio, A., and Johnson, S. M., 1986. Stability of the factor structure of the Job Descriptive Index, *Academy of Management Journal*, 29 : 609-616.

Kanter, R. M. 1977. *Men and Women of the Corporation.* New York : Basic Books.

Kanungo, R. N. 1982. Measurement of job and work involvement. *Journal of Applied Psychology*, 67 : pp.341-349.

Katterberg, R., Smith, F. J., and Hoy, S. 1977. Language, time, and person effects on attitude scale translations. *Journal of Applied Psychology*, 62 : 385-391.

Katz, R. and Van Maanen, J. 1977. The Loci or work satisfaction : job, interaction and policy. *Human Relations*, 30(5) : 469-486.

Katzell, R. A., Ewen, R., and Korman, A. K. 1974. Job attitudes of black and white workers : Male blue collar workers in six companies. *Journal of Vocational Behavior*, 4 : 365-376.

Keller, L. M., Bouchard, T. J., Arvey, R. D., Segal, N. L., and Davis, R. V. 1992. Work values : genetic and environmental influences. *Journal of Applied Psychology*, 77 : 79-88.

Keller, R. T. 1975. Role conflict and ambiguity : correlates with job satisfaction and values, *Personnel Psychology*, 28 : 57-64.

Keller, R. T. 1983. Predicting absenteeism from prior absenteeism, attitudinal factors, and nonattitudinal factor. *Journal of Applied Psychology*, 68 : 536-540.

Kerlinger, F. N. and Lee, H. B. 2000. *Foundations of Behavioral Research*, 4th Ed,, Orlando, FL : Harcourt, Inc.

Kim, S. W., Price, J. L., Mueller, C. W., and Watson, T. W. 1996. The Determinants of career intent among physicians at a U.S. Air Force Hospital. *Human Relations*, 49(7) : 947-976.

King, D. C. 1960. A multiplant factor analysis of employees attitudes towards their company. *Journal of Applied Psychology*, 44 : 241-243.

Kinicki, A. J., Schriesheim, C. A., McKee, F. M., and Carson, K. P. (undated), *The construct validity of the Job Descriptive Index(JDI) : Review, critique and analysis.* Working